Ausflüge
Seiten 166–185

Norden

Südosten

Südosten
Seiten 128–149

Abstecher
Seiten 150–165

VIS-À-VIS
KOPENHAGEN

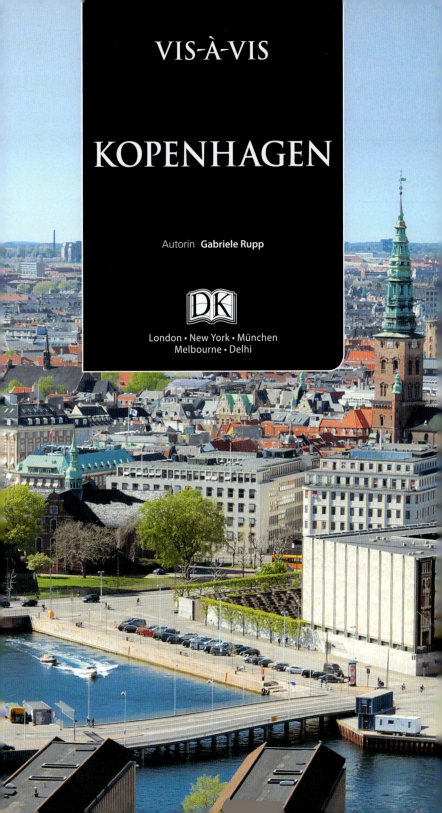

VIS-À-VIS

KOPENHAGEN

Autorin **Gabriele Rupp**

DK

London · New York · München
Melbourne · Delhi

Wachablösung am Amalienborg Slot *(siehe S. 86f)*

www.dorlingkindersley.de

Produktion DK Verlag GmbH, München
Programmleitung Dr. Jörg Theilacker, DK Verlag
Projektleitung Stefanie Franz, DK Verlag
Projektassistenz Antonia Wiesmeier, DK Verlag
Text Dr. Gabriele Rupp
Fotografien Dr. Gabriele Rupp, Visit Copenhagen, DK Picture Library
Illustrationen Michał Burkiewicz, Pawel Marcza
Kartografie Suresh Kumar, Zafar Khan, Subhashree Bharati, DK India
Gestaltung Ute Berretz, München
Redaktion Dr. Elfi Ledig, München
Schlussredaktion Susanne Traub-Schweiger, Garmisch-Partenkirchen
Satz und Produktion DK Verlag
Druck RR Donnelley Asia Printing Solutions Ltd., China
© 2019 Dorling Kindersley Verlag GmbH, München
Zuerst erschienen 2019 in Deutschland
bei Dorling Kindersley Verlag GmbH, München
A Penguin Random House Company

Aktualisierte Neuauflage 2019 / 2020

Alle Rechte vorbehalten, Reproduktionen, Speicherung in Datenverarbeitungsanlagen, Wiedergabe auf elektronischen, fotomechanischen oder ähnlichen Wegen, Funk und Vortrag – auch auszugsweise – nur mit schriftlicher Genehmigung des Copyright-Inhabers.

ISBN 978-3-7342-0207-0
1 2 3 4 5 6   21 20 19 18

Dieser Reiseführer wird regelmäßig aktualisiert. Angaben wie Telefonnummern, Öffnungszeiten, Adressen, Preise und Fahrpläne können sich jedoch ändern. Der Verlag kann für fehlerhafte oder veraltete Angaben nicht haftbar gemacht werden. Für Hinweise, Verbesserungsvorschläge und Korrekturen ist der Verlag dankbar. Bitte richten Sie Ihr Schreiben an:

DK Verlag GmbH
Redaktion Reiseführer
Arnulfstraße 124
80636 München
travel@dk-germany.de

Dr. Gabriele Rupp

Die studierte Historikerin Dr. Gabriele Rupp lebt und arbeitet in München.

Sie ist Autorin der Vis-à-Vis-Reiseführer *Bodensee*, *Teneriffa* und *Gran Canaria*. Als langjährige Reiseführer-Redakteurin des DK Verlags hat sie sich schon mit zahlreichen Regionen dieser Welt beschäftigt.

Für eine kurze Auszeit hat es sie bereits mehrfach nach Kopenhagen gezogen – und zwar zu jeder Jahreszeit.

»Die bunte Mischung macht für mich die Hauptstadt Dänemarks zu einem ganz besonderen Ziel. Man sieht immer wieder etwas Neues, kann sich von Designideen inspirieren lassen, die nordische Küche kosten oder einfach nur durch die Stadt und ihre schönen Parks schlendern. Und als Sahnehäubchen kommt dazu, dass die Kopenhagener äußerst freundliche und hilfsbereite Menschen sind. Außerdem kenne ich keine andere Stadt, die so gut mit öffentlichen Verkehrsmitteln, zu Fuß oder mit dem Rad zu entdecken ist.«

◀ Blick von der Vor Frelsers Kirke *(siehe S. 144)* nach Westen: Christiansborg Slot und Børsen (rechts im Bild)
◀◀ Umschlag: Wachablösung der Königlichen Leibgarde vor Amalienborg Slot *(siehe S. 86f)*

Zentrum 96

Persönliche Favoriten **98**
Rådhus **114**
Tivoli **118**
Ny Carlsberg Glyptotek **122**

Südosten 128

Persönliche Favoriten **130**
Christiansborg Slot **136**

Abstecher 150

Persönliche Favoriten **152**
Carlsberg-Brauerei **157**

Ausflüge 166

Kronborg Slot **174**
Louisiana Museum **176**
Frederiksborg Slot **178**
Roskilde Domkirke **184**

Zu Gast in Kopenhagen

Hotels **188**
Restaurants **190**
Shopping **192**
Unterhaltung **194**
Sport und Aktivurlaub **196**
Kopenhagen mit Kindern **198**

Grundinformationen

Daten und Fakten **202**
Historischer Überblick **204**
Wikinger **206**
Praktische Hinweise **208**
Reiseinformationen **212**
Stadtplan **218**
Textregister **224**
Danksagung, Bildnachweis **229**
Sprachführer **231**
Kopenhagen in Literatur und Film **232**
Straßenkarte Dänemark
Hintere Umschlaginnenseiten

Inhalt

Benutzerhinweise **6**
Persönliche Favoriten **8**

Ein Porträt Kopenhagens

Schlösser und Bauwerke **12**
Kultur **20**
Natur **30**
Stil **36**
Genuss **42**
Shopping **50**
Unterhaltung **56**
Mobilität **60**
Feste **64**

Die Stadtteile Kopenhagens

Kopenhagen auf der Karte **70**

Norden **76**

Persönliche Favoriten **78**
Amalienborg Slot **86**
Rosenborg Slot **90**

Christiansborg Slot *(siehe S. 136f)*

Benutzerhinweise

Dieser Reiseführer beleuchtet Kopenhagen in all seinen Facetten – zur Einstimmung auf Ihre Reise, als Wegbegleiter vor Ort und zum Schmökern nach der Rückkehr. Das Kapitel *Ein Porträt Kopenhagens* präsentiert die attraktivsten Themen für Ihre Städtereise und gibt einen Überblick über die Highlights. *Die Stadtteile Kopenhagens* beschreibt alle wichtigen Sehenswürdigkeiten mit Texten, Karten, Fotos und Illustrationen. Auch Attraktionen außerhalb des Zentrums und Ausflüge in die Umgebung werden vorgestellt. Hotels, Restaurants, Shopping, Unterhaltung, Sport und Aktivurlaub sowie Kopenhagen mit Kindern sind die Themen in *Zu Gast in Kopenhagen*. In den *Grundinformationen* finden Sie Daten und Fakten sowie einen historischen Überblick zur dänischen Hauptstadt. Außerdem gibt es hier Tipps und Hinweise für Ihren Aufenthalt und zur Anreise. Mit dem *Stadtplan* auf den Seiten 218–223 und der *Extrakarte* finden Sie sich bestens zurecht.

1 Zentrumskarte
Die Zentrumskarte bietet Orientierung, sie führt zu Sehenswürdigkeiten, Metro- und Wasserbus-Stationen.

Die Farbcodierung erleichtert das Auffinden von Stadtteilen.

Nummern markieren die Lage der Sehenswürdigkeiten auf der *Stadtteilkarte*.

Themenlisten zeigen die wichtigsten Restaurants, Clubs, Läden etc. Man findet sie in der Zentrumskarte.

2 Hauptsehenswürdigkeiten
Den Highlights sind zwei Seiten gewidmet. Historische Bauten werden als Schnittzeichnungen dargestellt. Farbige Grundrisse erleichtern das Auffinden von Kunstwerken in Museen.

Im »Außerdem«-Kasten sind interessante Details einer Sehenswürdigkeit aufgeführt.

Sterne verweisen auf herausragende Sehenswürdigkeiten, die Sie nicht versäumen sollten.

3 Detailkarte
Hier sind die Attraktionen eines Stadtteils aus der Vogelperspektive sowie eine Routenempfehlung zu sehen. Die Nummerierung stimmt mit der *Stadtteilkarte* überein.

Die Orientierungskarte zeigt die Lage des Stadtteils, in dem Sie sich befinden.

Die Routenempfehlung führt Sie durch die interessantesten Straßen.

BENUTZERHINWEISE | 7

Die Stadtteile Kopenhagens
Die farbigen Bereiche auf dieser Karte *(siehe vordere Umschlaginnenseiten)* zeigen die in diesem Reiseführer aufgeführten Stadtteile Kopenhagens – Norden, Zentrum und Südosten. Sie werden im Kapitel *Die Stadtteile Kopenhagens* detailliert beschrieben. Im Kapitel *Abstecher* wird die nähere Umgebung von Kopenhagen behandelt, in den *Ausflügen* werden interessante Sehenswürdigkeiten in ganz Seeland vorgestellt.

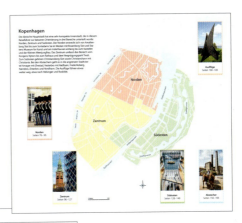

4 Panoramen
Die spannendsten Themen werden auf Doppelseiten mit großformatigen Fotos ausgesuchter Motive und kurzen animierenden Texten vorgestellt: Architektur, Kultur, Natur, Stil, Genuss, Shopping, Unterhaltung, Mobilität und Feste.

5 Porträtseiten
Im Porträt (im Anschluss an Panoramen) werden einzelne Themen vertieft: herausragende Gebäude, berühmte Kopenhagener, dänisches Design und vieles mehr.

Kästen sind einem speziellen Themenbereich gewidmet.

6 Features
Besonders spektakuläre Attraktionen werden auf einer Seite porträtiert, die neben eindrucksvollen Fotos, informativen Texten und Tipps oft auch eine Übersichtskarte bietet.

Die Infobox enthält alle praktischen Informationen für einen Besuch.

Stadtplan siehe S. 218–223.
Die Verweise **Karte** *im Buch beziehen sich auf die* **Extrakarte** *zum Herausnehmen, die Verweise* **Straßenkarte** *auf die hinteren Umschlaginnenseiten.*

Persönliche Favoriten

Die dänische Hauptstadt hat so viele unterschiedliche Highlights zu bieten, dass eine Auswahl schwerfällt. Im Folgenden gibt es deshalb Tipps für einen ersten Eindruck und Überblick darüber, was Kopenhagen so besonders macht.

Kopenhagen von oben

Den schönsten Blick auf die Stadt gewinnt man am besten von oben – und Kopenhagen bietet hierfür viele Möglichkeiten.

AUSBLICKE

Der Rundetårn *(siehe S. 107)*, die Kuppel der Marmorkirken *(siehe S. 88)*, der Rathausturm *(siehe S. 114f)*, der Turm der Vor Frelsers Kirke *(siehe S. 144f)* oder der Turm von Christiansborg Slot *(siehe S. 136f)*: In Kopenhagen hat man mitten im Zentrum viele Möglichkeiten für den Blick von erhöhter Position auf die Stadt. Doch nicht nur der Rundumblick von oben ist einzigartig, auch der Aufstieg an sich ist teilweise schon etwas Besonderes. So sollte man für den Besuch des Turms der Vor Frelsers Kirke unbedingt schwindelfrei sein, die letzten Meter geht es nämlich auf einer Wendeltreppe außen am Turm hoch. Angenehmer ist eine Besteigung des Rundetårn. Hier gelangt man auf einem breiten, gepflasterten Wendelgang zur Aussichtsplattform. Der Turm von Christiansborg Slot lockt nicht nur mit seinem Ausblick auf das »alte« Kopenhagen, sondern auch mit einem Besuch des Restaurants Tårnet *(siehe S. 148)*.

Welchen Turm Sie auch wählen, die Aussicht ist auf jeden Fall beeindruckend.

Christiansborg Slot

Rathausturm

Bootsfahrt durch die Kanäle

Kopenhagen wird zu Recht auch als »Venedig des Nordens« oder (vor allem der Stadtteil Christanshavn) als »Klein-Amsterdam« bezeichnet.

Bei einer Bootsfahrt auf den Kanälen Kopenhagens erkennt man schnell, wie treffend diese Vergleiche sind. Als alter Handelsort waren die Kanäle schon immer die Lebensader der dänischen Hauptstadt. Bei einer Bootsfahrt kommt man nicht nur in Ecken, die man sonst nur schwer erreicht hätte, sondern gewinnt auch einen ganz neuen Blickwinkel – etwa auf die Kleine Meerjungfrau, die neuen Gebäude am alten Hafen oder die wunderschönen Häuser in Christianshavn aus dem 17. bis 19. Jahrhundert. Wie Sie Ihre Bootsfahrt gestalten, ist ganz Ihnen überlassen – sei es auf einer geführten Tour oder mit einem Mietboot.

Bootsfahrten
w stromma.dk   w havnerundfart.dk
Weitere Verweise *siehe S. 199.*

Mit dem Boot Richtung Christianshavn

Illums Bolighus

In dem Luxuskaufhaus in prominenter Lage am Amagertorv sind alle großen skandinavischen und internationalen Designer vertreten.

Breite Auswahl an Designobjekten in Illums Bolighus

Wer sich generell für Design interessiert oder sich in skandinavischem Stil einrichten möchte, findet in Illums Bolighus alles von Möbeln, Küchen- und Badaccessoires bis hin zu Geschirr und Kerzenleuchtern.

Auf mehreren Etagen geht es durch verschiedene »Wohnwelten« – Wohnzimmer, Schlafzimmer, Arbeitszimmer, Bad und Küche – mit den jeweiligen Möbeln, Textilien, Accessoires und Leuchten. Es gibt sogar eine kleine Auswahl an Mode. Im Erdgeschoss findet sich ein buntes Durcheinander von kleinen Designgegenständen, die sich auch als schönes Souvenir oder Mitbringsel eignen.

Ein Bummel durch Illums Bolighus ist fast wie der Besuch eines Museums für nordisches Design in all seinen Facetten. Hier ohne eine Einkaufstüte herauszugehen, ist so gut wie unmöglich. Übrigens: Am Flughafen gibt es im Duty-Free-Bereich auch einen Laden für letzte Einkäufe.

Illums Bolighus
Amagertorv 10. 33 14 19 41. Mo–Do, Sa 10–19, Fr 10–20, So 11–18 Uhr. illumsbolighus.dk

Fahrradfahren

Es gibt kaum eine andere europäische Metropole, in der der Fahrradverkehr so gefördert wird wie in Kopenhagen. Davon profitieren auch Besucher.

Fahrradfahrer mit städtischen E-Bikes

Unterwegs mit der ganzen Familie

Will man auch die etwas außerhalb des Zentrums gelegenen Viertel Kopenhagens erkunden, ist das Fahrrad die beste Wahl. Neben dem städtischen E-Bike-System Bycyclen gibt es fast an jeder Ecke einen Fahrradverleih, auch die Mehrzahl der Hotels hat einen eigenen Fuhrpark. Mit dem Fahrrad ist man natürlich weit unabhängiger unterwegs als mit öffentlichen Verkehrsmitteln, kann sich einfach treiben lassen und auch Pausen einlegen, wo und wann man gerade will – und das alles auf fantastisch angelegten und ausgebauten Fahrradwegen oder Abschnitten, die allein Fahrrädern vorbehalten sind.

UNABHÄNGIG UNTERWEGS

Radfahren in Kopenhagen
Verweise und Informationen *siehe S. 62f* und *216f*.

Königliche Leibgarde auf dem Hof von Amalienborg Slot *(siehe S. 86f)* ▶

EIN PORTRÄT KOPENHAGENS

Schlösser und Bauwerke	**12 – 19**
Kultur	**20 – 29**
Natur	**30 – 35**
Stil	**36 – 41**
Genuss	**42 – 49**
Shopping	**50 – 55**
Unterhaltung	**56 – 59**
Mobilität	**60 – 63**
Feste	**64 – 67**

SCHLÖSSER UND BAUWERKE

Kopenhagen gilt als eine der schönsten Städte Europas, und das nicht nur wegen seiner Lage, sondern vor allem wegen seiner fantastischen, vielfältigen Architektur. Das Stadtbild zeigt sich als eine einzigartige Komposition aus architektonischer Historie, Moderne und Zukunft.

Da glänzen märchenhafte und prachtvolle Schlösser wie Rosenborg, Christiansborg oder Amalienborg neben den bunten Häuserfassaden am Nyhavn. Zu bewundern sind herausragende Bauwerke wie die Marmorkirken, deren monumentale Kuppel die Silhouette der Stadt prägt, oder der Rundetårn, der Europas ältestes funktionsfähiges Observatorium birgt.

Einfach nur zu bestaunen sind die vielen visionären Meisterwerke der Baukunst, mit denen dänische und internationale Stararchitekten wie Bjarke Ingels, Norman Foster, Henning Larsen, Daniel Libeskind, Boje Lundgaard und Lene Tranberg Zeugnisse ihres Könnens geschaffen haben.

Königliche Schlösser	**14–15**
Architektur	**16–17**
Moderne Architektur (21. Jh.)	**18–19**
Nordhavn	**147**
Ólafur Elíasson	**169**

Königliche Schlösser

Dänemark ist eine der ältesten Monarchien der Welt. Ihre lange Geschichte und auch ihr Vermächtnis zeigt sich in den zahlreichen Schlössern, Herrenhäusern und Gartenanlagen im ganzen Land. Viele der Schlösser entstanden aus Festungen, die vor feindlichen Übergriffen schützen sollten und später in repräsentative Anlagen umgebaut wurden. Einige werden auch heute noch von der königlichen Familie genutzt, andere sind für Besucher zugänglich – und warten mit Ausstellungen, Museen, Kunstsammlungen oder mit Events auf.

Amalienborg Slot
Schloss Amalienborg *(siehe S. 86f)* ist die Winterresidenz der Königsfamilie. Das Ensemble besteht aus vier Palais, die um einen achteckigen Platz stehen. Die Gebäude wurde 1750 anlässlich des 300-jährigen Bestehens des dänischen Königshauses erbaut.

Den Kongelige Livgarde
Die Königliche Leibgarde wurde 1658 von Frederik III. gegründet. In Kopenhagen bewacht das Regiment Schloss Amalienborg und Schloss Rosenborg. Ist die Königin in der Stadt, marschiert die Königliche Leibgarde jeden Mittag um 11.30 Uhr von Schloss Rosenborg durch die Stadt zu Schloss Amalienborg, wo um Punkt 12 Uhr der Wachwechsel stattfindet.

Garde des dänischen Königshauses
Die Gardesoldaten tragen rote Röcke, blaue Hosen und eine Bärenfellmütze.

Rosenborg Slot
Schloss Rosenborg *(siehe S. 90f)* am Rand des Kongens Have (Königsgarten) entstand Anfang des 17. Jahrhunderts aus einem Sommerhaus, das Christian IV. zu einem Lustschloss umwandelte. Rosenborg – bis 1720 königliche Residenz – ist seit 1838 ein Museum, in dem einige der wertvollsten Kulturschätze Dänemarks aufbewahrt werden, darunter die Kronjuwelen.

◀ Gotisierendes Mittelschiff der expressionistischen Grundtvigs Kirke *(siehe S. 158)*

KÖNIGLICHE SCHLÖSSER | 15

Christiansborg Slot
Erzbischof Absalon, der als Gründer Kopenhagens gilt, ließ bereits um 1167 auf der Insel Slotsholmen eine Burg bauen, das heutige Schloss *(siehe S. 136f)* entstand jedoch großteils erst Anfang des 20. Jahrhunderts. Hier residieren die drei Staatsgewalten Dänemarks: das Parlament Folketing, das Oberste Gericht und der Ministerpräsident.

Frederiksborg Slot
Das Wasserschloss Frederiksborg *(siehe S. 178f)* in Hillerød auf der Insel Seeland wurde von Christian IV. Anfang des 17. Jahrhunderts in Auftrag gegeben und gilt als größtes und bedeutendstes Bauwerk der Nordischen Renaissance. Das von Seen und wunderschönen Gärten umgebene Schloss beherbergt das Dänische Nationalhistorische Museum.

Kronborg Slot
Schloss Kronborg *(siehe S. 174f)* liegt auf einer Landzunge am nordöstlichen Ende der Insel Seeland und geht auf einen Festungsbau zurück, der 1420 an der dänisch-schwedischen Grenze errichtet wurde. Von hier wurde die Einfahrt in den Øresund bewacht und von passierenden Schiffen der Sundzoll erhoben. Erst im 16. Jahrhundert wurde der Bau im Stil der Nordischen Renaissance erweitert.

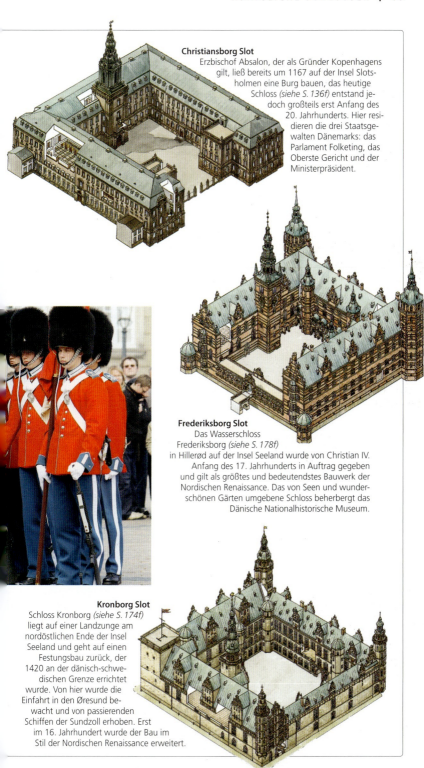

Architektur

Dänische Architektur blickt auf eine lange und erfolgreiche Geschichte zurück. Historisch gesehen, fügt sich Dänemarks Architektur stilistisch in die Bautraditionen anderer europäischer Länder ein. Man findet Kirchen aus dem 17. Jahrhundert sowie Fachwerkhäuser. Die Schlösser des 17. und 18. Jahrhunderts entstanden unter dem Einfluss des Barock und der Renaissance. Die zeitgenössische Architektur und ihre Vertreter finden weltweit Beachtung.

Die monumentale Kuppel der spätbarocken Marmorkirken

Gotik

Eines der ältesten gotischen Bauwerke in Dänemark ist Roskildes Domkirke *(siehe S. 184f)*, die 1170 von Bischof Absalon gegründet wurde. Die Verwendung von rotem Backstein prägte die dänische Gotik nachhaltig. Weitere Merkmale der Stilepoche sind strenge Formgebung, aufwendige Verzierungen und stufige Spitzen in der Fassade. Viele Bauten sind innen weiß getüncht oder farbig ausgemalt. Die meisten gotischen Gebäude in Kopenhagen fielen Bränden zum Opfer. Schöne Beispiele des neogotischen Baustils sind die Grundtvigs Kirke *(siehe S. 158)* und die St Alban's Church *(siehe S. 84f)*.

Die St Alban's Church *(siehe S. 84f)* im neogotischen Stil wurde von 1885 bis 1887 für die wachsende englische Gemeinde in Kopenhagen erbaut.

Renaissance

Die dänische Renaissance ging aus der im späten 16. Jahrhundert üblichen Praxis der Kirche hervor, Architekten von außerhalb zu engagieren. So beauftragten etwa Frederik II. und später Christian IV. niederländische Baumeister und Handwerker mit dem Bau von Frederiksborg Slot in Hillerød *(siehe S. 178f)* und Kronborg Slot in Helsingør *(siehe S. 174f)*. In Kopenhagen zählen Rosenborg Slot *(siehe S. 90f)*, Børsen *(siehe S. 139)*, der Rundetårn *(siehe S. 107)* und die Holmens Kirke zu den schönsten Renaissance-Bauten.

Der Royal Copenhagen Flagship-Store liegt seit 1991 in dem schönen Renaissance-Gebäude, das – 1616 gebaut – eines der ältesten Kopenhagens ist.

Die Børsen *(siehe S. 139)* wurde im Auftrag von Christian IV. zwischen 1619 und 1640 im Stil der Niederländischen Renaissance errichtet und diente bis 1974 als Börse. Heute sind hier Büros untergebracht.

Barock

Von der Mitte des 17. bis zur Mitte des 18. Jahrhunderts war die Wohnarchitektur in Dänemark vorwiegend barock. Beste Beispiele hierfür sind Kopenhagens Schlösser Charlottenborg *(siehe S. 104)* und Christiansborg *(siehe S. 136f)*. Treibende Kraft war der Architekt und königlich dänische Hofbaumeister Nicolai Eigtved. Seine größte Leistung war das im französischen Stil erbaute Viertel Frederiksstaden rund um Amalienborg Slot *(siehe S. 86f)* und Marmorkirke *(siehe S. 88)*, das für die Königsfamilie gedacht war.

Der Rundetårn *(siehe S. 107)* stammt von 1642 und diente bis 1861 als Observatorium.

Die Vor Frelsers Kirke *(siehe S. 144f)* mit ihrem fantasievollen Turm wurde 1696 geweiht.

19. Jahrhundert

Nach der Bombardierung durch die englische Marine lag Kopenhagen Anfang des 19. Jahrhunderts großteils in Schutt und Asche. Doch bis Ende des Jahrhunderts entfaltete sich eine rege Bautätigkeit, befördert durch das aufsteigende Bürgertum und die beginnende Industrialisierung. Viele öffentliche Gebäude entstanden auch aufgrund von Stiftungen. Architektonisch stand die zweite Hälfte des 19. Jahrhunderts ganz im Zeichen des Historismus.

Im Palmenhaus des Botanischen Gartens *(siehe S. 89)* von 1874 wachsen Palmen, Kakteen und Orchideen.

Das Elefanten-Portal mit Turm im Carlsberg-Quartier wurde von Vilhelm Dahlerup entworfen und 1901 gebaut.

20. Jahrhundert

Anfang des 20. Jahrhunderts strebten dänische Architekten nach der Verbesserung von Wohndesign und Alltagsgegenständen, was über die Moderne zum Funktionalismus führte. Ein Resultat dieses Trends war 1907 die Gründung des Design Council im Architektenverband. Charakteristisch für moderne dänische Architektur sind klare Linien sowie jede Menge natürliches Licht.

Der »Schwarze Diamant«, ein Anbau von Det Kongelige Bibliotek (Königliche Bibliothek) aus dem Jahr 1999, repräsentiert den neomodernistischen Trend in Dänemark.

Das Tycho Brahe Planetarium *(siehe S. 116f)* von 1989 sieht aus wie eine schräg abgeschnittene Dose und ist Europas größtes Planetarium.

Moderne Architektur (21. Jh.)

Kopenhagen und ganz besonders seine Hafenfront haben sich in den vergangenen Jahren stark verändert. Hier gibt es sehr viel zu entdecken – vor allem für Freunde moderner Architektur. Nachdem Kopenhagens alter Fähr- und Industriehafen im Zentrum vor die Stadttore verlegt wurde, entwickelte sich das citynahe Hafenquartier zu einem Schaustück moderner Architektur. Zu den Highlights zählen BLOX, Den Sorte Diamant, Skuespilhuset und Operaen. Aber auch die neuen Stadtviertel Ørestad und Nordhavn warten mit vielen interessanten Gebäuden auf, darunter DR Koncerthuset, Bella Sky Hotel, Bjerget, Boligslangen, Tietgenkollegiet und 8Tallet (alle Ørestad) sowie UN City und Portland Towers (Nordhavn).

Operaen (2005)
Das Opernhaus *(siehe S. 145)* entstand nach Entwürfen des Architekten Henning Larsen. Das Gebäude gilt als eines der modernsten Opernhäuser weltweit. Gleichzeitig war und ist es eines der besonders umstrittenen neuen Kopenhagener Gebäude.

Skuespilhuset (2008)
Das elegante Gebäude des neuen Schauspielhauses *(siehe S. 105)* besteht aus dunklen Ziegeln, Holz, Kupfer und Glas. Der Entwurf zu dem markanten Bau stammt von den Architekten Boje Lundgaard und Lene Tranberg.

DR Koncerthuset (2009)
Die durchscheinende blaue Hülle von Jean Nouvels Konzerthaus für den Dänischen Rundfunk in Ørestad *(siehe S. 162)* kann als Medienfassade je nach Anlass bespielt werden und wird dann zur weithin sichtbaren Tafel. Im Inneren finden sich vier unterschiedlich große Konzertsäle.

MODERNE ARCHITEKTUR (21. JH.) | 19

Axel Towers (2016)
Der Gebäudekomplex der Architektin Lene Tranberg von Lundgaard & Tranberg Arkitekter, der aus fünf miteinander verbundenen runden Türmen unterschiedlicher Höhe besteht, befindet sich mitten im Stadtzentrum neben dem Vergnügungspark Tivoli. In den beiden unteren Etagen sind Läden und Restaurants, darüber Büros.

BLOX (2017)
Das Multifunktionsgebäude *(siehe S. 141)* von Stararchitekt Rem Koolhaas (OMA) ist der jüngste Neuzugang am Binnenhafen von Kopenhagen. Das futuristische Gebäude soll das Viertel beleben.

Neue Stadtviertel: Ørestad und Nordhavn
Ørestad liegt zwischen Flughafen und Innenstadt und bietet Architekturinteressierten zahlreiche sehenswerte Gebäude *(siehe S. 162)*. In vier Quartieren, die durch Seen, Kanäle und sechs Metro-Stationen verbunden sind, sollen einmal 20 000 Menschen leben. Das Gebiet Nordhavn *(siehe S. 147)* nördlich des Stadtteils Østerbro direkt am Ufer des Øresund ist eines der ambitioniertesten Stadtentwicklungsprojekte und entstand teils durch Aufschüttung des Hafenbeckens. Hier residiert seit 2013 die UN City *(siehe S. 160)*.

UN City (2013) in Nordhavn

Multifunktionshalle Royal Arena (2017) in Ørestad

Aller Media Building (2009)

8Tallet (2010) in Ørestad – bester Wohnkomplex 2011

KULTUR

Die Kunst- und Kulturszene Kopenhagens braucht den internationalen Vergleich nicht zu scheuen, das zeigen schon die wunderbar anzusehenden Referenzpunkte der nordischen Kulturhauptstadt: der aufsehenerregende Bau der neuen Oper und der spektakuläre Neubau des Schauspielhauses. Weiter zu nennen sind das futuristische ARKEN Museum for Moderne Kunst, das Louisiana Museum, das Statens Museum for Kunst, das Designmuseum Danmark oder die Ny Carlsberg Glyptotek. Ihre Sammlungen genießen allesamt Weltruf.

Akzente setzen auch die Namen von Künstlern, Schriftstellern und Wissenschaftlern. Vom Astronomen Tycho Brahe bis zum Filmemacher Lars von Trier, vom Physiker Niels Bohr bis zum Philosophen Søren Kierkegaard, vom Schriftsteller Hans Christian Andersen bis zum Künstler Ólafur Elíasson.

Neben den großen Häusern und den bekannten Namen sind es die zahllosen kleinen Events, Veranstaltungen und Ausstellungen, die Kopenhagen das ganze Jahr über als Kulturmetropole erstrahlen lassen.

Berühmte Kopenhagener	**22 – 23**
Kunst im Goldenen Zeitalter	**24 – 25**
Moderne Kunst	**26 – 27**
Märchen von H. C. Andersen	**28 – 29**

Berühmte Kopenhagener

Ein reges kulturelles Leben, ein aufgeklärtes Bürgertum, gute Bildungseinrichtungen und das weltoffene Flair einer Hauptstadt haben wohl schon immer das Entstehen neuer Ideen und deren Umsetzung befruchtet und befördert. Und so wartet das im Vergleich zu anderen europäischen Metropolen kleine Kopenhagen mit vielen Persönlichkeiten auf, die weltberühmt geworden sind – und das auf den unterschiedlichsten Gebieten, von Wissenschaft über Philosophie bis hin zu Kunst, Architektur und Design. Im Folgenden werden einige berühmte Töchter und Söhne der Stadt vorgestellt.

Königin Margrethe II. (* 1940)
Margrethe Alexandrine Þórhildur Ingrid kam auf Schloss Amalienborg zur Welt und blickt mittlerweile auf mehr als vier Jahrzehnte Regentschaft zurück. Sie ist sehr beliebt, volksnah und gebildet – und gilt als Paradiesvogel unter den Royals.

Tycho Brahe (1546–1601)
Der Adlige verschrieb sich ganz der Astronomie, als er 1560 eine Sonnenfinsternis erlebte. Die Genauigkeit, mit der er seine Beobachtungen durchführte – damals noch ohne Fernrohr –, hatte enormen Einfluss auf das heutige Wissenschaftsideal.

Carl Nielsen (1865–1931)
Nielsen gehörte bereits zu Lebzeiten zu den bekanntesten Komponisten Dänemarks. Sein internationaler Durchbruch kam jedoch erst nach dem Zweiten Weltkrieg, vor allem dank seiner sechs grandiosen Sinfonien.

Hans Christian Andersen (1805–1875)
Der Schriftsteller, der sich zeitlebens nur H. C. Andersen nannte, ist der bekannteste Dichter Dänemarks. Berühmt wurde er durch seine zahlreichen Märchen (siehe S. 28f).

Georg Arthur Jensen (1866–1935)
Der Silberschmied und Künstler prägte mit seinem funktionellen Stil das skandinavische Industriedesign mit.

Niels Bohr (1885–1962)
Der Physiker erhielt 1922 den Nobelpreis »für seine Verdienste um die Erforschung der Struktur der Atome und der von ihnen ausgehenden Strahlung«.

Dänische Regisseure
Regisseure aus Dänemark bereichern seit Jahren das internationale Kino. Zu den bekanntesten zählen Bille August (Pelle, der Eroberer), Lars von Trier (Dancer in the Dark), Lone Scherfig (Italienisch für Anfänger), Susanne Bier (In einer besseren Welt), Thomas Vinterberg (Die Jagd), Anders Thomas Jensen (Wahlnacht) und Nicolas Winding Refn (The Neon Demon).

◀ Die Oper Kopenhagens *(siehe S. 145)* ist nachts wunderschön illuminiert

BERÜHMTE KOPENHAGENER | 23

Karen Blixen (1885–1962)
»Ich hatte eine Farm in Afrika am Fuße der Ngong-Berge ...« So beginnt das berühmteste Buch der Autorin, die 17 Jahre in Ostafrika verbrachte. Mit weiteren Werken wie *Wintergeschichten* und *Babettes Fest* festigte sie ihren Ruf als eine der größten Schriftstellerinnen Dänemarks *(siehe S. 171)*.

Ólafur Elíasson (* 1967)
Der Künstler isländischer Herkunft mit Wohnsitzen in Kopenhagen und Berlin ist weltbekannt für seine spektakulären poetischen Installationen in Museen sowie für Public Art *(siehe S. 169)*.

Arnold Mærsk Mc-Kinney Møller (1913–2012)
Der Unternehmer baute Mærsk zur größten Containerschiff-Reederei der Welt aus und schenkte Kopenhagen die neue Oper.

Arne Jacobsen (1902–1971)
Der Architekt und Designer gilt als einer der bedeutendsten Vertreter seines Fachs im 20. Jahrhundert. Während sich seine Gebäude durch klare Linien auszeichnen, orientieren sich seine Designprojekte eher an organischen Formen.

Asta Nielsen (1881–1972)
Die Schauspielerin, die sich nie auf ein bestimmtes Rollenfach festlegen ließ, gilt als einer der ersten weiblichen Filmstars in der Geschichte des Kinos. Ihre Karriere endete mit dem Aufkommen des Tonfilms.

Inge Lehmann (1888–1993)
Die Geodätin und Seismologin wies die Existenz des Erdkerns nach und zählt zu den bedeutendsten Vertretern ihres Fachs. Seit 1997 verleiht die American Geophysical Union die nach ihr benannte Inge Lehmann Medal.

Lars von Trier (* 1956)
Der Regisseur und Drehbuchautor, der sowohl mit seiner Person als auch mit seinen Filmen immer wieder provoziert, ist u. a. Initiator des »Dogma 95«-Manifests und Gewinner der Goldenen Palme.

Søren Kierkegaard (1813–1855)
Der Philosoph, Essayist und Theologe gilt als Wegbereiter der Existenzphilosophie und zählt zu den wichtigen Vertretern von Dänemarks Goldenem Zeitalter.

Kunst im Goldenen Zeitalter

Ungeachtet der politischen und wirtschaftlichen Wirren während und nach den Napoleonischen Kriegen erfuhr die dänische Kultur eine beispiellose Blüte. Vertreter des »Goldenen Zeitalters«, das die erste Hälfte des 19. Jahrhunderts umfasste, erwarben sich weit über die Grenzen Dänemarks hinaus Ruhm und Anerkennung. Zu den berühmtesten zählen der Bildhauer Bertel Thorvaldsen, der Maler Christoffer Wilhelm Eckersberg und der Dichter Adam Oehlenschläger. Am bekanntesten sind jedoch der Märchendichter Hans Christian Andersen und der Philosoph Søren Aabye Kierkegaard.

Bella und Hanna Nathanson
Das Porträt stammt von Christoffer Wilhelm Eckersberg (1783–1853), dem »Vater der dänischen Malerei«.

Interieur
Die Darstellung des Wohnzimmers eines Kopenhagener Kaufmanns von Wilhelm Marstrand zeigt das typische Interieur des Mittelstands in den 1830er Jahren.

Gottlieb Bindesbøll (Architekt, 1800–1856)

Martinus Rørbye (Maler, 1803–1848)

Constantin Hansen (Maler, 1804–1880)

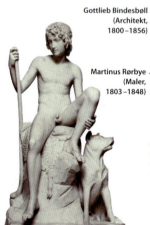

Bertel Thorvaldsen (1770–1844)
Die Skulptur eines jungen Schäfers (1817) ist eines der vielen klassizistischen Werke von Bertel Thorvaldsen.

Parade
Feste, Paraden und Jahrmärkte sorgten in Kopenhagen für Unterhaltung.

Kopenhagens Goldenes Zeitalter

Nach den Heimsuchungen, die Kopenhagen um 1800 erlebte, darunter das britische Bombardement von 1807, wurde die Stadt wiederaufgebaut. Vorherrschender Architekturstil war der Klassizismus. Christian Frederik Hansen und andere dänische Architekten ließen sich wie so viele Künstler von der Vergangenheit inspirieren. Verwaltungsgebäude und Bürgerhäuser wurden mit Säulen, Portikus und Tympanon versehen. Zu den interessantesten Bauten aus dieser Zeit zählen Thorvaldsens Museum, das Domhuset (Gericht) am Nytorv sowie das Harsdorffs Hus am Kongens Nytorv.

H. C. Andersen beim Geschichtenerzählen
Die Illustration stammt aus einer der ersten Ausgaben von Hans Christian Andersens Märchen, die zu den berühmtesten Werken der Kinderliteratur gehören.

Jørgen Sonne (1801–1890)

H. C. Andersen (1805–1875)
Der Dichter kam 1805 in bescheidenen Verhältnissen zur Welt. Später verkehrte er mit wohlhabenden Bürgern und bei Hofe.

Thorvaldsens Museum (siehe S. 139) entstand im Jahr 1848. Die Pläne für das Gebäude wurden von dem Bildhauer, der seine Werke der Stadt vermacht hatte, noch zu Lebzeiten abgesegnet. Den Museumsbau zieren Friese von Jørgen Sonne.

Andersens Tintenfass
Hans Christian Andersen schrieb fast 200 Märchen sowie Romane, Libretti und andere Werke.

Die Maler Wilhelm Marstrand, Albert Küchler und Ditlev Blunck auf dem Balkon

Künstler des Goldenen Zeitalters

Constantin Hansen (1804–1880) malte das Bild Gesellschaft dänischer Künstler in Rom *im Jahr 1837. Wie viele Zeitgenossen ging Hansen zu Studien ins Ausland und kehrte mit neuen Eindrücken nach Dänemark zurück.*

Søren Aabye Kierkegaard (1813–1855)
Als einer der Vorreiter des Existenzialismus befasste sich Kierkegaard mit Philosophie, Ethik, Ästhetik und Religion.

Vor Frue Kirke (siehe S. 112) wurde von Christian Frederik Hansen in Anlehnung an klassische Bauten entworfen. Die imposante Fassade blieb turmlos, bis Frederik VI. einen Turm für absolut nötig erklärte.

Moderne Kunst

Kopenhagen ist ein wahres Mekka für Liebhaber moderner und zeitgenössischer Kunst, wobei sich der Kunstgenuss nicht nur auf den Besuch herausragender Museen und Sammlungen beschränkt. Vielmehr trifft man in ganz Kopenhagen auf zeitgenössische Kunst, seien es nun die vielen modernen Gebäude oder innovativen Brücken, die das Stadtbild bereichern, oder »kleine« Kunst im Alltag, etwa bunte Installationen oder interessante Lichtprojektionen und -spiele.

Statens Museum for Kunst
Das Staatliche Kunstmuseum *(siehe S. 92f)* ist das größte Museum für Bildende Kunst in Dänemark und umfasst etwa 2600 Werke von 1300 bis heute.

CoBrA (Copenhagen, Brüssel, Amsterdam)
Die Künstlergruppe trat für eine Abkehr vom Surrealismus und eine Wiederbelebung des Expressionismus ein, hier *Døddrukne danskere* (1960) von Asger Jorn.

ARKEN Museum for Moderne Kunst
Das Museum *(siehe S. 168)* zeigt Kunst und Architektur internationaler Spitzenklasse. Die Sammlung umfasst nordische Malerei und Werke internationaler Künstler ab 1990, darunter Ólafur Elíasson, Damien Hirst und Andres Serrano.

Cisternerne
In dem ehemaligen unterirdischen Wasserreservoir *(siehe S. 156)* finden heute Ausstellungen und Events statt.

Ny Carlsberg Glyptotek
Das Museum *(siehe S. 122f)* zeigt antike Skulpturen aus dem Mittelmeerraum und moderne Skulpturen von Auguste Rodin und Edgar Degas.

Kunst im Alltag
Jesper Kongshaug (* 1956) ließ sich von Andersens *Die wilden Schwäne* zu seinen elf bekrönten, im Tivoli-See schwimmenden Schwänen inspirieren.

Louisiana Museum of Modern Art
Die Sammlung des bedeutendsten Museums für moderne und zeitgenössische Kunst *(siehe S. 176f)* in Dänemark umfasst mehr als 3000 Werke aus der Zeit nach 1945, hier *Snow Plow* (1963) von Alexander Calder.

Ólafur Elíasson
Der Künstler *(siehe S. 169)*, weltbekannt für seine spektakulären Installationen, entwarf in Kopenhagen die 40 Meter lange, rote Cirkelbroen über den Christianshavn-Kanal, die 2015 eröffnet wurde.

Cirkelbroen in Kopenhagens Südosten

Gobelins in Christiansborg Slot
In den königlichen Empfangsräumen *(siehe S. 36)* zeigen 17 Gobelins von Bjørn Nørgaard (* 1947) Ereignisse aus der dänischen Geschichte. Sie waren ein Geschenk zum 50. Geburtstag von Königin Margrethe II.

Peter Høeg
Der Kopenhagener Schriftsteller (* 1957) errang mit der Veröffentlichung des Romans *Frøken Smillas fornemmelse for sne* (*Fräulein Smillas Gespür für Schnee*, 1992) internationalen Ruhm. 1997 wurde der Bestseller von Bille August verfilmt.

Märchen von H. C. Andersen

Hans Christian Andersen (1805–1875) ist der bekannteste Dichter Dänemarks. Berühmtheit erlangte er aufgrund seiner insgesamt 168 Märchen. Im Unterschied zu den Grimmschen Märchen, die den mündlich überlieferten Erzählschatz bewahren wollten, sind Andersens Märchen frei erdachte »Kunstmärchen«. Grundthemen sind Ängste und Hoffnung, Verzweiflung sowie die Verlässlichkeit von Wundern. Das hat allerdings nicht zur Folge, dass alle Märchen Andersens glücklich enden. Deshalb las er seine Geschichten auch lieber Erwachsenen als Kindern vor.

Scherenschnitt von H. C. Andersen

Die Prinzessin auf der Erbse

Ein Prinz sucht nach einer wirklichen Prinzessin. Als vor seiner Tür ein Fräulein erscheint, das von sich behauptet, eine solche zu sein, legt ihm die Königin eine Erbse unter die Bettstatt. Als sich die Prinzessin darüber beklagt, schlecht geschlafen zu haben, ist der Beweis erbracht.

Die Schneekönigin

Das Märchen – erzählt in sieben Geschichten – handelt von einem Mädchen, das seinen von der Schneekönigin entführten Freund sucht. Wie viele andere Märchen Andersens thematisiert auch dieses das Glück der einfachen Leute. Die Suche spielt sich in traumartigen Szenen ab. Das Märchen war Vorlage vieler Filme, Theaterstücke, Opern und Hörspiele.

Däumelinchen

Eine Frau wünscht sich ein Kind und bittet eine Hexe um Hilfe. Sie erhält ein magisches Korn, aus dem ein Mädchen wächst, das nicht größer als ein Daumen ist. Eines Nachts entführt eine Kröte Däumelinchen auf einen See. Freundliche Fische befreien Däumelinchen, die auf einem Blatt in die Freiheit treibt. Nach vielen Abenteuern findet sie einen Märchenprinzen in ihrer Größe, den sie heiratet.

Die kleine Meerjungfrau
Das Märchen gehört zu den bekanntesten von Andersen. Es erzählt von einer Nixe, die einen Prinzen vor dem Ertrinken rettet, sich unsterblich in ihn verliebt und ihren Fischschwanz gegen Beine eintauscht, um an Land mit ihm zu leben. Als der Prinz eine andere Prinzessin heiraten muss, löst sie sich mit dem ersten Sonnenstrahl nach der Hochzeitsnacht ihres Geliebten in Meerschaum auf und verwandelt sich in einen Luftgeist. Ihr Ebenbild in Bronze steht an der Kopenhagener Hafeneinfahrt *(siehe S. 84)*.

Des Kaisers neue Kleider
Das Märchen handelt von einem Kaiser, der sich neue Gewänder weben lässt. Diese können angeblich nur von Personen gesehen werden, die ihres Amts würdig sind – doch es gibt die Kleider gar nicht. Keiner will sich etwas anmerken lassen, auch der Kaiser nicht. Erst ein kleines Kind spricht die Wahrheit aus.

Das kleine Mädchen mit den Schwefelhölzern
Es ist die tragische Geschichte eines Mädchens, das am Silvesterabend frierend auf der Straße Schwefelhölzchen verkaufen soll. Doch alle übersehen sie. Verzweifelt zündet das Mädchen ein Streichholz nach dem anderen an und gleitet – umfangen von Träumen – in den Erfrierungstod.

Märchenhaftes Leben
»Mein Leben ist ein hübsches Märchen, so reich und glücklich«, schrieb Andersen. Tatsächlich trägt sein sozialer Aufstieg vom Schuhmachersohn zum gefeierten Schriftsteller märchenhafte Züge. Das Gemälde H. C. Andersen liest Kindern Märchen vor *(1862)* von Elisabeth Jerichau-Baumann (1819–1881) zeigt ihn idyllisch verklärt.

Der standhafte Zinnsoldat
Ein kleiner Zinnsoldat besitzt nur ein Bein, da der Zinnvorrat für ein zweites ausgegangen war. Dennoch erweist er sich als sehr standhaft und besteht viele Abenteuer, so entkommt er etwa einer Wasserratte. Schlussendlich wird er aber ins Feuer geworfen – zurück bleibt ein Herz aus Zinn.

NATUR

Geht es um die lebenswertesten Städte der Welt, taucht Kopenhagen immer wieder unter den zehn besten auf. Ein Grund dafür ist, dass die Hauptstadt Dänemarks nicht nur umweltfreundlich ist, sondern auch mit viel Grün und Blau ihre unmittelbare Nähe zur Natur untermalt. Selbst mitten in der Stadt ist der nächste Park nie weit entfernt. Kopenhagen ist zudem durchzogen von zahllosen Kanälen, rundherum sind Meer und Strände, Wälder und Naherholungsgebiete.

Immer einen Besuch wert ist der Botanische Garten. Frederiksberg Have kann man bei einer Bootsfahrt auf den Kanälen des Parks erkunden. Grüne Oase und Lieblingstreff der Kopenhagener ist der Kongens Have, überragt von Rosenborg Slot.

Beliebt ist auch das Hafenfreibad im Stadtteil Islands Brygge. In welcher Großstadt kann man sonst mitten im Hafen baden? Sandstrände und Dünen des Amager Strandparks suchen die Kopenhagener gern an den langen nordischen Sommerabenden auf.

Parks	32 – 33
Grünes Kopenhagen	34 – 35
Spaziergänge	79, 131
Haveselskabet Have	152
Amager Strandpark	153

Parks

Die Erkundung von Kopenhagen ist auch deshalb so angenehm, weil man den Besuch von Sehenswürdigkeiten, Museen und Schlössern sowie ausgedehnte Shopping-Touren immer wieder durch Entspannungspausen in einer der vielen Parkanlagen auflockern kann. Die zahlreichen Parks von Kopenhagen sind nicht nur die grünen Lungen der Weltstadt, sondern auch als Naherholungsoasen bei den Kopenhagenern beliebt.

Alte Kanone auf den Wallanlagen des Kastellets

Kastellet
Obwohl das Kastellet *(siehe S. 84)* aus dem 17. Jahrhundert noch heute vom dänischen Militär genutzt wird, dient es doch in erster Linie als Ausflugsziel. Auf den Wällen der Befestigungsanlage in Form eines fünfzackigen Sterns kann man wunderbar spazieren gehen, eine Windmühle und alte Kanonen bewundern, die Aussicht genießen oder einfach nur die Seele baumeln lassen.

Søndermarken
In dem weitläufigen Park mit alten Bäumen und schönen Wiesen gegenüber von Frederiksberg Slot befinden sich das Museum Cisternerne *(siehe S. 156)* und eine Statue des Politikers Carl Christian Hall (1812–1888).

Haveselskabet Have
Der kleine Park der Königlichen Gartenbaugesellschaft bei Frederiksberg Have *(siehe S. 152)* wartet mit verwunschenen Wegen, Teichen mit Pavillons, lauschigen Plätzen und Wasserbecken mit Seerosen auf. Ein kleines Juwel!

◀ Allee im Bispebjerg Kirkegård während der Kirschblüte

Frederiksberg Have
Der königliche Park *(siehe S. 156)* mit vielen Wasserläufen ist ein wunderbarer Ort der Erholung und wird gern für Picknicks genutzt. Von den vielen Spazierwegen hat man einen schönen Blick auf das Schloss.

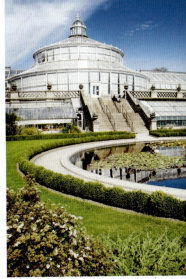

Botanisk Have
Im bereits 1600 angelegten Botanischen Garten *(siehe S. 89)* mit historischen Gewächshäusern von 1874 wachsen mehr als 13 000 Pflanzenarten. In einem Abschnitt kann man typisch dänische Gewächse kennenlernen.

Kongens Have
Der älteste Park Kopenhagens *(siehe S. 88)* wurde 1606 als Obst- und Küchengarten im Renaissance-Stil um Rosenborg Slot angelegt. Später wurde daraus ein Barockgarten mit typischem Labyrinth. Heute ist er mit seinen schönen Alleen der meistbesuchte Park Kopenhagens.

Assistens Kirkegård
Auf dem bekanntesten Friedhof Dänemarks *(siehe S. 158)* finden zwar noch immer Begräbnisse statt, er ist jedoch auch die grüne Oase des Stadtteils Nørrebro, in der sich Kopenhagener und Besucher in die Sonne legen und entspannen.

Fælledparken
Der Park im Stadtteil Østerbro, in dem auch das Fußballstadion Telia Parken liegt, ist die größte öffentliche Grünanlage Kopenhagens. Hier finden auch Laufwettbewerbe, die Kundgebung am 1. Mai, Konzerte und der Kopenhagener Karneval statt.

Grünes Kopenhagen

Die Hauptstadt Dänemarks wurde schon 2014 von der Europäischen Kommission als Umwelthauptstadt Europas ausgezeichnet. Das war aber nur ein Schritt auf dem Weg zu dem großen Ziel der Stadtplaner, Kopenhagen bis 2025 zur ersten CO_2-neutralen Hauptstadt der Welt zu machen. Mobilität, Wohnen und Leben sowie Energieversorgung Kopenhagens sollen von diesem Zeitpunkt an klimaneutral sein, also nicht mehr zum Anstieg von CO_2 in der Atmosphäre beitragen. Vorbildliches und Visionäres wurden schon realisiert, um dieses Ziel zu erreichen.

Bauen
Beispielhaft für visionäres Bauen und Wohnen ist das mit mehreren internationalen Preisen ausgezeichnete Studentenwohnheim Tietgenkollegiet. Die Architektur des Wohnblocks, der 2006 fertiggestellt wurde, zeigt, für welche Idee er steht: Gemeinschaft.

Elektroboote
Kopenhagen tut alles, um die CO_2-Emissionen zu reduzieren, auch wenn es um Freizeitvergnügen geht. So werden selbst Motorboote mehr und mehr elektrisch betrieben. Die Energie für die Batterien stammt aus regenerativen Quellen.

Schwimmbäder
Ein weiterer Erfolg der nachhaltigen Stadtentwicklung ist an der Wasserqualität abzulesen. 1995 verschwand die Industrie vollständig aus der Innenstadt. Heute ist das Hafenbecken so sauber, dass an mehreren Stellen Schwimmbäder zum Baden einladen *(siehe S. 196)*.

GRÜNES KOPENHAGEN | 35

Energieerzeugung
Emissionsverringerung bei der Energiegewinnung wird zum Großteil durch biogene Befeuerung von Kraftwerken realisiert. Auch Kopenhagens Müllverbrennung Amager Bakke *(siehe S. 160)* wird auf Biomasse umgestellt.

Windparks
Die Lage Kopenhagens an der Ostsee bietet ideale Voraussetzungen für zahlreiche Windkraftanlagen und Windparks wie Middelgrunden *(siehe S. 160)*. Dieser war bei seinem Bau mit 40 Megawatt der größte der Welt. Bis 2025 will Kopenhagen 50 Prozent seines Strombedarfs aus Windkraft gewinnen.

ÖPNV / Metro
Kopenhagen überzeugt durch ein günstiges, gut vernetztes Nahverkehrskonzept. Mit Bussen, Metros, Hafenbussen und S-tog lässt sich jedes Ziel im Stadtbereich schnell und einfach erreichen. Das Rad kann man dabei fast immer mitnehmen.

Fahrräder
Das Hauptfortbewegungsmittel in Kopenhagen ist das Fahrrad. In der dänischen Hauptstadt gibt es knapp 400 Kilometer Radwege, auf denen 50 Prozent der Einwohner von A nach B gelangen. Damit übersteigt die Zahl der Fahrradfahrer die der Pkw-Nutzer.

STIL

Über Geschmack lässt sich bekanntlich streiten, aber dänisches Design ist weltweit bekannt und anerkannt, von LEGO® bis Bang & Olufsen, von Royal Copenhagen bis Bodum. Design wird in Kopenhagen nicht in Museen verbannt, sondern ist Teil des Lebensstils und begegnet Besuchern auf Schritt und Tritt, egal ob in Form von Architektur, Mode, Kunst oder Möbeln. Und weil Design in Kopenhagen so unmittelbar ins Leben integriert ist, entwickelt es sich hier weiter und bringt immer neue Formen und Stilrichtungen hervor.

Ein Spaziergang durch das Studentenviertel oder durch Vesterbro, in dem die kommenden Designer ihre Läden und Kreativlabore haben, ist ebenso inspirierend wie der Besuch im Concept Store von Normann Copenhagen oder im HAY House.

Einen guten Überblick zur Entwicklung des Designs in Dänemark und zu den großen Namen bekommt man im Designmuseum Danmark. Hier erschließt sich auch, wie Design und Hygge in kreativer Wechselwirkung den einzigartigen Lebensstil in Europas gemütlichster Hauptstadt über die Jahre geprägt haben.

Dänisches Design	38 – 39
Hygge-Hauptstadt Kopenhagen	40 – 41

Dänisches Design

LEGO® Steine, Stühle von Arne Jacobsen, Hi-Fi-Geräte von Bang & Olufsen, Schmuck von Georg Jensen – sie sind weltweit als dänisches Design anerkannt. Design genießt in Dänemark hohes Ansehen und stellt eine wichtige Einkommensquelle des Landes dar. Es ist Teil der nationalen Identität und wird entsprechend gefördert. Mehr über dänisches Design erfährt man im Designmuseum Danmark *(siehe S. 85)* oder bei einem Besuch in Illums Bolighus *(siehe S. 9)*.

Kähler Keramik fertigt seit 1839 Keramikwaren, die durch ihre Zeitlosigkeit und ihren individuellen Charakter überzeugen.

Bang & Olufsen High-Fidelity-Anlagen werden hier seit 1925 hergestellt. Die zeitlose Schönheit der Produkte wird durch den diskreten Einsatz modernster Technik in Verbindung mit audiophilem Design erzielt.

Große Fenster heben die Grenze zwischen innen und außen auf.

Den Möbeldesigner Kaare Klint (1888–1954) faszinierte der Gedanke, Ergonomie mit traditionellem Design zu verknüpfen. Seine Entwürfe gehen auf diverse Quellen zurück, etwa auf englische Möbel des 18. Jahrhunderts.

Die Firma Bodum wurde Ende des Zweiten Weltkriegs von Peter Bodum gegründet. Bis heute werden seine schicken, in den 1950er Jahren entworfenen Küchenutensilien produziert und erfreuen sich großer Beliebtheit.

LEGO® ist der Name einer Spielzeugfabrik, die 1932 von Ole Kirk Christiansen gegründet wurde. Christiansen produzierte zunächst Holzspielzeug und erfand 1958 die bekannten Plastikbausteine. Der berühmte Markenname wurde aus dem dänischen Satz »leg godt« (»spiel gut«) zusammengesetzt.

◀ **Femmes Régionales designten die erste Bar der dänischen Brauerei Mikkeller**

DÄNISCHES DESIGN

Den Beistelltisch Mikado entwarf Cecilie Manz (* 1972) für die Ausstellung »Nomad Furniture« – er wird seinem Namen und seiner Bestimmung vollauf gerecht.

Der Y-Stuhl ist eines der bekanntesten Designstücke von Hans J. Wegner (1914–2007), der über 500 verschiedene Modelle, zumeist reine Holzstühle, entwarf.

Heller, offener Raum

Funktionale, einfache Möbel

Diese Leuchte von Poul Henningsen (1894–1967) stammt aus einer für Louis Poulsen & Co. produzierten Serie und ist das Ergebnis des Bemühens, einen Beleuchtungskörper zu entwerfen, der möglichst viel Licht gibt und dabei möglichst wenig Schatten wirft. Erreicht wird dies durch den Einsatz mehrerer gewölbter Schirme, die weiches Streulicht verbreiten.

Innovativer Umgang mit Materialien

Dänisches Porzellan ist weltberühmt. Zu den Klassikern zählt die Blaumalerei, dänisch *Musselmalet*. Das Dekor von Royal Copenhagen war 1775 die erste Serie, die die Porzellanmanufaktur produzierte.

Innenarchitektur

Nach dem Zweiten Weltkrieg erwachte bei den dänischen Architekten ein reges Interesse an den architektonischen Stilen anderer Länder, deren Einfluss zum Entwurf offener Grundrisse führte. Gut erkennbar ist dieser Trend an den Häusern, die die Architekten für sich selbst bauten, etwa am 1952 errichteten Wohnhaus von Jørn Utzon in Hellebæk.

Arne Jacobsen

Der 1902 geborene Arne Jacobsen war der Star des dänischen Designs. In seiner Jugend war Jacobsen von den Bauten des Schweizer Architekten Le Corbusier fasziniert, insbesondere von deren Funktionalität. Als Designer schuf Jacobsen viele Klassiker wie die »Ameise« (1951). Dieser stapelbare Sperrholzstuhl war der Vorläufer der Stühle, die man heute in zahlreichen Schulen und Cafés findet. Auch heute werden Jacobsens Stuhlentwürfe großteils noch produziert, darunter das »Ei« und der »Schwan«. Jacobsen starb 1971.

Jacobsens berühmter »Ei«-Stuhl

Hygge-Hauptstadt Kopenhagen

»Hygge« in einem Wort zu übersetzen, ist so gut wie unmöglich. Vielmehr umfasst dieser Begriff eine Lebenseinstellung, zu der Gemütlichkeit, Pflege von Freundschaften, Entschleunigung, Entspannung, Zufriedenheit mit dem, was man hat, und die Freude an kleinen Dingen gehören. Deshalb wählten die Dänen Hygge auch in den offiziellen Kulturkanon mit ihren grundlegenden Gesellschaftswerten. Da verwundert es nicht, dass Dänemark im *World Happiness Report* der Vereinten Nationen immer einen der vordersten Plätze belegt.

Leuchtende, bekrönte Schwäne im Vergnügungspark Tivoli

Gemütliches Zuhause
Die Dänen machen es sich gemütlich zu Hause – wobei sicher auch die langen Winter eine Rolle spielen.

Gemeinsam essen
Das weiß jeder: Es gibt (fast) nichts Schöneres, als bei einem guten Essen mit Freunden einen gemütlichen Abend zu verbringen.

HYGGE-HAUPTSTADT KOPENHAGEN | 41

Gemütlich fortbewegen
Die Dänen gehören zu den entspanntesten Menschen der Welt – das trifft auch auf ihre Fortbewegung zu.

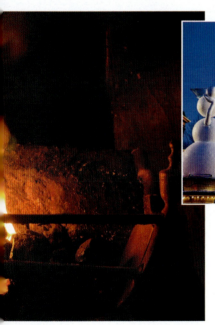

Hyggeliges Licht
Die Dänen sind Weltmeister darin, eine anheimelnde Lichtstimmung zu schaffen – vor allem im Winter.

Hygge
Im Wesentlichen ist Hygge eine gemütliche, herzliche Atmosphäre, in der man das Gute des Lebens mit netten Leuten zusammen genießt.

Hoptimisten
Mit einem Hoptimisten mit lustig-verschmitztem Gesicht auf dem Schreibtisch kommt man gar nicht umhin, positiv ans Werk zu gehen.

Schöne Hygge-Orte in Kopenhagen
- Tivoli – vor allem zur Weihnachtszeit *(siehe S. 118f)*
- Kødbyen *(siehe S. 153, 161)*
- Christiania *(siehe S. 130, 145)*
- Picknick im Assistens Kirkegård *(siehe S. 158)*
- Torvehallerne *(siehe S. 99, 106)*
- Latinerkvarteret *(siehe S. 112)*
- Paludan Bogcafé *(siehe S. 125)*
- Väkst *(siehe S. 125)*
- Henrik Vibskov *(siehe S. 126f)*
- Nordic Nesting *(siehe S. 126)*
- HAY House *(siehe S. 126)*
- Lidkoeb *(siehe S. 164)*

GENUSS

Genuss. Genüsslicher. Hochgenuss: Rund 20 Michelin-Sterne weisen dem Gourmet seinen Weg durch Europas innovativste Feinschmecker-Metropole. Am hellsten leuchtet das 2018 zum dritten Mal in Folge mit drei Sternen ausgezeichnete Geranium. Auch das weltberühmte Noma wurde im Frühjahr 2018 wieder eröffnet und wird sicher bald auf der Gourmet-Sterne-Liste zu finden sein.

Neben der hippen neuen nordischen Küche, die sich durch regionale, saisonale Produkte, viel Fantasie und Können sowie leider auch durch astronomische Preise auszeichnet, gibt es noch die gute, traditionelle Küche. Dazu gehört das *smørrebrød*, eine Art Schwarzbrot, reich belegt mit Fisch, Fleisch oder Ei, garniert mit verschiedenen grünen Toppings und Saucen.

Ansonsten finden sich auf den Speisekarten Kopenhagens eine Vielzahl an Fisch- und Fleischgerichten sowie hervorragende vegetarische Optionen. Und zum süßen Schluss: ein *wienerbrød*.

Dänische Küche	44 – 45
Pølser und Wienerbrød	46 – 47
Dänische Getränke	48 – 49
Restaurant-Adressen	94, 124 –125, 148, 164
Restaurants	190 –191

Dänische Küche

Dänemarks Küche ist typisch skandinavisch mit vielen Fleisch- und Fischgerichten. Fischspezialitäten sind etwa Räucherlachs, eingelegter Hering, Aal und Schellfisch. Kabeljau wird gebacken, gedünstet, gebraten oder getrocknet *(klipfisk)*. Das Mittagsbüfett *kolde bord* bietet eine breite Auswahl einheimischer Speisen mit *smørrebrød*, Aufschnitt und Schweinefleischgerichten. Die meisten Dänen lieben Süßes – *wienerbrød* (Gebäck) wird zu jeder Tageszeit gegessen. Viele Desserts werden mit Beeren bereitet, dänische Eiscreme ist weltklasse.

Plunderteilchen nennt man in Kopenhagen *wienerbrød*

Rødgrød (Rote Grütze) wird mit Sahne oder Milch serviert

Smørrebrød

Das klassische *smørrebrød* (belegtes Brot) ist beliebt wie eh und je. Die Zubereitung ist einfach: gebutterte *Rugbrød*-Scheiben (ungesäuertes Roggenbrot) werden mit Fleisch, Wurst, Fisch oder Käse belegt, mit Dill, Gurke, Tomate oder Zitrone garniert und zusammen mit einer Remoulade, Kaviar oder einem rohen Eigelb in der Schale serviert. Besonders schmackhaft sind *Sol over Gudhjem* und *Bornholmer* – Variationen mit geräucherten Heringsfilets, Eigelb, rohen Zwiebeln, Schnittlauch und Radieschen. Beliebt sind *marinerede sild* (in Essig eingelegter Hering mit Zwiebeln und Kapern) und *stjerneskud* (»Sternschnuppe«), gebratenes Fischfilet mit Garnelen, Zitrone und Dill. *Dyrlægens natmad* ist eine Kreation mit Leberpastete, Rindfleisch, Schmalz, Zwiebelringen und Kresse, für *roastbeefmad* kommen Roastbeef mit gebratenen Zwiebeln und Meerrettich zum Einsatz, für *rullepølsemad* Schweinebauch mit Zwiebeln, Kräutern, Meerrettich und Brunnenkresse.

Auswahl an dänischem *smørrebrød*

Typische Gerichte

Die dänische Küche bietet die unverfälschten Aromen aus vorindustriellen Zeiten. Die Grundlebensmittel Roggenbrot, Pökelfleisch und Hering bestanden aus Produkten, die in den kurzen Sommern angebaut und geerntet oder im Meer gefangen und konserviert werden konnten. Diese Lebensmittel erleben gerade eine Renaissance.

Typische Gerichte sind etwa *øllebrød* (Bier-Brot-Suppe), *æbleflæsk* (in Fett gebratene Äpfel mit Schinkenspeck) und *grønlandkål* (Kohleintopf). Dazu isst man häufig neue Kartoffeln und Wurzelgemüse sowie Gurkensalat, Rote Bete, Erbsen und Karotten. Zum Nachtisch schmecken etwa Apfel-Charlotte mit Schlagsahne und Mandeln sowie *rødgrød med fløde*, rote Grütze mit Sahne oder Milch.

Dill

Zu Frikadeller, in Butter gebratenen Schweine- und Kalbshackfleischbällchen, gibt es neue Kartoffeln.

◀ Gemeinsames Essen gehört zur dänischen Lebensart

DÄNISCHE KÜCHE | 45

Heringe in einer Räucherei auf Bornholm

Seafood

Fisch und Krustentiere sind in der dänischen Küche weitverbreitet – die Hauptrolle kommt dabei dem Hering zu. Er wird frisch und gepökelt, getrocknet oder geräuchert gegessen, dazu wird Curry-, Knoblauch-, Senf- oder Tomatensauce serviert. Populär sind zudem geräucherter, gebratener, gedünsteter oder mit Dillsauce marinierter Lachs sowie geräucherter Aal, Rogen, Makrele und Scholle. Fischfilets werden oft in Butter gebraten, mit Kartoffeln und Petersiliensauce serviert und mit Bier oder Aquavit »hinuntergespült«.

Alle Fischgerichte genießt man am besten in den typischen *røgeri* (Räuchereien) in den Häfen.

Fleischgerichte

Schweinefleisch ist am weitesten verbreitet, immerhin leben in Dänemark viermal so viel Schweine wie Einwohner. Dänischer Speck ist weltberühmt. Traditionelle Gerichte sind etwa *stegt flæsk med persillesovs*, Schweinebraten mit Petersiliensauce und Kartoffeln, sowie die dicke, würzige *medisterpølse*, eine Wurst aus Schweinefleisch.

Rind-, Kalb- und Lammfleisch werden ebenfalls oft verarbeitet, häufig in Form von Eintöpfen, frittierten Fleischlaibchen und *frikadeller*.

Wildvögel, etwa Wildenten oder Fasane, sowie Wildbret, etwa Hirschbraten, gibt es in der entsprechenden Saison.

Vegetarische, vegane und Raw-Food-Gerichte

Auch alle, die es fleischlos mögen, müssen in Dänemark nicht darben. Das Angebot an vegetarischen und veganen Gerichten und Produkten in Restaurants und Läden ist sehr groß, speziell in Kopenhagen gibt es viele Lokale, die sich ganz auf diese Küchenrichtung spezialisiert haben.

Der Unterschied zu deutschen Lokalen besteht eher darin, dass man in Dänemark weniger Fleischersatzprodukte und Tofu verwendet. Vielmehr werden aus frischem Gemüse und Obst fantasievolle Kreationen gezaubert. Dabei reicht das Spektrum von edlen vegetarischen Menüs bis zu Fast Food wie veganen Hotdogs und Burgern.

Vitaminreiche Rohkost im Restaurant simpleRAW

Flæskesteg ist knuspriger Schweinebraten, dazu wird üblicherweise Kohl und braune Sauce gereicht.

Rødbeder ist eine Beilage aus eingelegten Rote-Bete-Scheiben. Beliebt ist auch Meerrettichsauce.

Risalamande, der Mandel-Reispudding an Weihnachten, wird kalt mit fruchtiger Kirschsauce serviert.

Pølser

Pølser als einfache Hotdogs zu bezeichnen, würde ihnen nicht gerecht werden. Zwar ist die Urform gleich: ein Brötchen, eine (rote) Wurst und Ketchup. Und noch immer findet man einige *pølsevogn* (Imbissstand), die das Nationalgericht genau in dieser Form anbieten, doch die vielen fantasievollen Variationen, die es mittlerweile gibt, sind wahre Geschmackserlebnisse.

Pølser mit Salat, Weißbrot und Ketchup – die Würste gibt es in Wasser erhitzt *(kogt)* oder wie hier gebraten *(risted)*.

Typische Røde Pølser erkennt man am Signalrot der Würstchen. Dazu gibt es ein Brötchen, Ketchup und einen Softdrink, und schon ist die (nicht ganz so gesunde) Zwischenmahlzeit fertig.

Geänderte Essgewohnheiten haben dazu geführt, dass es *pølser* heute in vielen Variationen gibt: aus anderen Fleischsorten, etwa Ziege, Rind und Huhn, bio und sogar vegan. Auch die Auswahl der Toppings hat sich immens erweitert. Neben den klassischen eingelegten Gurkenscheiben und (Röst-)Zwiebeln sind u. a. Käse, Speck und Rotkohl im Angebot.

Rød Pølser

»Erfunden« wurden die *pølser* in Dänemark während der Rezession in den 1930er Jahren. Eine dünne Brühwurst aus Schweinefleisch, ähnlich der Wiener, in einem mit dem Lebensmittelfarbstoff Karmin leuchtend rot eingefärbten Naturdarm sollte vor allem die ärmere Bevölkerung satt machen. Warum die Wurst rot eingefärbt wurde, ist nicht ganz klar. Möglicherweise geht die Tradition auf eine Verordnung zurück, nach der Würste, die älter als einen Tag waren, knallrot eingefärbt werden mussten. Einer anderen Theorie zufolge soll ein französischer Metzger die Idee nach Dänemark gebracht haben.

Pølser mit Spiegelei, gerösteten Roggenbrotscheiben und angebratenen Zwiebeln sind ein deftiges Frühstück.

Wienerbrød

Über die Entstehung von *wienerbrød* gibt es zwei Geschichten: Aufgrund eines Streiks der Bäckergesellen Mitte des 19. Jahrhunderts wurden Gesellen aus Wien angeworben, die ihre speziellen Rezepte für Plunderteig und Croissants mitbrachten. Nach einer anderen Version reiste der Bäcker Niels Albeck 1843 nach Wien, um dort das Bäckerhandwerk kennenzulernen. Egal, was nun stimmt, die ursprünglich österreichischen Rezepte wurden über die Jahre hinweg immer weiter verfeinert, und *wienerbrød* gehört heute als fester Bestandteil zur dänischen Küche.

Dagmartærte ist ein klassisches *Wienerbrød*-Törtchen mit Plundergebäckfüllung und Sahne, verziert mit weißer und brauner Glasur.

Wienerbrød gibt es in den unterschiedlichsten Varianten – pur, mit Obst oder mit Marmelade. Allen gemein ist jedoch der Grundteig, viel Butter und die spezielle Puddingfüllung – einfach köstlich.

Kanelsnegl und Direktør Snegl sind Zimtschnecken, die entweder glasiert oder mit Schokoladenguss angeboten werden. Beide sind eine Sünde wert.

Æbleskiver ist ein traditionelles Weihnachtsgebäck. Der Teig mit Apfelstückchen wird in einer speziellen Pfanne mit runden Vertiefungen in Fett ausgebacken und mit Puderzucker bestäubt serviert.

Romsnegl ist eine Plunderschnecke mit Rum, die mit weißem Zuckerguss glasiert und mit bunten Perlen dekoriert wird.

Dänische Getränke

Was Getränke betrifft, haben die Dänen zwei Leidenschaften: Kaffee und Bier. Leute über 60 Jahre lieben auch ihre Schnäpse, die in vielen Geschmacksrichtungen unter dem Namen *akvavit* gehandelt werden. Den Biermarkt beherrschen einige wenige Brauereien, allen voran Carlsberg. Dänisches Bier gibt es in verschiedenen Farben und Stärken, vom recht milden Lager über Pils bis hin zum Starkbier mit rund zehn Prozent Alkohol. Wein spielte bisher eine untergeordnete Rolle, ist aber in Supermärkten und Restaurants erhältlich. Neben Kaffee werden Wasser, die üblichen Softdrinks gängiger Weltkonzerne und einheimische Limonaden getrunken.

Barbesucher genießen ihr Bier an den Tischen im Freien

Lager

Faxe Royal Lager

Logo der Carlsberg-Brauerei

Lagerbier ist das beliebteste Getränk der Dänen. Die gängigen dänischen Biersorten haben einen Alkoholanteil von etwa 4,5 Prozent. Gebraut werden sie u. a. von Carlsberg, Grøn Tuborg, Faxe und Star. Vor Weihnachten und Ostern gibt es im Handel Julebryg und Påskebryg in diversen Varianten. Diese Biersorten sind besonders süß und werden zusammen mit einem Aquavit getrunken. Bars und Restaurants servieren sowohl Fassbier (*fadøl*) als auch Flaschenbier. Fassbier bestellt man gern im Krug. Dosenbier wird wenig, Flaschenbier häufig verkauft. Es ist für Dänen durchaus üblich, während der Mittagspause ein Bier zu trinken. Allerdings betrinkt man sich nicht. Alkohol am Steuer ist in Dänemark absolut tabu.

Carlsberg Pilsner

Tuborg Lagerbier

Faxe Classic

Carlsberg Starkbier

Carlsberg Elephant

Dunkles Bier

Es gibt über 400 Biersorten, darunter viele gute Malzbiere. Diese sind meist kräftiger im Geschmack und oft mit einem Alkoholgehalt von acht Prozent oder mehr stärker als Lager oder Pils. Einige Cafés und Bars sind auf diese Biere spezialisiert, die auch etwas süßer sind und weniger Kohlensäure haben. Zu den beliebtesten Sorten zählen Carlsbergs Elephant und Sort Guld von Tuborg. Zu den dunkelsten Bieren gehören Starkbiere und Porterbiere mit deutlich höherem Alkoholanteil. Mikrobrauereien, etwa Nørrebro Bryghus und Mikkeller, haben einen immer höheren Marktanteil.

DÄNISCHE GETRÄNKE | 49

Wein

Das dänische Klima ist für den Weinanbau zwar ungeeignet, gleichwohl gibt es einige Enthusiasten, die besonders widerstandsfähige Rebsorten anbauen. Bisher ist das Resultat ihrer Bemühungen jedoch nicht kommerziell verwertbar. Deshalb müssen die Dänen, die mehr und mehr das Bier stehen lassen und stattdessen zum Weinglas greifen, sich mit importierter Ware begnügen. Weißwein heißt *hvidvin*, Rotwein *rødvin* und Schaumwein *mousserende-vin*. Glühwein *(gløgg)* wird in der Weihnachtszeit gern mit Mandeln und Rosinen serviert.

Gløgg (Glühwein)

Heißgetränke

Dänen sind echte Kaffeekenner, denn Kaffee ist das beliebteste Getränk im Land. In Cafés werden die gerösteten Bohnen frisch gemahlen und aufgebrüht. Auch starker italienischer Espresso ist zu haben, ebenso Cappuccino und die immer beliebteren Lattes. Koffeinfreien Kaffee gibt es selten, doch heiße Schokolade mit Sahne ist eine Alternative. Tee ist in Dänemark weniger beliebt als Kaffee und wird meist nur als Teebeutel in heißem Wasser serviert. Cafés bieten auch Kräutertees an.

Cappuccino

Espresso

Hochprozentiges

An Weihnachten und auch an Silvester darf in Dänemark ein gekühlter Aquavit nicht fehlen. Den meist klaren Schnaps gibt es in verschiedenen Geschmacksrichtungen. Er wird aber einfach nur *akvavit* genannt und in einem Zug hinuntergekippt. Danach trinkt man ein kühles Bier. Auch starke Kräuterschnäpse und Liköre sind beliebt. Am populärsten ist Gammel Dansk, den man traditionell frühmorgens zu sich nimmt. Für viele Dänen ist ein Gläschen Hochprozentiges hier und da fast so etwas wie medizinische Vorsorge. Nach dem Essen ist auch der süße Kirschlikör Peter Heering beliebt.

Kräuterschnaps Gammel Dansk

Aquavit, der klare Schnaps

Softdrinks

Es ist üblich, zum Essen im Restaurant eine Karaffe oder eine Flasche Wasser zu bestellen. Das dänische Leitungswasser *(postevand)* ist sehr gut trinkbar. Stilles Mineralwasser in Flaschen heißt *minaralvand*, mit Kohlensäure versetzt nennt es sich *danskvand*. Alle Restaurants, Bars und Kneipen haben auch alkoholreduziertes, »leichtes« Bier *(let øl)* oder alkoholfreies Bier. Colahaltige Softdrinks heißen *sodavand*, Fruchtsäfte in Flaschen sind als *saft* bekannt. Kakao wird heiß *(varm chokolade)* und kalt *(chokolademælk)* gleichermaßen gern getrunken.

Mineralwasser mit Kohlensäure

Dänisches Limonadengetränk

Kakao mit Sahnehaube

SHOPPING

Kopenhagens Flaniermeile Strøget gilt als längste und älteste Fußgängerzone des Landes. Könnte es einen besseren Ausgangspunkt für Ihre Shopping-Tour durch Kopenhagen geben? Neben vielen dänischen und internationalen Marken finden Sie hier auch die bekanntesten Kaufhäuser der Stadt, Illum und Magasin du Nord.

Auf trendige Mode- und Designlabels stößt man in den Läden des Szeneviertels Vesterbro. Die zahlreichen hippen Cafés und Bars machen Shoppen hier zu einem coolen, entspannten Erlebnis.

Die Bredgade im Schatten von Schloss Amalienborg ist bekannt für die besten Antiquitätenläden der Stadt und für erstklassige Kunstgalerien.

Immer einen Besuch wert ist einer der ältesten Läden der Stadt: A.C. Perchs Thehandel. Das Interieur im englischen Kolonialstil ist seit 1835 fast unverändert. In unmittelbarer Nachbarschaft finden Sie auf der Kronprinsengade die angesagtesten Designläden der Stadt. Im Latinerkvarteret wird Shoppen zur Entdeckungstour.

Shopping: Design	52 – 53
Shopping mit Spaß	54 – 55
Shopping-Adressen	95, 126 – 127, 149, 165
Shopping	192 – 193

Shopping: Design

Es ist sicher nicht vermessen, Kopenhagen als Designhauptstadt zu bezeichnen – wo sonst gibt es ein ganzes Kaufhaus, das sich nur Designgegenständen widmet. Vor allem was Inneneinrichtung – von Möbeln und Leuchten über Porzellan- und Glaswaren bis hin zu Besteck – und Mode anbelangt, ist das Angebot in der Hauptstadt überbordend. Seien es nun Klassiker des dänischen Designs oder neue, spannende Entwürfe – bei einem Spaziergang durch Kopenhagen erhält man einen guten Überblick darüber, was sich gerade so tut. Selbst wenn man nichts kauft, verlässt man doch jeden Laden angenehm inspiriert.

Gubi Chair
Der 2003 von den dänischen Designern Boris Berlin und Poul Christiansen für das Label Gubi entworfene Stuhl hat zahlreiche Preise gewonnen und ist bereits Teil der Dauerausstellung des MoMA.

Louisiana Butik
Der Shop des Louisiana Museums *(siehe S. 176f)* bietet eine große Auswahl an Designprodukten – von klassischem bis zu modernem, experimentellem skandinavischem Design. Außerdem finden sich auch immer wieder Gegenstände, die Bezug auf aktuelle Sonderausstellungen nehmen.

Bodum

Logo von Bodum

Es gibt wohl nur wenige Haushalte, die nicht über einen Kaffeebereiter von Bodum verfügen. Bekannt wurde das 1944 von Peter Bodum gegründete dänische Familienunternehmen zwar nicht mit der heute gängigen Pressstempelkanne, sondern mit dem Vakuum-Kaffeebereiter Santos, dessen einzigartiges Design von Kaas Klaeson mehrfach ausgezeichnet wurde. Aber Bodum erwarb sich so den Ruf als Hersteller exzellenter Kaffeebereiter. 1974 kam dann in Zusammenarbeit mit dem Designer Carsten Jørgensen, der die Meinung vertrat, dass gutes Design nicht teuer sein muss, die erste Presso-Kaffeekanne auf den Markt. Heute erstreckt sich das Sortiment auch auf Teezubereitung, Tassen, Gläser sowie weitere Küchenutensilien.

Chambord-Kaffeebereiter und Glas Canteen von Bodum

◀ Entspanntes Shopping mit Kaffeepause in einem Hinterhof im alternativen Latinerkvarteret *(siehe S. 112)*

SHOPPING: DESIGN | **53**

Design
Der Blick für Linien und Formen, für die Perspektive und die Veränderung der Perspektive, das Gefühl für Material und Stoff, authentisch sein, klassisch, zeitlos, aber der Zeit voraus im Moment des Entstehens – das alles zusammen ist die Essenz von dänischem Design.

HAY House
Das Label mit Kultstatus steht für zeitgemäßes nordisches Design, das alte Formtraditionen in die Gegenwart überführt und funktionale Möbel und Designstücke produziert.

Strøget
Die Fußgängerzone im Herzen Kopenhagens besteht aus mehreren aufeinanderfolgenden Straßen (Frederiksberggade, Nygade, Vimmelskaftet, Amagertorv, Østergade) und verbindet den Rådhuspladsen mit

Strøget
Amagertorv 24

Straßenschild

dem Kongens Nytorv. Auf der 1100 Meter langen Shopping-Meile findet man Läden jeglicher Couleur, von günstigen Modeläden bis hin zu teuren Designerboutiquen. Je näher man dem Kongens Nytorv kommt, desto edler werden die Läden. Zu den bekanntesten (dänischen) gehören das Kaufhaus Illum mit dem Designableger Illums Bolighus, Royal Copenhagen, Georg Jensen und das riesige Kaufhaus Magasin du Nord.

Normann Copenhagen
Shopping als Erlebnis und Veränderung als wichtiger Teil des Erfolgs – damit punktet der preisgekrönte Flagship-Store in Østerbro.

Shopping mit Spaß

Aufgrund des vielfältigen Angebots könnte man in Kopenhagen auch einen Shopping-»Marathon« veranstalten. Da die Distanzen aber relativ kurz sind und das Auge immer wieder etwas Neues entdeckt, ist er bei Weitem nicht so anstrengend wie vielleicht in anderen Städten – ganz abgesehen von den vielen Cafés und Lokalen, in denen man eine Pause einlegen kann.

Schöne Porzellanschalen von Nordal

Søstrene Grene ist eher ein bunter Markt, denn ein Laden. Hier wird vieles angeboten, aber sicher nichts Lebensnotwendiges. Doch verlässt man selten eine Filiale, ohne etwas eingekauft zu haben.

LEGO®

LEGO® – eine Abkürzung von »leg godt«, dänisch für »spiel gut« – ist der Name des größten Spielzeugherstellers der Welt, seine Nennung lässt jedes Kinderherz höher schlagen. Erfunden hat die bunten Bausteine 1949 der Däne Ole Kirk Christiansen (1891–1958). Anfangs waren es »nur« die Steine mit den typischen Noppen an der Oberseite, dann wurde die Produktpalette ständig erweitert, etwa um Platten und Schrägdach-Teile, später um Räder und sogar Figuren. Heute kann man ganze Welten aus verschiedenen Bauteilen zusammensetzen. Der LEGO® Store in Kopenhagen ist ein Muss für Fans.

Steine von LEGO®

LEGO® Kehrmaschine

Schmuckliebhaber haben in Kopenhagen die Qual der Wahl. Überall gibt es kleine und große Schmuckläden, die wunderschöne, individuelle Stücke anbieten.

SHOPPING MIT SPASS | **55**

Dänische Mode
Die Entwürfe dänischer Modedesigner sind überall auf der Welt bekannt und beliebt. Auf einem Streifzug durch Kopenhagen kann man die unterschiedlichen Designs kennenlernen. Das preisgekrönte Modelabel Munthe *(siehe S. 193)* – hier ein Blick in den Laden – kreiert stilvolle Mode am Puls der Zeit.

Ihre Wahl
In der Welt der Dinge und der Sinne wollen Sie das eine und verlassen sich auf das andere: Treffen Sie Ihre Wahl zwischen schön oder brauchbar, zwischen einzigartig oder einfach klasse.

Loppemarked
In Kopenhagen hat fast jedes Stadtviertel seinen eigenen Flohmarkt. Angeboten wird so ziemlich alles – von Antiquitäten und Möbeln über Kleidung, Spielzeug und Küchensachen bis zum typischen Schnickschnack.

Marktstände
In Kopenhagen spielt gesundes Essen aus regionalen Zutaten eine große Rolle. Deshalb finden sich auch überall Marktstände mit einem vielseitigen Angebot.

Royal Copenhagen
Die Porzellanmanufaktur wurde 1775 von Frantz Heinrich Müller (1732–1820) in Kopenhagen unter dem Patronat der Königinwitwe Juliane Marie gegründet. Symbol der Manufaktur sind drei Wellenlinien für die drei Meeresstraßen, die Dänemark umgeben: Kleiner Belt, Großer Belt und Øresund. Das bekannteste Produkt ist das Tafelservice »Flora Danica«, das auch heute noch vom Königshaus bei festlichen Anlässen benutzt wird. Das Service ist mit Pflanzenmotiven verziert, die aus dem von Georg Christian Oeder 1753 begonnenen botanischen Tafelwerk stammen. Natürlich geht Royal Copenhagen mit der Zeit, doch auch in den modernen Designs finden sich immer Referenzen an die Geschichte und Tradition des Hauses.

»Flora Danica«

UNTER-HALTUNG

Ob Tiefsee oder Sternenhimmel, ob Oper, Ballett oder Jazz, ob Tag oder Nacht – Kopenhagen ist eine Metropole, die zu unterhalten weiß. Von außen sieht Dänemarks nationales Aquarium Den Blå Planet aus wie ein fantastisches UFO aus fernen Welten, von innen offenbart es die Wunder der Unterwasserwelt. Wer sich mehr für himmlischen Zauber interessiert, sollte den Rundetårn aufsuchen, auf dessen Spitze sich Europas ältestes, noch funktionsfähiges Observatorium findet.

Ein Synonym für Unterhaltung ist der weltberühmte Tivoli, der große wie kleine Besucher mit seinen Fahrgeschäften, Attraktionen, Kultur- wie Musikprogrammen begeistert. Musik ist auch ein Element in den zur Weltklasse zählenden Ballettaufführungen des Königlichen Theaters. Mit einmaliger Architektur und Akustik verzaubert die Oper. Umjubeltes Highlight der Kopenhagener Kulturszene ist das neue Schauspielhaus. Vor allem die Jüngeren zieht es in die Cafés und Bars von Vesterbro, wo eine lebendige Kunst- und Musikszene mit Live-Musik von Jazz bis Rock oder mit Events immer Neues erfindet.

Vielfältiges Kopenhagen	58 – 59
Unterhaltung	194 – 195

Vielfältiges Kopenhagen

Was Entertainment angeht, gibt es in Kopenhagen keine Grenzen, auch die Vielfältigkeit der Angebote ist überragend. Man hat die Auswahl zwischen »klassischer« Unterhaltung, sprich Oper, Konzerte und Schauspiel, man kann die Zeit im Vergnügungspark Tivoli vergessen, die dänische Hauptstadt vom Wasser aus entdecken, sich mit der Pferdekutsche durch das Carlsberg-Viertel fahren lassen oder am Abend eine Akrobatik- und Dinnershow besuchen – und das ist nur eine kleine Auswahl.

Cirkusbygningen
In dem runden Zirkusgebäude *(siehe S. 116)* aus dem Jahr 1886 findet seit 2003 jeden Abend eine vierstündige Dinner- und Entertainment-Show mit Akrobatik- und Musikdarbietung von Wallmans statt.

Carlsberg-Brauerei
In der alten Brauerei *(siehe S. 157)* kann man nicht nur Biere verkosten, sondern auch mit der Kutsche fahren.

Skuespilhuset
Das neue Schauspielhaus *(siehe S. 105)* verfügt über drei Bühnen und bietet 1000 Zuschauern Platz. Vom Foyer aus hat man einen einmaligen Panoramablick.

Tivoli
Die bunte Mischung aus Fahrgeschäften, Attraktionen, Kultur- und Musikprogramm macht den Vergnügungspark *(siehe S. 118f)* für Erwachsene und Kinder gleichermaßen attraktiv.

◀ Beleuchtetes Kettenkarussell an Halloween im Vergnügungspark Tivoli *(siehe S. 118f)*

VIELFÄLTIGES KOPENHAGEN | 59

Operaen
Schon die Fahrt zur Oper *(siehe S. 145)* ist speziell, nämlich per Wasserbus. Wer keine Karten für eine Aufführung bekommt, sollte den Bau wenigstens bei einer Führung besichtigen.

Nachtleben
Wird es in Kopenhagen dunkel, beginnt das Nachtleben zu pulsieren. Die Bandbreite an gemütlichen oder hippen Cafés, Kneipen, Bars, Mikrobrauereien, Discos und exklusiven Nachtclubs ist gewaltig.

DR Koncerthuset
Das Konzerthaus *(siehe S. 162)* umfasst vier unterschiedlich große Säle. Die Bandbreite der Darbietungen reicht von klassischer Musik bis zu Jazz-, Rock- und Popkonzerten.

Bootsfahrten
Kopenhagen und seine Sehenswürdigkeiten lassen sich am bequemsten auf einer Bootsfahrt durch den Hafen und die Kanäle entdecken. Man kann entweder ein Ticket für eine Bootsrundfahrt mit Guide bei einem der vielen Anbieter am Nyhavn kaufen oder sich ein Boot mieten (Picknick nicht vergessen!) und auf eigene Faust losschippern. Kopenhagen vom Wasser aus ist auf jeden Fall unschlagbar, vor allem der Perspektivwechsel ist überaus interessant: Die neuen Gebäude an der Hafenfront präsentieren sich dabei in voller Pracht. Auch bei einer Fahrt durch die Kanäle von Christianshavn kann man viel entdecken, was einem als Fußgänger verborgen geblieben wäre.

Unterwegs mit einem Solarzellenboot von GoBoat

MOBILITÄT

Während man in anderen europäischen Großstädten noch mit Staus und verpesteter Luft kämpft, sind die Kopenhagener schon lange aufs Rad umgestiegen. So sind sie in ihrer Stadt schneller, kostengünstiger und gesünder unterwegs. Gut 50 Prozent der Einwohner nutzen ihr Bike täglich, um ins Büro oder zur Schule zu kommen, zum Shoppen oder einfach nur zum Vergnügen. Und ein Vergnügen ist das Fahrradfahren in der Bike-City sommers wie winters. Jeder Besucher kann sich unkompliziert und schnell ein Fahrrad oder ein Elektrobike, ausgestattet mit GPS, mieten und seine Entdeckungstour auf zwei Rädern durch Kopenhagen starten.

Neben dem Fahrrad ist der öffentliche Nahverkehr eine hervorragende Wahl, wenn es gilt, schnell von A nach B zu kommen. Metro, Busse, Züge und Hafenbusse bilden ein gut ausgebautes, einfach zu benutzendes Verkehrsnetz.

Durch den Ausbau und die Verschönerung von Gehwegen wurde in Kopenhagen auch das Zufußgehen wiederentdeckt. Die Verwaltung arbeitet seit Jahren daran, umweltfreundliche Mobilität attraktiv zu machen – mit dem Ziel, bis 2025 die erste klimaneutrale Hauptstadt der Welt zu sein.

Radfahren in Kopenhagen	62 – 63
Radfahren	216 – 217

Radfahren in Kopenhagen

Kopenhagen gilt als das Radfahrparadies schlechthin. Dass die Stadt für Radfahrer ideal ist, merkt man auch als Besucher sofort. Eigene Radspuren, die deutlich breiter sind als die in Deutschland, und sogar »Radautobahnen« machen das Fahrrad zum perfekten Transportmittel. Räder kann man an jeder Ecke leihen – direkt beim Hotel oder in Läden. Oder man nutzt das städtische System.

Städtisches E-Bike mit Tablet

Lastenräder
Lastenräder gehören in Kopenhagen zum Stadtbild: Sei es zum Transport von Kindern oder von Waren. Beispielsweise wird die Post in Kopenhagen fast vollständig von Briefträgern mit Lastenrädern ausgetragen.

Kopenhagen-E-Bikes
Die E-Bikes der Stadt Kopenhagen sind auch für Einsteiger sehr leicht zu fahren. Dank des Tablets mit GPS-Straßenkarte und Routenplaner ist es so gut wie unmöglich, sich zu verfahren.

Cykelslangen
Die 235 Meter lange »Fahrradschlange« verbindet seit 2006 über das innere Hafenbecken den Stadtteil Vesterbro mit der Islands Brygge.

◀ Schon für die Kleinsten ist Radfahren normal – und ein großer Spaß dazu

RADFAHREN IN KOPENHAGEN

Cykelsuperstier
Die Radschnellwege sollen vor allem Pendlern das Erreichen des Stadtzentrums erleichtern. Fahrradampeln und Geschwindigkeitsanzeiger an diesen »Fahrrad-Autobahnen« sorgen dafür, dass die Radler auf einer grünen Welle in die Hauptstadt »schwimmen«.

Brücken
Mittlerweile gibt es in Kopenhagen etliche Brücken, die nur für Radfahrer und Fußgänger gedacht sind. Sie verbinden verschiedene Stadtteile miteinander, verkürzen Wegstrecken und verhindern Staus.

Bycyklen
Bycyklen ist das Leihradsystem der Stadt Kopenhagen. Die E-Bikes

Logo von Bycyklen

sind mit Tablets mit Touchscreen ausgerüstet, die bei der Navigation helfen und den Weg zu den Sehenswürdigkeiten in Kopenhagen und Frederiksberg weisen. Wo sich Abhol- und Aufladestationen befinden, sieht man auf dem Tablet oder über eine App. Man muss sich nur vorher via Website oder App anmelden – schon kann es losgehen. Die Fahrräder können bei einer beliebigen Station innerhalb des Systems abgegeben werden (weitere Infos *siehe S. 216f*).

Abhol- und Aufladestation von Bycyklen

FESTE

Kopenhagen ist nicht nur eine lebenswerte, sondern auch eine lebensfrohe Stadt. Entsprechend zahlreich sind Feste, Veranstaltungen und Events. Sie sind in der Hygge-Hauptstadt Ausdruck von Lebensfreude. Anlässe zu feiern gibt es genügend: Kunst oder historische Ereignisse, Musik oder Kulinarisches, Tradition oder Vision, Kultur oder Sport.

Eines der großen Sportevents ist der Copenhagen Marathon. Läuferinnen und Läufer aus der ganzen Welt sowie Tausende Zuschauer machen die Stadt zu einer riesigen Sportarena. Im August werden auf den Straßen Kopenhagens die Tische gedeckt. Das Copenhagen Cooking & Food Festival lädt auf eine einmalige kulinarische Entdeckungstour durch die nordische Küche ein.

Freunde des Jazz sollten die Stadt im Februar besuchen, in dem das alljährliche Jazz Festival drei Wochen lang mit Hunderten Konzerten und Veranstaltungen begeistert. Im Sommer treffen sich alljährlich mehr als 200 000 Besucher zum Roskilde Festival. Schwule und Lesben feiern mit der Copenhagen Pride Week ihr großes Fest.

Im Herbst treffen sich Cineasten in Kopenhagen zu Dänemarks größtem internationalem Filmfestival CPH PIX.

Das Jahr in Kopenhagen

Das Jahr in Kopenhagen

Dänemark liegt ungefähr auf demselben Breitengrad wie Moskau und Süd-Alaska, hat jedoch ein relativ mildes Meeresklima. Am kältesten wird es im Januar und Februar. Die meisten Veranstaltungen und Festivals finden im Frühjahr und Sommer statt. Die Dänen amüsieren sich gern. In den Sommerferien erwacht das ganze Land zum Leben. In Kopenhagen gibt es dann viele Feste und Events. Obwohl Dänemark ein kleines Land ist, finden hier Weltklasse-Veranstaltungen statt, darunter eines der ältesten Rockfestivals, das Festival in Roskilde, auf dem viele internationale und skandinavische Größen auftreten. Das weltberühmte Kopenhagener Jazzfestival zieht ebenfalls Top-Musiker aus aller Welt an. Wie anderswo in Europa werden auch in Dänemark die großen kirchlichen Feiertage, etwa Weihnachten, traditionell mit der Familie gefeiert.

Die königliche Familie beim Geburtstag der Königin *(16. Apr)*

FRÜHLING

Der Frühling lässt zwar lang auf sich warten, wird dann aber begeistert begrüßt. Am meisten ist auf dem Pfingstkarneval geboten, wenn die Hauptstädter in bunten Kostümen das Winterende feiern.

März
CPH DOX *(Mitte März)*. Größtes Dokumentarfilmfestival Nordeuropas (cphdox.dk).

April
Abendkonzerte im Tivoli *(Mitte Apr)*. Der Vergnügungspark öffnet sich für die Sommersaison seine Pforten. Freitags finden Abendkonzerte statt.
Geburtstag von Königin Margrethe II. *(16. Apr)*. Die Königin ist sehr beliebt. Loyale Dänen versammeln sich vor Amalienborg Slot und singen ein Geburtstagsständchen.

Mai
Pinsekarneval *(Pfingstwochenende)*. Bei dem dreitägigen Event nach brasilianischem Vorbild gibt es eine Parade mit Tanz (karneval.dk).
Copenhagen Marathon *(Mitte Mai)*. Zu diesem Wettlauf treten Profis aus ganz Europa an (copenhagenmarathon.dk).

SOMMER

Die Sommerfestivitäten beginnen zur Mittsommernacht (23. Juni) mit Lagerfeuern. In den Sommerferien finden zahlreiche Festivals statt.

Juni
Ølfestival *(Anfang Juni)*. Zu dem dreitägigen Bierfestival gehören Stände, Musik und mehr als 800 verschiedene Biere von etwa 70 Brauereien (www.ølfestival.dk).
Distortion *(Anfang Juni)*. Kopenhagens größtes Straßenfest und Clubfestival – jeden Tag in einem anderen Stadtteil (cphdistortion.dk).
Sankt Hans Aften *(23. Juni)*. Die Sonnwendfeiern werden mit Feuern und »Hexenverbrennungen« begangen.
Copenhell *(Ende Juni)*. Drei Tage Rock und Metal auf Refshaleøen (www.copenhell.dk).

Juli
Roskilde Festival *(Anfang Juli)*, Roskilde. Eines der größten Musikfestivals Europas (www.roskilde-festival.dk).
Copenhagen Jazz Festival *(Anfang Juli)*. Zwei Wochen Jazz, Blues und Fusion auf den Plätzen der Stadt (jazz.dk).

August
CHP Opera Festival *(Anfang Aug)*. Zwei Wochen lang gibt es Opern auf Plätzen und Wasserwegen (operafestival.dk).
Copenhagen Fashion Week *(Anfang Aug)*. Die besten skandinavischen Designer prä-

Feiertage

Januar
Nytår
Neujahr *(1. Jan)*

März / April
Skærtorsdag
Gründonnerstag *(variabel)*
Langfredag
Karfreitag *(variabel)*
Påske Ostersonntag und -montag *(variabel)*

April / Mai
Store Bededag Buß- und Bettag *(4. Fr nach Ostern)*
Arbejdernes Kampdag
Tag der Arbeit *(1. Mai)*
Kristi Himmelfartsdag
Christi Himmelfahrt *(variabel)*

Juni
Pinse Pfingsten *(variabel)*
Grundlovsdag
Tag der Verfassung *(5. Juni)*

◄ Weihnachtliche Stimmung im Vergnügungspark Tivoli *(siehe S. 118f)*

DAS JAHR IN KOPENHAGEN

Halloween *(31. Oktober)* im Tivoli

sentieren ihre neuesten Kollektionen (copenhagenfashionweek.com).
Hamletscenen *(Anfang–Mitte Aug)*, Helsingør. Aufführungen von Shakespeares *Hamlet* und anderen Werken im Kronborg Slot (hamletscenen.dk).
Copenhagen Pride *(Mitte Aug)*. Schwul-lesbische Parade (copenhagenpride.dk).
Kulturhavn *(Ende Aug)*. Besucher können sich bei diesem Festival rund um den Hafen an etlichen kulturellen Erlebnissen erfreuen (kulturhavn.kk.dk).
Copenhagen Cooking & Food Festival *(Ende Aug)*. Zehntägige Veranstaltung mit Kochevents und Streetfood (www.copenhagencooking.dk).

HERBST
Der Frühherbst bietet die letzte Gelegenheit für Veranstaltungen im Freien. Die kühlen Herbstabende treiben Musikliebhaber in die Musikclubs.

September
Golden Days *(2 Wochen Anfang Sep)*. Bei diesem Festival wird Kopenhagens reiches Kulturerbe gefeiert (goldendaysfestival.dk).

Oktober
CPH PIX *(Anfang Okt)*. Größtes internationales Filmfestival des Landes (cphpix.dk).
Kulturnatten *(2. Fr im Okt)*. In dieser Nacht sind Museen, Schlösser, Theater und Kirchen geöffnet (www.kulturnatten.dk).
Tivoli Halloween *(31. Okt)*. Hexen, Masken und Kürbislaternen.
Copenhagen Blues Festival *(Ende Okt)*. Vier Tage stehen im Zeichen des Blues (www.copenhagenbluesfestival.dk).

November
Sankt-Morten-Fest *(10. Nov)*. Am Vorabend von Sankt Morten gibt es Gänsebraten.

Tivoli-Weihnacht *(Nov–Dez)*. Zahlreiche vorweihnachtliche Veranstaltungen für Junge und Junggebliebene im Tivoli.

WINTER
Der Winter ist die stillste Zeit im Jahr. Da das Wetter nicht zu Aktivitäten im Freien einlädt, ist draußen wenig los. In der Weihnachtszeit gibt es zahlreiche Konzerte. Überall finden Weihnachtsmärkte statt.

Dezember
Jul *(24.–26. Dez)*. Die Dänen feiern Weihnachten im Familienkreis. An Heiligabend gibt es traditionell Entenbraten mit Rotkohl und Kartoffeln. Zum Dessert isst man Reispudding. Wer die darin versteckte Mandel findet, erhält einen Preis.

Januar
Nytårsdag *(1. Jan)*. Das neue Jahr wird mit viel Pomp begrüßt. In Kopenhagen gibt es Feuerwerke und Konzerte.

Februar
Wondercool *(ganzer Feb)*. Bei diesem Event gehen Musik, Kunst, Essen und Design eine interessante Mischung ein.

Bei Copenhagen Cooking werden die Straßen zu einer großen Küche *(Aug)*

Juli / August	September / Oktober	November	Dezember
			Jul Weihnachten *(24., 25. und 26. Dez)*

Eines der berühmtesten Fotomotive Kopenhagens: der Nyhavn mit seinen bunten Häusern *(siehe S. 104)*

KOPENHAGEN

Kopenhagen auf der Karte	70 – 75
Norden	76 – 95
Zentrum	96 – 127
Südosten	128 – 149
Abstecher	150 – 165
Ausflüge	166 – 185

Kopenhagen auf der Karte

Dänemark mit seinen 5,7 Millionen Einwohnern ist im Westen von der Nordsee und im Südosten von der Ostsee sowie von den Meerengen Skagerrak und Kattegat umgeben. Den größten Teil nimmt mit 29 777 Quadratkilometern die Halbinsel Jütland ein. Der Rest des Landes besteht aus etwa 440 Inseln, deren größte Seeland, Fünen und Bornholm sind. Weit draußen im Nordatlantik gehören die autonomen Gebiete Grönland und Färöer zu Dänemark.

Dänemarks Hauptstadt liegt auf den küstennahen Inseln Seeland und Amager. Die Brücke über den Øresund, die Meerenge zwischen Seeland (Dänemark) und Schonen (Schweden), verbindet Dänemarks Hauptstadt Kopenhagen mit Malmö in Südschweden.

Legende
- Autobahn
- Autobahn (im Bau)
- Hauptstraße
- Nebenstraße
- Regionalgrenze
- Staatsgrenze

Weitere Zeichenerklärungen *siehe hintere Umschlagklappe*

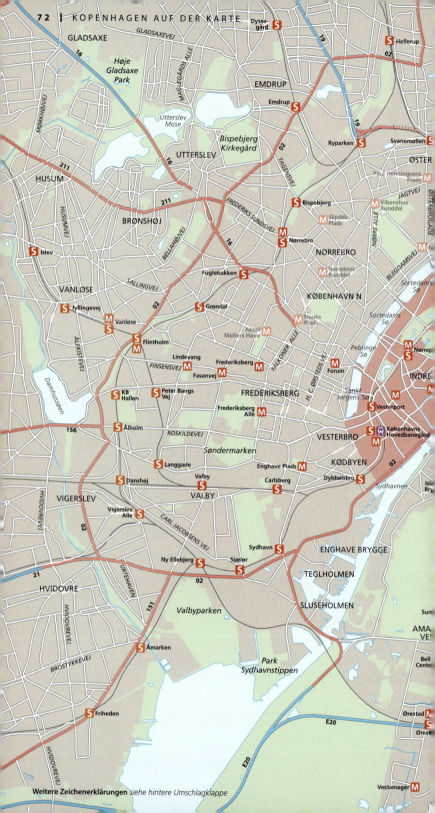

Großraum Kopenhagen

Als Großraum Kopenhagen wird das zusammenhängende Siedlungsgebiet bezeichnet, das sich um Kopenhagen / Frederiksberg seit Mitte des 20. Jahrhunderts gebildet hat. Er besteht aus dem Stadtgebiet und den 27 Vororten Kopenhagens. Die Kommune Kopenhagen erstreckt sich über 86,2 Quadratkilometer und besteht seit 2007 aus zehn Stadtteilen: Indre By, Vesterbro / Kongens Enghave, Nørrebro, Østerbro, Amager Øst, Amager Vest, Valby, Bispebjerg, Vanløse und Brønshøj-Husum.

Legende

- S-tog-Station (S-Bahn)
- Metro-Station (U-Bahn)
- Metro-Station (U-Bahn) im Bau
- Bahnhof
- Windrad
- Flughafen
- Fährhafen
- Autobahn
- Hauptstraße

Innenstadt

Die Innenstadt Kopenhagens (Indre By), von den Einwohnern einfach »City« genannt, ist fast deckungsgleich mit der Altstadt der dänischen Hauptstadt. Sie ist die historische Mitte von Kopenhagen – alle anderen Stadtteile wurden erst nach 1850 errichtet. In diesem Bereich liegen die meisten historischen Sehenswürdigkeiten, Restaurants, Hotels und Shopping-Möglichkeiten, aber auch etliche der modernen architektonischen Wahrzeichen der Stadt.

Marmorkirken
Die Marmorkirche heißt auch Frederikskirken – nach ihrem Erbauer Frederik V. Ihre mächtige Kuppel kann man besteigen *(siehe S. 88)*.

Gefionspringvandet
Der größte Springbrunnen Kopenhagens thematisiert einen Mythos zur Entstehung Seelands *(siehe S. 85)*.

Zeichenerklärung *siehe hintere Umschlagklappe*

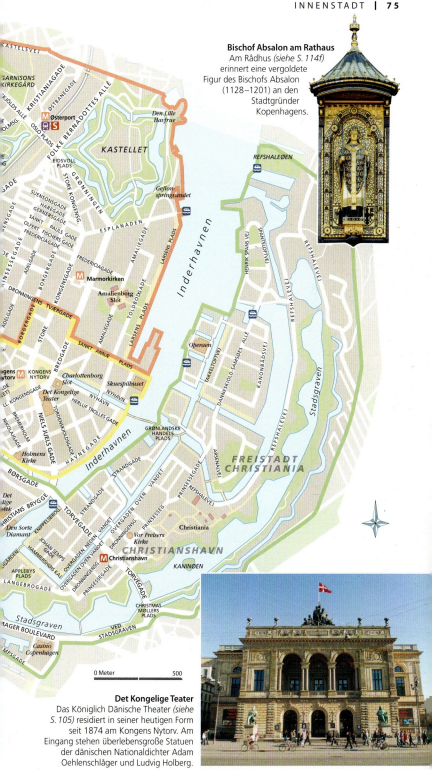

Bischof Absalon am Rathaus
Am Rådhus *(siehe S. 114f)* erinnert eine vergoldete Figur des Bischofs Absalon (1128–1201) an den Stadtgründer Kopenhagens.

Det Kongelige Teater
Das Königlich Dänische Theater *(siehe S. 105)* residiert in seiner heutigen Form seit 1874 am Kongens Nytorv. Am Eingang stehen überlebensgroße Statuen der dänischen Nationaldichter Adam Oehlenschläger und Ludvig Holberg.

Norden

Geschichten und Geschichte, Natur und Kunst, historische Architektur: Der Norden von Kopenhagens Zentrum zwischen Sortedams Sø im Westen und Inderhavnen im Osten ist ein Ort für mehrstündige, abwechslungsreiche Entdeckungstouren, an deren Ende Besucher ihre eigene Geschichte schreiben könnten. Viele interessante Museen – das Statens Museum for Kunst, das Geologisk Museum oder das Designmuseum Danmark – laden ebenso zum Besuch wie sehenswerte Kirchen. In das königliche Kopenhagen kann man in den Schlössern Rosenborg und Amalienborg eintauchen. Für eine Pause bieten sich die herrlichen Parkanlagen an oder ein Spaziergang durch das alte Kastellet. Ganz in der Nähe sitzt Kopenhagens weltbekanntes Wahrzeichen im seichten Wasser auf einem Stein: die Bronzefigur der Kleinen Meerjungfrau (Den Lille Havfrue).

Schloss Amalienborg ist bis heute die Stadtresidenz der dänischen Königin. Mitte des 19. Jahrhunderts verbrachten dort die bildschönen Schwestern Prinzessin Alexandra und Prinzessin Dagmar eine glückliche Kindheit. Später heiratete Alexandra König Edward VII. von England (1863), und Dagmar ehelichte den späteren russischen Zaren Alexander III. (1866). Zum Dank ließen die Russen die Alexander Nevsky Kirke in Kopenhagen erbauen (1881–83). Als ein paar Jahre später die russische Revolution ausbrach, war Dagmar die Einzige, die überlebte. Auf Bitten ihrer Schwester, Königin Alexandra von England, wurde sie von der britischen Marine gerettet und lebte fortan bis zu ihrem Tod 1928 wieder in Dänemark auf Schloss Hvidøre bei Kopenhagen.

Von der Geschichte zu Geschichten und zu Dänemarks berühmtestem Autor H.C. Andersen. Die beiden Prinzessinnen haben als Kinder wohl auch seine Märchen gelesen: *Die Prinzessin auf der Erbse* und natürlich *Die kleine Meerjungfrau*. Die sitzt seit 1913 als Bronzefigur an der Uferpromenade Langelinie. Mittlerweile hat sie auch zwei »Schwestern«: die »große« ist am Langelinievej zu finden, die »genmodifizierte« gehört zur Skulpturengruppe *Det genmodificerede Paradis* von Bjørn Nørgaard (Langelinie Allé).

Rosenborg Slot *(siehe S. 90f)* liegt im Kongens Have (Königsgarten, *siehe S. 88*)
◀ Die Königliche Leibgarde in Uniform mit Pelzmütze vor Amalienborg Slot *(siehe S. 86f)*

Persönliche Favoriten

Den Norden des Zentrums könnte man auch als das königliche Kopenhagen beschreiben. Hier liegen prächtige Schlösser, herrschaftliche Parks, herausragende Museen – und kleine Perlen.

Orangeriet

Eines der schönsten Restaurants, um an einem Sommerabend auf der Terrasse zu sitzen und in den Kongens Have zu blicken – und das alles bei herrlichen Speisen.

Lichtdurchfluteter Speiseraum des Orangeriet

Wie der Name schon erahnen lässt, befindet sich das Restaurant in der ehemaligen Orangerie des Kongens Have. Deshalb speist man auch stilvoll in einem lichtdurchfluteten und hellen Raum zwischen Orangenbäumchen mit Blick direkt in den Park oder – wenn es das Wetter zulässt – unter einem Sonnenschirm draußen auf der Terrasse.

Zur Mittagszeit werden *smørrebrød*, Salate und Shrimps serviert, abends wird es dann modern nordisch mit vielen hervorragenden Fischgerichten. Auch die Desserts sind ein Gedicht, also unbedingt Platz dafür lassen. Am Sonntag gibt es übrigens »nur« Sandwiches und Gebäck. Das Orangeriet liegt ideal, um sich nach einem Besuch von Amalienborg Slot und einem ausgiebigen Spaziergang durch den Kongens Have zu stärken.

Orangeriet
Kronprinsessegade 13. **Stadtplan** 1 C5. **Karte** G8.
33 11 13 07. Mo–Sa 11.30–15, 18–22, So 12–16 Uhr. restaurant-orangeriet.dk

Museumsshop im Statens Museum for Kunst

Das Statens Museum for Kunst als größtes Museum für Bildende Kunst in Dänemark ist immer einen Besuch wert, ebenso der Museumsshop.

Im Museumsshop des Statens Museum for Kunst *(siehe S. 92f)* gibt es nicht nur eine riesige Auswahl an dänischen und internationalen Kunstbüchern und Ausstellungskatalogen, sondern auch Postkarten, Plakate, Spielzeug, Zeichen- und Malbedarf sowie einzigartige Designartikel. Man kann sogar einen originalen Künstlerdruck mit nach Hause nehmen. Besonders schön sind die bunten, fantasievollen Mobiles. Es macht einfach riesigen Spaß, durch die Auswahl zu stöbern. Hier findet man auf jeden Fall ein schönes Erinnerungsstück an Kopenhagen oder ein gelungenes Mitbringsel.

Museumsshop im Statens Museum for Kunst
Sølvgade 48–50. **Stadtplan** 1 C4. **Karte** G7.
33 74 84 94. Di–So 11–17 Uhr (Mi bis 20 Uhr). smk.dk

Museumsshop im Statens Museum for Kunst

Stadtplan siehe Seiten 218–223 **Karte** siehe Extrakarte zum Herausnehmen

Kastellet

Das Kastellet ist nicht nur eine beeindruckende Festung aus dem 17. Jahrhundert, sondern lockt auch zu einem wunderschönen Spaziergang auf den Wallanlagen.

Auf dem Weg zur Kleinen Meerjungfrau kommt man unweigerlich am Kastellet *(siehe S. 84)* vorbei. Man sollte aber nicht nur einen kurzen Blick auf die Gebäude im Inneren der 1663 errichteten Festung werfen, sondern sich die Zeit für einen Spaziergang auf der fünfzackigen Wallanlage nehmen. Man kann die ganze, von Wassergräben umgebene Anlage auf einem Weg auf dem Wall umrunden, kommt an alten Kanonen und einer Windmühle vorbei und hat von der erhöhten Position einen wunderbaren Blick auf die Stadt, das Meer und Kreuzfahrtschiffe. Den kann man auch von einer der Bänke genießen – gern auch bei einem mitgebrachten Picknick. Oder man lässt einfach die Seele baumeln und erfreut sich an der Ruhe hoch oben über dem Trubel weiter unten.

RUHE UND AUSSICHT

Kastellet
Gl. Hovedvagt, Kastellet 1. **Stadtplan** 2 E3. **Karte** H7.
🕒 Gelände 6–22 Uhr. 🌐 kastelletsvenner.dk

Baumbestandener Weg auf den fünfzackigen Wallanlagen des Kastellet

Ida Davidsen

Das Restaurant Ida Davidsen ist der absolute Klassiker, wenn es um *smørrebrød* geht. Bereits in der fünften Generation wird das Traditionsgericht hier zubereitet.

Als Oskar Davidsen 1888 begann, in Nørrebro die reich belegten, dänischen Sandwiches zu verkaufen, hatte er schon 177 verschiedene Variationen im Angebot. Das heutige Lokal in der Store Kongensgade ist immer noch in Familienhand. Chef ist mittlerweile Oscar Davidsen, in der Küche hält seine Mutter Ida Davidsen (»Königin Ida«, wie ihr Sohn sie nennt) das Zepter in der Hand. Das Angebot ist mittlerweile auf 250 *Smørrebrød*-Varianten angewachsen, was sich auch in der ellenlangen Speisekarte widerspiegelt. Einige Berühmtheiten haben es sogar zu Namenspaten für eines der belegten Brote gebracht. Das Restaurant ist ideal für ein köstliches, typisch dänisches Mittagessen in der Nähe von Amalienborg Slot und Marmorkirken, die unterschiedlichen Kreationen sind alle aus frischen Zutaten und mit viel Liebe zum Detail zubereitet. Aufgrund des Kultstatus von Ida Davidsen sollte man vorher reservieren, um sich einen Platz zu sichern. Achtung: nur mittags geöffnet!

Ida Davidsen
Store Kongensgade 70. **Stadtplan** 2 D5.
Karte H8. 📞 33 91 36 55. 🕒 Mo–Fr 10.30–17 Uhr (Küche schließt um 16 Uhr). 🌐 idadavidsen.dk

Norden auf der Karte

Ob zu Fuß oder mit dem Rad – wie Sie Ihre Entdeckungstour durch das nördliche Zentrum von Kopenhagen beginnen, ist natürlich Ihnen überlassen. Hauptsache ist, Sie bringen viel Zeit und Neugierde mit. Lassen Sie sich mit einem Wasserbus in der Nähe der Statue der Kleinen Meerjungfrau absetzen oder beginnen Sie Ihre Tour mit einem ausgedehnten Spaziergang durch den schönen Kongens Have. Dort werden Sie auch die Statue des Mannes finden, der die kleine Meerjungfrau zum Leben erweckt und unsterblich gemacht hat.

Überblick: Norden

Da sitzt sie auf einem Stein, 175 Kilogramm Bronze, ganze 125 Zentimeter groß: die Kleine Meerjungfrau. Für ein weltberühmtes Wahrzeichen ist sie wirklich klein. Doch größer als ihre Statur ist ihre Wirkung: Sie ruft nämlich in den Herzen von Millionen Besuchern Erinnerungen an die eigene Kindheit wach.

Vom Blick in die eigene Vergangenheit beglückt, wendet man der Kleinen Meerjungfrau den Rücken zu und gelangt – vorbei am Kastellet mit seiner langen Geschichte als Festungsanlage – zum beeindruckenden Gefionspringvandet, der von der sagenhaften nordischen Göttin beherrscht wird.

Sagenhaft sind auch die Ausstellungsstücke im Designmuseum Danmark, das nur wenige Schritte entfernt an der Bredgade in einem Bauwerk aus dem 18. Jahrhundert untergebracht ist. Dänisches und internationales Design sind hier zu studieren und zu

Sehenswürdigkeiten auf einen Blick

1. Den Lille Havfrue
2. Kastellet
3. St Alban's Church
4. Gefionspringvandet
5. Medicinsk Museion
6. Designmuseum Danmark
7. Amalienborg Slot
8. Marmorkirken
9. Davids Samling
10. Kongens Have
11. Livgardens Historiske Samling
12. Botanisk Have
13. Geologisk Museum
14. Den Hirschsprungske Samling
15. Rosenborg Slot
16. Statens Museum for Kunst

Restaurants und Cafés
siehe S. 94
1. Toldboden
2. Kafferiet
3. Ida Davidsen
4. Madklubben Bistro-de-Luxe
5. Amadeus
6. Orangeriet
7. Garden Café
8. Biom
9. Kokkeriet
10. Aamanns

Shopping
siehe S. 95
1. Stine Goya Store
2. Bergsøe
3. Fil de Fer
4. Nyt i bo
5. Galerie Mikael Andersen
6. Bredgade Kunsthandel
7. Galleri Christoffer Egelund
8. Løgismose Vin, Mad & Delikatesser
9. Langelinie Outlet

Zeichenerklärung siehe hintere Umschlagklappe

NORDEN AUF DER KARTE | 81

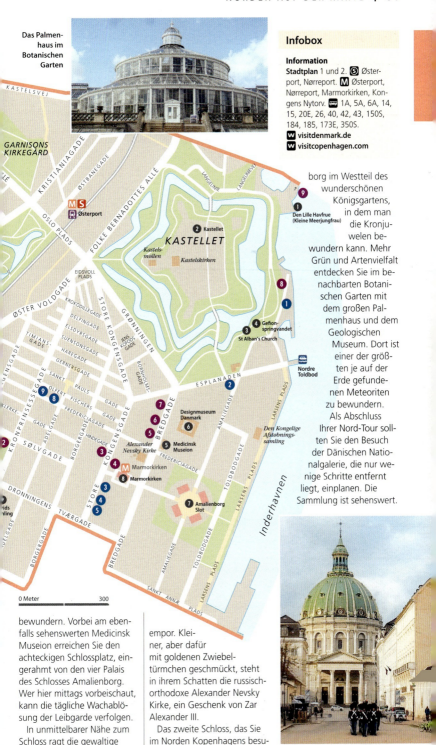

Das Palmenhaus im Botanischen Garten

Infobox

Information
Stadtplan 1 und 2. Ⓢ Østerport, Nørreport. Ⓜ Østerport, Nørreport, Marmorkirken, Kongens Nytorv. 🚌 1A, 5A, 6A, 14, 15, 20E, 26, 40, 42, 43, 150S, 184, 185, 173E, 350S.
🌐 visitdenmark.de
🌐 visitcopenhagen.com

borg im Westteil des wunderschönen Königsgartens, in dem man die Kronjuwelen bewundern kann. Mehr Grün und Artenvielfalt entdecken Sie im benachbarten Botanischen Garten mit dem großen Palmenhaus und dem Geologischen Museum. Dort ist einer der größten je auf der Erde gefundenen Meteoriten zu bewundern. Als Abschluss Ihrer Nord-Tour sollten Sie den Besuch der Dänischen Nationalgalerie, die nur wenige Schritte entfernt liegt, einplanen. Die Sammlung ist sehenswert.

bewundern. Vorbei am ebenfalls sehenswerten Medicinsk Museion erreichen Sie den achteckigen Schlossplatz, eingerahmt von den vier Palais des Schlosses Amalienborg. Wer hier mittags vorbeischaut, kann die tägliche Wachablösung der Leibgarde verfolgen.

In unmittelbarer Nähe zum Schloss ragt die gewaltige Kuppel der Marmorkirken empor. Kleiner, aber dafür mit goldenen Zwiebeltürmchen geschmückt, steht in ihrem Schatten die russisch-orthodoxe Alexander Nevsky Kirke, ein Geschenk von Zar Alexander III.

Das zweite Schloss, das Sie im Norden Kopenhagens besuchen sollten, ist Schloss Rosen-

Wachablösung vor Amalienborg

Stadtplan siehe Seiten 218–223 Karte siehe Extrakarte zum Herausnehmen

Im Detail: Um Amalienborg Slot

Dieser Teil Kopenhagens wird vor allem wegen Amalienborg Slot, der offiziellen Residenz von Königin Margrethe II., besucht. Leibgardisten in traditionellen Uniformen bewachen das Schloss. Die beste Zeit für einen Besuch ist mittags, wenn die tägliche Zeremonie zur Wachablösung stattfindet. Frederik V. machte Amalienborg Slot zum Zentrum eines neuen, edlen Viertels, das er anlässlich des 1748 begangenen 300. Jahrestags der Oldenburg-Dynastie erbauen ließ. Zu Ehren des Königs heißt das Viertel bis heute Frederiksstaden.

❺ **Das Medicinsk Museion** (Medizinisches Museum) in der früheren dänischen Akademie für Chirurgie erläutert die nicht selten makaber anmutende Geschichte der Medizin.

Die Alexander Nevsky Kirke ist russisch-orthodox und wurde 1883 erbaut. Sie war ein Geschenk des russischen Zarenhauses anlässlich der Hochzeit des späteren Alexander III. mit der dänischen Prinzessin Dagmar.

❽ ★ **Marmorkirken** Die Kirche wird auch Frederikskirken genannt und liegt westlich von Amalienborg. Ihre riesige Kuppel ruht auf zwölf Säulen. Mit 31 Meter Durchmesser ist sie eine der größten in Europa.

❼ ★ **Amalienborg Slot** Die Residenz besteht aus vier fast identischen Gebäuden. Sie dient seit 1794 als Wohnsitz der dänischen Königsfamilie.

0 Meter 50

Legende

--- Routenempfehlung

Restaurants und Shopping im Norden siehe Seite 94f

UM AMALIENBORG SLOT | 83

❻ ★ Designmuseum Danmark
Bevor aus dem Gebäude eine Ausstellungsfläche für dänisches Design wurde, diente es im 18. Jahrhundert als Stadtkrankenhaus.

Zur Orientierung
Siehe Stadtplan, Karte 2

Die Sankt Ansgars Kirke
steht auf dem Areal einer römisch-katholischen Kapelle und wurde früher von Kopenhagens ausländischer Bevölkerung genutzt. Der heutige Bau wurde 1842 errichtet und 23 Jahre später geweiht.

Den Kongelige Afstøbningssamling
(Königliche Abgusssammlung) besitzt über 2000 Abdrucke von Statuen, darunter Kopien der Venus von Milo und der Statuen der Akropolis (nur zu Veranstaltungen geöffnet).

Amaliehaven
ist ein moderner Park, den die Reederei A.P. Moller Mærsk im Jahr 1983 stiftete. Die nahe dem Nyhavn gelegenen Gärten sind bei Spaziergängern beliebt.

Stadtplan *siehe Seiten 218–223* **Karte** *siehe Extrakarte zum Herausnehmen*

❶ Den Lille Havfrue

Langelinie. **Stadtplan** 2 F3. **Karte** J6. Ⓢ Østerport. 🚌 26.

Die überraschend kleine Figur von der Kleinen Meerjungfrau, die auf einem Stein sitzt und wehmütig auf die vorbeifahrenden Schiffe blickt, ist Dänemarks bekanntestes Wahrzeichen. Die Skulptur wurde im Auftrag von Carl Jacobsen, Chef der Carlsberg-Brauerei, geschaffen. Sie entstand in Anlehnung an das gleichnamige Ballett, das wiederum auf Hans Christian Andersens Märchen von der Meerjungfrau basiert, die sich unsterblich in einen Prinzen verliebt.

Der Bildhauer Edvard Eriksen (1876–1959) engagierte Ellen Price, die Primaballerina, die den Part getanzt hatte, als Modell. Doch als die Tänzerin erfuhr, wo die Figur platziert werden sollte, verweigerte sie weitere Sitzungen und verlangte, dass nur ihr Gesicht zu sehen sein dürfe. Für den Körper saß dann die Frau des Bildhauers Modell.

Die Bronze wurde 1913 am Ende der Hafenpromenade aufgestellt. Dort wurde sie immer wieder das Opfer von Vandalismus. 1961 malte jemand ihr Haar rot an. 1964 sägte ein Unbekannter ihren Kopf ab. Kurz darauf verlor sie beide Arme, 1998 wurde sie erneut geköpft, 2003 von ihrem Felsen »gesprengt«. Inzwischen wurde sie etwas weiter draußen im Meer platziert.

Die Kleine Meerjungfrau, Kopenhagens berühmtes Wahrzeichen

Gebäude innerhalb des Kastellet

❷ Kastellet

Gl. Hovedvagt, Kastellet 1. **Stadtplan** 2 E3. **Karte** H7. Ⓢ Østerport. 🚌 1A, 15, 20E, 26. ⌚ Gelände 6–22 Uhr. 🌐 **kastelletsvenner.dk**

Auf dem Gelände wurde 1626 eine Festung gebaut, die 1658 bei einem Angriff der Schweden allerdings so gravierende Mängel zeigte, dass die Verteidigungsanlage auf Geheiß von Frederik III. erneuert wurde. 1667 waren die Umbauten fertig. Der endgültige Bau, das Kastellet (Zitadelle), bestand aus einem von hohen Dämmen und einem tiefen Graben umgebenen Fort in Form eines Fünfzacks. Im 19. Jahrhundert wurde es teilweise zerstört, danach wiederaufgebaut. Im Zweiten Weltkrieg diente es den deutschen Besatzern als Hauptquartier. Jetzt hat dort das dänische Militär Einzug gehalten. Dennoch ist das Gelände öffentlich zugänglich.

Im 19. Jahrhundert diente das Kastellet auch als Gefängnis. Die Zellen waren zur Kirche hin so ausgerichtet, dass die Gefängnisinsassen durch Gucklöcher in den Wänden an der Messe teilnehmen konnten.

❸ St Alban's Church

Churchillparken 11. **Stadtplan** 2 E3. **Karte** H7. 📞 33 11 85 18. 🚌 1A. ⌚ Apr–Sep: Mo–Sa 10–16, So 13–16 Uhr. ✝ Mi 10.30, So 10.30 Uhr. 🌐 **st-albans.dk**

Die Kirche wurde 1887 für die anglikanische Gemeinde gebaut und nach Sankt Alban benannt: Der römische Soldat war im 4. Jahrhundert zum Christentum konvertiert und starb als Märtyrer.

Churchillparken beim Kastellet

Das Märchen von der Kleinen Meerjungfrau

Die Meerjungfrau lebte mit ihren fünf Schwestern im Meer. Sie hatte keine Beine, sondern einen Fischschwanz. Eines Tages rettete sie einen Prinzen von einem sinkenden Schiff und verliebte sich in ihn. In ihrer verzweifelten Sehnsucht tauschte sie bei der bösen Meerhexe ihre schöne Stimme gegen zwei Beine, sodass sie an Land gehen konnte. Die Hexe warnte sie jedoch, dass sie sterben würde, falls der Prinz eine andere heiratete. Der betete seine stumme Geliebte zwar an, musste aber die Prinzessin eines anderen Königreichs ehelichen. Vor der Hochzeit gaben die Schwestern der Meerjungfrau ein Zaubermesser. Damit sollte sie den Prinzen töten, um ins Meer zurückkehren zu können. Doch die Meerjungfrau war außerstande, den Geliebten zu töten, und starb bei Sonnenaufgang *(siehe S. 29)*.

Andersen inmitten seiner Märchenfiguren

Die elegante neogotische Kirche befindet sich nicht weit vom Gefion-Springbrunnen an der Langelinie-Promenade im Churchillparken. Sie war ein Geschenk von Edward, Prince of Wales, der um die Hand Prinzessin Alexandras, der Tochter Christians IX., anhielt. Sie heirateten 1863, 1901 bestieg der Prinz als Edward VII. den Thron. Die Kirche besitzt schöne Glasmosaikfenster und eine Miniatur von Bertel Thorvaldsens Skulptur *Johannes der Täufer beim Gebet in der Wüste*. Bis heute findet der Gottesdienst auf Englisch statt.

❹ Gefionspringvandet

Churchillparken. **Stadtplan** 2 F3. **Karte** J7. 1A.

Der 1908 eingeweihte Gefion-Springbrunnen, der dank einer größeren Spende der Carlsberg-Stiftung errichtet wurde, ist eines der größten Monumente Kopenhagens und die beeindruckende Arbeit von Anders Bundgaard. Zentrale Figur ist die Göttin Gefion, eine germanische Mythengestalt. Der Sage nach versprach der schwedische König ihr so viel Land, wie sie binnen eines Tages und einer Nacht pflügen konnte. Gefion verwandelte daraufhin ihre vier Söhne in Ochsen und spannte sie vor einen Pflug. Bis zum ersten Hahnenschrei hatte sie einen beträchtlichen Teil Schwedens umgepflügt. Sie nahm dieses Land und warf es ins Meer, wodurch die Insel Seeland entstand. Zurück blieb ein Loch, das zum See Vänern wurde.

Besucher interagieren mit den Installationen im Medicinsk Museion

❺ Medicinsk Museion

Bredgade 62. **Stadtplan** 2 E4. **Karte** H8. 35 32 38 00. Østerport. 1A. Di–Fr 10–16, Sa, So 12–16 Uhr. Di–Fr 14, Sa, So 13.30 Uhr (englisch). museion.ku.dk

Das Medicinsk Museion, eine Kombination aus Museum und Forschungsstelle der Universität von Kopenhagen, wurde 1907 auf eine private Initiative hin gegründet. Zur Eröffnung wurde der 50. Geburtstag der dänischen Medizingesellschaft mit einer Ausstellung historischer medizinischer Gerätschaften begangen.

Die Hauptausstellung des Museums befindet sich in der Bredgade im Gebäude der früheren Königlichen Akademie der Chirurgen aus dem Jahr 1789 und anhängenden Gebäuden in Frederiksstaden. Dieses zentrale Stadtviertel steht auf der Liste für die Aufnahme als UNESCO-Welterbe.

Das Medicinsk Museion verfügt über eine der größten und besten Sammlungen historischer Medizinartefakte in Europa.

Darüber hinaus gibt es eine große Bildersammlung, ein Archiv für Dokumente und eine historische Bibliothek. Ein weiterer Ausstellungsraum liegt im Hauptgebäude der medizinischen Fakultät im Blegdamsvej.

❻ Designmuseum Danmark

Bredgade 68. **Stadtplan** 2 E4. **Karte** H8. 33 18 56 56. Østerport. Kongens Nytorv. 1A, 15. Di–So 10–18 Uhr (Mi bis 21 Uhr). designmuseum.dk

Der von den dänischen Architekten Nicolai Eigtved und Laurids de Thurah geplante und Mitte des 18. Jahrhunderts gebaute Komplex beherbergt heute das Designmuseum Danmark. In dem früheren Hospital starb 1855 der Philosoph Søren Kierkegaard. Das Krankenhaus wurde 1919 geschlossen und zu einem Museum umgestaltet. Es ist landesweit das größte für dänisches und internationales Design und zentrales Ausstellungsforum für Industriedesign und angewandte Kunst in Skandinavien. Die ältesten Sammlungsgegenstände stammen aus dem Mittelalter. Der Museumsladen bietet eine exzellente Auswahl an Industriedesign, Keramik, Glas und Textilien.

Auf derselben Straßenseite befindet sich ganz in der Nähe die **Sankt Ansgars Kirke**, Bischofskirche des römisch-katholischen Bistums Kopenhagen, in der eine kleine Ausstellung zur Geschichte des Katholizismus in Dänemark zu sehen ist (www.sanktansgar.dk).

Die Göttin Gefion und ihre Ochsen am Gefionspringvandet

🕖 Amalienborg Slot

Amalienborg besteht aus vier Gebäuden, die sich um einen achteckigen Platz gruppieren. Sie waren als Residenzen für wohlhabende Familien gedacht. Als Christiansborg Slot 1794 niederbrannte, kaufte sie Christian VII. nach und nach für die königliche Familie. Das Palais von Christian VII. (Palais Moltke), ein Entwurf von Nicolai Eigtved, ist für den Rittersaal bekannt, der als einer der schönsten Räume des dänischen Rokoko gilt. Seit 1885 wird das Palais hauptsächlich als Gästehaus und für Zeremonien genutzt.

Balustradenfiguren
In den 1970er Jahren wurden alle Statuen des Bildhauers Erik Erlandsen mithilfe von Experten des Statens Museum for Kunst (Dänische Nationalgalerie) restauriert.

Galerie
Die Schlossgalerie hat eine wunderbare, von Giovanni Battista Fossati gestaltete Decke. Der französische Architekt Nicolas-Henri Jardin entwarf das Mobiliar.

Kaminzimmer
Der Kachelofen in diesem Raum stammt aus einer Fabrik in Lübeck. Die Seide-Samt-Tapisserien waren Geschenke von Ludwig XV. an den Grafen Moltke.

★ Eingangshalle
Das Foyer wurde originalgetreu restauriert. Die Dekorationen sind den damaligen Entwürfen nachgebildet. Die Andromeda-Statue ist ein Abguss der originalen Marmorskulptur.

AMALIENBORG SLOT | 87

★ Großer Saal
In dem eleganten Raum kann man die Kunstfertigkeit des Hofbaumeisters Nicolai Eigtved (1701–1754) bewundern. Er ist das schönste Beispiel des dänischen Rokoko.

Infobox

Information
Amalienborg Slotsplads. **Stadtplan** 2 E5. **Karte** H8. 33 15 32 86. Mai–Okt: tägl. 10–16 Uhr (Mitte Juni–Mitte Sep: bis 17 Uhr); Nov–Apr: Di–So 11–16 Uhr. Sommer: tägl. 11.20, 12.20 Uhr auf Englisch. **amalienborg.dk**

Anfahrt
Marmorkirken, Kongens Nytorv. 1A, 20E, 26, 350S.

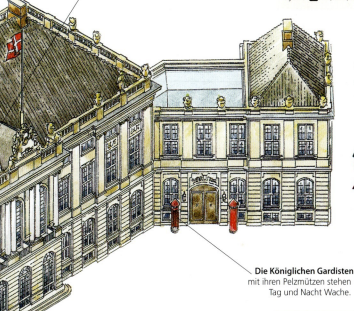

Die Königlichen Gardisten mit ihren Pelzmützen stehen Tag und Nacht Wache.

Königliche Residenz

Legende
- Palais Christians IX.
- Palais Christians VII.
- Palais Christians VIII. (Museum)
- Palais Frederiks VIII.

Amalienborg hieß ein früheres Lustschloss, das Frederik III. im Jahr 1669 für seine Frau Sophie Amalie von Braunschweig-Calenberg bauen ließ. Der heutige Komplex wird allgemein Amalienborg Slot genannt und besteht aus vier Palais, die um einen achteckigen Platz liegen. Die Residenz steht im Herzen von Frederiksstaden. Das Reiterdenkmal Frederiks V. in der Mitte stammt von dem französischen Bildhauer Jacques Saly (1717–1776), der 30 Jahre daran arbeitete. Angeblich kostete das Denkmal ebenso viel wie die gesamte Anlage.

Luftaufnahme
Hier sieht man deutlich die vier Palais der königlichen Residenz (Blick von der Marmorkirken nach Südosten bis zur Oper).

Stadtplan siehe Seiten 218–223 **Karte** *siehe Extrakarte zum Herausnehmen*

Schattige Allee im Kongens Have

❽ Marmorkirken

Frederiksgade 4. **Stadtplan** 2 D4. **Karte** H8. 33 15 01 44. Marmorkirken. 1A, 26. **Kirche** Mo–Do, Sa 10–17, Fr, So 12–17 Uhr. **Kuppel** Sa, So 13 Uhr (Mitte Juni–Aug: tägl.). **marmorkirken.dk**

Die Kuppel der barocken Frederiks Kirke, die auch Marmorkirken (Marmorkirche) genannt wird, erinnert viele Besucher an den Petersdom. Die von Nicolai Eigtved erbaute Kirche ist nach Frederik V. benannt, der anlässlich des 300-jährigen Thronjubiläums seiner Familie ein neues Viertel in Kopenhagen – Frederiksstaden – errichten ließ. Die Kirche bildet das Kernstück des Viertels. Als die Bauarbeiten 1749 begannen, war als Baumaterial aus Norwegen importierter Marmor vorgesehen (daher der Name der Kirche). Doch schon bald war klar, dass ein derartiges Unterfangen die Finanzkraft der Schatzkammer sprengen würde. 1770 wurde das Bauvorhaben deshalb gestoppt.

Ein Jahrhundert später vollendete man den Bau mit einheimischem Marmor. Augenfälligstes Merkmal der Kirche ist die Kuppel – eine der größten Europas. Besucher können die 260 Stufen hinaufsteigen und von der Spitze aus den Blick auf die Stadt genießen. In der Kirche sind Fresken von dänischen Künstlern zu sehen. Die Fassade ist mit Statuen dänischer Heiliger verziert.

❾ Davids Samling

Kronprinsessegade 30. **Stadtplan** 2 D5. **Karte** G8. 33 73 49 49. Nørreport. 1A, 26, 350S. Di–So 10–17 Uhr (Mi bis 21 Uhr). **davidmus.dk**

Der Rechtsanwalt Christian Ludvig David (1878–1960) rief 1945 die C. L. David Stiftung und Sammlung ins Leben, der nach wie vor das Museum und der Bestand gehören. Davids Urgroßvater war Besitzer des Gebäudes in der Kronprinsessegade 30 von 1811 bis zu seinem Tod 1830. David kaufte es 1917 zurück und wohnte hier bis zu seinem Tod 1960. Zur Erweiterung des Museums erwarb die Stiftung 1986 das Nachbargebäude.

Am bekanntesten ist das Museum für seine Sammlung islamischer Kunst. Unter den Kostbarkeiten, von denen manche aus dem 6. Jahrhundert stammen, sind Keramik, Seide, Schmuck und Dolche. Zu sehen sind auch europäische Kunst und Möbel sowie dänische Silberwaren aus dem 17. und 18. Jahrhundert.

❿ Kongens Have

Stadtplan 1 C5. **Karte** G8. tägl. 7 Uhr–Sonnenuntergang.

Christian IV. ließ 1606 den Königsgarten anlegen. Er ist Kopenhagens ältester Park und weitgehend originalgetreu erhalten. Im 17. Jahrhundert versorgten seine Gärten den Hof mit Obst, Gemüse und Rosen.

Heute nutzen die Kopenhagener die schattigen Anlagen, um spazieren zu gehen und auszuspannen. Hier steht auch eines der bekanntesten Denkmäler der Stadt: die Statue von H. C. Andersen (1877).

⓫ Livgardens Historiske Samling

Gothersgade 100. **Stadtplan** 1 B5. **Karte** F8. 45 99 40 00. Nørreport. 6A. Sa, So 11.30–15 Uhr. **forsvaret.dk/lg**

Die Königliche Leibgarde mit ihren farbenfrohen Uniformen und den Pelzmützen gehört zu den Wahrzeichen von Kopenhagen. Die tägliche Wachablösung vor Amalienborg Slot zieht stets viele Besucher an. Das Museum ist in einem Komplex aus 200 Jahre alten Kasernen untergebracht und zeigt die Geschichte der Garde von 1658 bis heute anhand von Waffen, Uniformen und vielem mehr.

Das runde Hauptschiff der Marmorkirken mit Wandbildern

MARMORKIRKEN BIS HIRSCHSPRUNGSKE SAMLING | 89

Im Palmenhaus (1874) des Botanisk Have wachsen riesige Palmen

⓬ Botanisk Have

Gothersgade 128. **Stadtplan** 1 B4. **Karte** F7/8. 35 32 22 22. 5A, 6A, 14, 40, 42, 43. Ⓢ Ⓜ Nørreport. tägl. 8.30–18 Uhr (Okt–März: bis 16 Uhr). **Palmen- und Schmetterlingshaus** Apr–Sep: tägl. 10–17 Uhr; Okt–März: Di–So 10–15 Uhr. botanik.snm.ku.dk

Unter den 20 000 Pflanzenarten, die im Botanischen Garten wachsen, sind einheimische Gewächse vertreten, aber auch exotische Arten aus der ganzen Welt. Der Garten wurde bereits im Jahr 1600 gegründet und zog zweimal um, bis er 1874 an seinem jetzigen Standort auf dem Gelände der ehemaligen Stadtbefestigungen eingeweiht wurde. Aus Bollwerken wurden Steingärten. Der ehemalige Stadtgraben ist heute ein See mit Wasser- und Sumpfpflanzen.

Der Botanische Garten besitzt zudem einen kleinen Wald, Wasserfälle und Gewächshäuser, von denen eines über 1000 Kakteenarten beherbergt. Auch Kaffeepflanzen, Tee, Papaya, Avocado und Ananas kann man hier heranwachsen sehen.

Zum Garten gehören 27 Gewächshäuser. Das eindrucksvollste ist das alte Palmenhaus von 1874. Die Palmen kann man auch von der Galerie unter dem Dach, die man über eine Wendeltreppe erreicht, bewundern. Vom Café davor hat man einen schönen Blick auf den Garten.

⓭ Geologisk Museum

Øster Voldgade 5–7. **Stadtplan** 1 C4. **Karte** FG7. 35 32 22 22. Ⓢ Ⓜ Nørreport. 6A, 26, 184, 185. Di–So 10–17 Uhr. geologi.snm.ku.dk

Nahe dem Ostende des Botanisk Have wurde 1893 das Geologische Museum in einem Bau im Stil der italienischen Renaissance eröffnet. Es ist mit Steinrosetten, Säulen und Bogen verziert.

Zu den ältesten Exponaten gehören die im Hof ausgestellten Meteoriten. Der größte von ihnen wurde 1963 auf Grönland gefunden, er ist mit 20 Tonnen der sechstschwerste der Welt.

Im Erdgeschoss und ersten Stock befinden sich Vitrinen voller Mineralien und Fossilien, darunter die 150 Millionen Jahre alte Versteinerung einer Qualle.

In der Ausstellung »Dinosaurier-Familien« sieht man Dinosaurierskelette, -nester und -eier.

Ein weiterer Trakt widmet sich eher ungewöhnlichen und absonderlichen Exponaten, etwa dem Horn eines Einhorns und dem Oberschenkelknochen eines Riesen, aus dem Museum Wormianum und dem Königlichen Kuriositätenkabinett. Das Museum Wormianum geht auf den Arzt Olaus Wormius (1588–1654) zurück, der als Begründer der skandinavischen Archäologie gilt.

⓮ Den Hirschsprungske Samling

Stockholmsgade 20. **Stadtplan** 1 C3. **Karte** G7. 35 42 03 36. Ⓢ Østerport. Ⓜ Nørreport. 6A, 14, 40, 42, 43, 150S, 184, 185. Mi–So 11–16 Uhr. hirschsprung.dk

Die Sammlung ist eine der besten in Kopenhagen und verdankt ihre Existenz dem Mäzenatentum Heinrich Hirschsprungs (1836–1908), eines dänischen Tabakbarons, der viele dänische Künstler unterstützte. Die Sammlung Hirschsprung ist seit 1911 öffentlich zugänglich und in einem klassizistischen Bau am Rand des Parks Østre Anlæg ausgestellt.

Die Sammlung umfasst Werke dänischer Künstler des 19. und 20. Jahrhunderts, darunter Eckersberg, Købke, Bendz, Marstrand, Anna und Michael Ancher, P.S. Krøyer und Vilhelm Hammershøi.

Heinrich Hirschsprung (1836–1908), Gemälde von Peder Severin Krøyer

Stadtplan siehe Seiten 218–223 **Karte** siehe Extrakarte zum Herausnehmen

⓯ Rosenborg Slot

Das Königsschloss ist eine von Kopenhagens beliebtesten Sehenswürdigkeiten. Es enthält unzählige Exponate, darunter Gemälde, Zierrat, Möbel und eine Waffensammlung. Beeindruckend ist die unterirdische Schatzkammer mit den Kronjuwelen und anderen königlichen Insignien. 1606 ließ Christian IV. das Schloss als Sommerresidenz errichten. Bis Anfang des 18. Jahrhunderts, als Frederik IV. in Fredensborg ein größeres Schloss bauen ließ, wurde es von mehreren Königen genutzt. Schon seit dem frühen 19. Jahrhundert ist Schloss Rosenborg ein Museum.

Außerdem

① **Die Turmspitzen** erheben sich über Erkern.

② **Der Hauptturm** war ursprünglich niedriger und wurde in den 1620er Jahren aufgestockt.

③ **Der dritte Stock** wurde im Jahr 1634 fertiggestellt und bietet Platz für den prachtvollen, langen Bankettsaal.

④ **Turmstiege** – an den Wänden des Treppenaufgangs hängen Reiterbilder, Porträts und eine Serie von Blumenaquarellen (17. Jh.) von Maria Sibylla Merian (1647–1717).

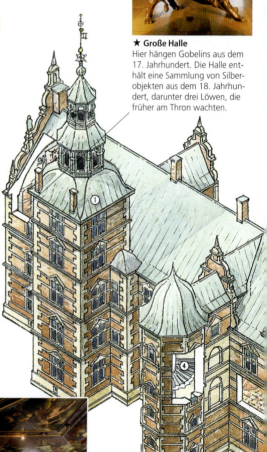

★ **Große Halle**
Hier hängen Gobelins aus dem 17. Jahrhundert. Die Halle enthält eine Sammlung von Silberobjekten aus dem 18. Jahrhundert, darunter drei Löwen, die früher am Thron wachten.

★ **Schatzkammer**
Die unterirdische Schatzkammer birgt die Kronjuwelen, darunter die Krone von Christian IV., die fast drei Kilogramm wiegt.

Winterzimmer von Christian IV.
Dieser Raum von Christian IV. enthält eine Sammlung holländischer Gemälde sowie eine Sprechverbindung zum unterhalb gelegenen Weinkeller.

ROSENBORG SLOT | 91

Glaskabinett
Die Gestaltung des Raums im zweiten Stock wurde 1714 von Frederik IV. in Auftrag gegeben. Das Kabinett zeigt venezianisches Glas. Es ist die einzige Sammlung ihrer Art.

Infobox

Information
Øster Voldgade 4A. **Stadtplan** 1 C4. **Karte** G8. 33 15 32 86. Mai–Okt: tägl. 10–16 Uhr (Mitte Juni–Mitte Sep: tägl. 9–18 Uhr); Nov–Apr: Di–So 10–15 Uhr. 1. Jan, 23.–25. Dez.
rosenborgcastle.dk

Anfahrt
Nørreport. 14, 42, 43, 184, 185, 5A, 6A, 173E, 150S, 350S.

Marmorsaal
Die Barockisierung des Saals geht auf Frederik III. zurück. Der italienische Stuckateur Francesco Bruno versah die Decken mit Stuck und verkleidete die Wände mit Marmorimitationen.

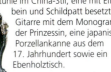

Chinesischer Salon
Hier wohnte Sophie Hedevig, die Schwester von Frederik IV. Bemerkenswert sind die Stühle im China-Stil, eine mit Elfenbein und Schildpatt besetzte Gitarre mit dem Monogramm der Prinzessin, eine japanische Porzellankanne aus dem 17. Jahrhundert sowie ein Ebenholztisch.

Königsgemach von Frederik IV.
Den Tisch in der Mitte des Raums erhielt Frederik IV. 1709 vom Großherzog der Toskana. Der Kronleuchter aus Bergkristall wurde wahrscheinlich in Wien hergestellt.

Stadtplan *siehe Seiten 218–223* **Karte** *siehe Extrakarte zum Herausnehmen*

⓰ Statens Museum for Kunst

Die Dänische Nationalgalerie enthält eine faszinierende Sammlung europäischer Kunst. Unter den dänischen Malern sind zahlreiche Künstler des »Goldenen Zeitalters« vertreten, etwa Peder Severin Krøyer sowie die Skagen-Maler Anna und Michael Ancher. Zu sehen sind auch Werke alter Meister wie Brueghel, Rubens und Rembrandt sowie Meisterwerke des 20. Jahrhunderts von Matisse und Picasso und zeitgenössische Installationen. An den Wochenenden gibt es Workshops für Kinder, die dann selbst künstlerisch tätig werden können.

Erster Stock

Abendmahl (1909)
Emil Nolde (1867–1956), berühmter Vertreter des deutschen Expressionismus, malte häufig religiöse Sujets.

Bergwanderin (1912)
Das expressionistische Gemälde zeigt die Beziehung zwischen Mensch und Natur. Es ist eines der Werke des dänischen Künstlers Jens Ferdinand Willumsen (1863–1958).

Erdgeschoss

Museumsshop

★ *Porträt der Madame Matisse* (1905)
Das Porträt, das Henri Matisse von seiner Frau Amélie schuf, heißt auch *Bildnis mit dem grünen Streifen* und zeigt typische Stilmittel des Fauvismus: klare Linien und kontrastierende Farben.

Haupteingang

Café

STATENS MUSEUM FOR KUNST | 93

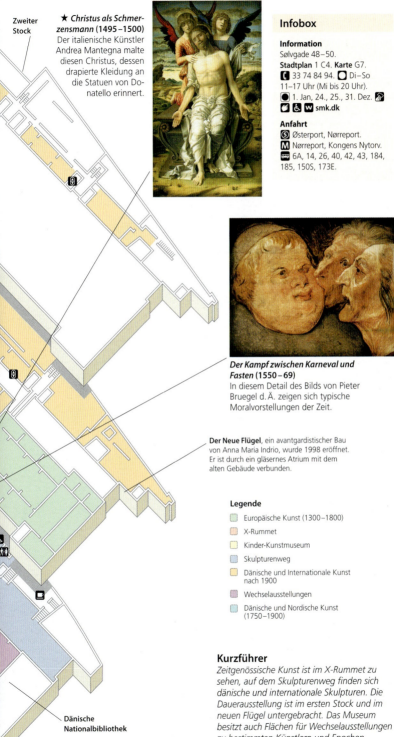

Zweiter Stock

★ **Christus als Schmerzensmann (1495–1500)**
Der italienische Künstler Andrea Mantegna malte diesen Christus, dessen drapierte Kleidung an die Statuen von Donatello erinnert.

Infobox

Information
Sølvgade 48–50.
Stadtplan 1 C4. **Karte** G7.
33 74 84 94. Di–So 11–17 Uhr (Mi bis 20 Uhr).
1. Jan, 24., 25., 31. Dez.
smk.dk

Anfahrt
Østerport, Nørreport.
Nørreport, Kongens Nytorv.
6A, 14, 26, 40, 42, 43, 184, 185, 150S, 173E.

Der Kampf zwischen Karneval und Fasten **(1550–69)**
In diesem Detail des Bilds von Pieter Bruegel d. Ä. zeigen sich typische Moralvorstellungen der Zeit.

Der Neue Flügel, ein avantgardistischer Bau von Anna Maria Indrio, wurde 1998 eröffnet. Er ist durch ein gläsernes Atrium mit dem alten Gebäude verbunden.

Legende

- Europäische Kunst (1300–1800)
- X-Rummet
- Kinder-Kunstmuseum
- Skulpturenweg
- Dänische und Internationale Kunst nach 1900
- Wechselausstellungen
- Dänische und Nordische Kunst (1750–1900)

Kurzführer

Zeitgenössische Kunst ist im X-Rummet zu sehen, auf dem Skulpturenweg finden sich dänische und internationale Skulpturen. Die Dauerausstellung ist im ersten Stock und im neuen Flügel untergebracht. Das Museum besitzt auch Flächen für Wechselausstellungen zu bestimmten Künstlern und Epochen.

Dänische Nationalbibliothek

Stadtplan *siehe Seiten 218–223* **Karte** *siehe Extrakarte zum Herausnehmen*

Restaurants und Cafés

Die Restaurants und Cafés im königlichen Viertel Frederiksstaden sind gemäß ihrer Umgebung gehoben und traditionell – hier bekommt man etwa das beste *smørrebrød* der Stadt. Natürlich gibt es auch »Ausreißer«, in denen alte dänische Rezepte modern interpretiert werden. Bei schönem Wetter verströmen die Lokale und Cafés in und an den Parks sowie das Restaurant Toldboden am alten Fähranleger einen ganz besonderen Charme.

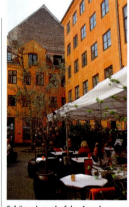

Schöner Innenhof des Amadeus

❶ Toldboden €€
Dänisch
Nordre Toldbod 18–24
☎ 33 93 07 60
🕐 Mo–Fr 10–21, Sa 9.30–21, So 9.30–19 Uhr
🌐 toldboden.com
Am alten Fährhafen, gleich bei der Kleinen Meerjungfrau, werden Steaks und Seafood serviert. Terrassenfläche mit einmaligem Blick.

❷ Kafferiet €
Café
Esplanaden 44
☎ 30 66 90 50
🕐 tägl. 7.30–18 Uhr (Sa, So ab 9.30 Uhr)
🌐 kafferiet.dk
Das Kafferiet ist ein kleines Café mit fantasievoller Einrichtung und exzellenten Kaffeespezialitäten, Tee und Snacks.

❸ Ida Davidsen *(siehe S. 79)* €€

❹ Madklubben Bistro-de-Luxe €€
Bistro
Store Kongensgade 66
☎ 33 32 32 34
🕐 Mo–Sa 17.30–24 Uhr
🌐 madklubben.dk/bistro-de-luxe

Hier wird exzellente moderne dänische Küche in modern-urigem Ambiente zu – für Kopenhagen – moderaten Preisen serviert.

❺ Amadeus €€
Dänisch
Store Kongensgade 62
☎ 35 11 16 30
🕐 tägl. 8–22 Uhr (So bis 20 Uhr)
🌐 cafe-amadeus.dk
Restaurant, Café und Bäckerei in einem. Hier isst man gut und günstig zu jeder Tageszeit, ob *smørrebrød* zu Mittag, nachmittags einen der fantastischen Kuchen oder abends etwa Lamm.

❻ Orangeriet *(siehe S. 78)* €€

❼ Garden Café €
Café
Øster Voldgade 4A
🕐 tägl. 10–17 Uhr
Das kleine Café direkt am Rosenborg Slot bietet Sandwiches, Kaffee und Kuchen. Ideal für eine Pause im Grünen.

❽ Biom €€
Ökologisch
Fredericiagade 78
☎ 33 32 24 66
🕐 Di–Sa 11.30–23, So 10–14 Uhr
🌐 biom.dk
Moderne dänische Bio-Küche aus ökologischen und saisonalen Zutaten. Elegantes Ambiente.

❾ Kokkeriet €€€
Gourmet
Kronprinsessegade 64
☎ 33 15 27 77
🕐 Mo–Sa 18–1 Uhr
🌐 kokkeriet.dk
Das Kokkeriet serviert schön angerichtete, innovative und doch traditionelle Sterne-Küche. Dezentes Ambiente, aufmerksamer Service.

❿ Aamanns €
Smørrebrød
Øster Farimagsgade 10
☎ 20 80 52 01
🕐 tägl. 11–20 Uhr
🌐 aamanns.dk
Minimalistisches Design, junges Publikum und innovative Interpretationen des dänischen Klassikers. Auch Take-away.

Das helle, lichtdurchflutete Orangeriet

Terrasse des Garden Café im Kongens Have

Preiskategorien € = preiswert €€ = mittel €€€ = gehoben

Shopping

Beim Shopping verhält es sich im Norden ähnlich wie bei den Restaurants und Cafés: Die Auswahl ist nicht so überbordend wie etwa im Zentrum, aber überaus fein. Kunst-, Design- und Antiquitätenliebhaber werden hier sicher fündig, schließlich sind im Norden die meisten Galerien der Stadt beheimatet. Und auch sonst gibt es Schönes und Interessantes zu entdecken.

Ausstellungsraum von Nyt i bo

❶ Stine Goya Store €€€
Designermode
Gothersgade 58
📞 32 17 10 00
🕐 Mo–Fr 11–18, Sa 11–16 Uhr
🌐 stinegoya.com

Die tragbare, sehr feminine Designermode von Stine Goya verführt mit interessanten Mustern und bunten Farben aus fließenden Stoffen. Flippige Schuhe und Accessoires.

❷ Bergsøe €€€
Schmuck
Kronprinsessegade 25
📞 33 91 58 27
🕐 Di–Fr 12–18, Sa 11–15 Uhr
🌐 bergsoe.dk

Hier gibt es einzigartigen modernen Schmuck der Designerin Josephine Bergsøe – exquisite Ringe, Ohrringe, Ketten und Armreifen. Das tragen auch die Damen der königlichen Familie.

❸ Fil de Fer €€
Vintage
Store Kongensgade 83A
📞 33 32 32 46
🕐 Mo–Do 10–18, Fr 10–19, Sa 10–16 Uhr
🌐 fildefercph.com

Ein buntes Sammelsurium an französischen Waren – antik und Vintage. Das Angebot reicht von typisch französischen Einrichtungsgegenständen über Silberwaren und Geschirr bis zu Gartenmöbeln.

❹ Nyt i bo €€€
Design
Store Kongensgade 88
📞 33 14 33 14
🕐 Mo–Fr 11–17.30, Sa 10–15 Uhr
🌐 nytibo.dk

Hier findet man Einrichtungsstücke aller namhaften dänischen Designer, von Schränken, Stühlen und Tischen über Teppiche bis zu Beleuchtung.

❺ Galerie Mikael Andersen €€€
Kunstgalerie
Bredgade 63
📞 33 33 05 12
🕐 Di–Fr 12–18, Sa 11–15 Uhr
🌐 mikaelandersen.com

Die Galerie zeigt zeitgenössische Werke junger dänischer und internationaler Künstler.

❻ Bredgade Kunsthandel €€€
Kunstgalerie
Bredgade 67–69
📞 33 13 50 41
🕐 Di–Fr 13–18, Sa 11–15 Uhr
🌐 bredgade-kunsthandel.dk

Die Galerie präsentiert über 400 Künstler verschiedener Schulen mit Fokus klassische Moderne.

❼ Galleri Christoffer Egelund €€€
Kunstgalerie
Bredgade 75
📞 33 93 92 00
🕐 Di–Fr 11–18, Sa 12–16 Uhr
🌐 christofferegelund.dk

In großen Ausstellungen wird hier skandinavische und internationale Kunst gezeigt, auch Skulpturen, Installationen und Videokunst.

❽ Løgismose Vin, Mad & Delikatesser €€
Delikatessen
Nordre Toldbod 16
📞 33 32 93 32
🕐 Mo–Fr 10–19, Sa 10–17 Uhr
🌐 loegismose.dk

Für Gourmets ist der Delikatessen- und Weinladen der Himmel auf Erden. Hier gibt es über 4000 Produkte, auch vieles in Gläsern.

❾ Langelinie Outlet €€
Outlet
Langelinie Promenaden
🕐 tägl. 10–18 Uhr
🌐 langelinie-outlet.dk

Am Kreuzfahrtkai bieten 13 Läden bekannte dänische Mode- und internationale Sportlabels, Schmuck und Design-Artikel um bis zu 70 Prozent günstiger an.

Buntes Sammelsurium bei Fil de Fer – ideal zum Stöbern

❿ *siehe Stadtteilkarte Seite 80f*

Zentrum

Das Zentrum zwischen Sankt Jørgens und Peblinge Sø im Westen und Nyhavn, Inderhavnen und Sydhavnen im Osten und Süden ist eine abwechslungsreiche Erlebnis- und Unterhaltungswelt, eine begeisternde Kunst- und Designwelt, eine großartige Museums- und Theaterwelt sowie eine grenzenlose Shopping- und Genusswelt. Weltenbummler – das Wort bekommt hier eine völlig neue Bedeutung – entdecken im Zentrum von Dänemarks Hauptstadt hinter jeder Ecke neue Räume, finden Inspirationen, erleben Freude und Vergnügen, lassen sich überraschen und mitreißen, halten inne und verspüren schon nach kurzer Zeit diesen »Ich komme sicher wieder«-Wunsch. Wirklich lebendig werden die vielseitigen Welten durch die Einwohner der Stadt, die ihre Besucher mit ihrer einzigartigen Hygge-Philosophie, ihrer Offenheit und ihrem kreativen Umgang mit dem Alltag willkommen heißen.

Wer die Kopenhagener besser verstehen will, sollte auf jeden Fall einen Besuch des Tivoli einplanen. Der Vergnügungspark zwischen Bahnhof und Rathausplatz vereint Historie und Kultur dieser Stadt wie kaum ein anderer Ort. Fast jeder Einheimische war schon einmal hier. Die Kopenhagener mögen ihren Tivoli, weil er bei ihnen Kindheitserinnerungen wachruft.

Als er vor über 160 Jahren eröffnet wurde, war er einer der ersten Vergnügungsparks weltweit. Vom ersten Tag an wurde er zum beliebten Treffpunkt von Kopenhagenern und Reisenden, die in die Stadt kamen. Die Menschen trafen sich hier, so wie sie es heute noch tun, um Spaß und einfach eine gute Zeit mit der Familie zu haben. Das Konzept geht immer noch auf, der Vergnügungspark mit seinen zahlreichen Fahrgeschäften, mit seinen Restaurants und wunderbaren Märchen- und Traumwelten erfreut sich ungebrochener Beliebtheit und zieht jährlich mehr als vier Millionen Besucher an.

Und zum Schluss ein kleiner Geheimtipp: Einen besonderen Nervenkitzel unter den vier Achterbahnen verspricht die Fahrt mit der Rutschebanen. Diese hölzerne Achterbahn wurde 1914 erbaut und ist damit eine der ältesten der Welt.

Der Nyhavn *(siehe S. 104)* ist bei Sonnenaufgang noch fast menschenleer

◀ Der Rådhuspladsen *(siehe S. 115)* mit dem Rådhus *(siehe S. 114f)* und einem modernen Parkhaus

Persönliche Favoriten

Das Zentrum bietet eine Fülle an Sehenswürdigkeiten, Shopping-Erlebnissen und kulinarischen Angeboten. Doch neben dem Offensichtlichen gibt es auch viel Kleines und Feines oder Verborgenes zu entdecken.

Strædet

Ähnlich wie die parallel verlaufende Strøget besteht auch die Strædet aus mehreren Straßen, nämlich Kompagnistræde und Laederstræde.

Tisch im Café Kompa'9

Schmuck bei Scherning Smykker

Glaswaren von C. E. Fritzsche

Die beiden Fußgängerzonen Strøget und Strædet liegen zwar nur einen Steinwurf voneinander entfernt, könnten aber nicht unterschiedlicher sein. Findet man in der einen alle großen Namen, sind hier kleine unabhängige Läden angesiedelt. Viele Häuser sind dreigeteilt: ein Laden im Souterrain, ein Cafe im Hochparterre und eine Boutique im ersten Stock. Im Angebot sind die unterschiedlichsten Dinge: von Holzspielzeug über Schmuck und Accessoires bis hin zu Glaskunst und alten Büchern. Dazu gibt es viele Cafés und Restaurants, die oft ein paar Tische auf die Straße stellen – ideal, um das Treiben rundherum zu betrachten.

Strædet
Kompagniestræde und Laederstræde.
Stadtplan 3 C1. **Karte** F9.

Illum Rooftop

Ein Besuch der Dachterrasse des Kaufhauses Illum ist ideal für eine Pause. Hier bekommt man etwas zu essen, zu trinken und einen fantastischen Ausblick dazu.

Terrasse auf dem Dach des Kaufhauses Illum

Im Kaufhaus Illum kann man aufs Einfachste drei Dinge miteinander verbinden: Shoppen, Essen und den Ausblick genießen. Im Dachgeschoss des Edelkaufhauses sorgen nämlich drei Restaurants – Be Steak (Steaks), Skagen Fiskerestaurant (Fisch und Seafood) sowie Rossopomodoro (Pizza) –, das Gastro-Pub Bar Jacobsen und ein Café fürs leibliche Wohl. Von der Terrasse hat man einen fantastischen Blick über die Dächer der Stadt und die belebte Strøget weiter unten. Auch wer dänische Delikatessen einkaufen will, wird hier fündig: im Gourmet-Supermarkt Løgismose.

Illum Rooftop
Østergade 52. 33 14 40 02. **Stadtplan** 3 C1. **Karte** G9. So–Mi 10–20, Do–Sa 10–22 Uhr.
illum.dk/food/illumrooftop

Torvehallerne

Die beiden Markthallen am Israels Plads stehen nicht nur für Gourmet-Shopping – an den vielen Imbissständen kann man die Köstlichkeiten auch gleich testen.

Auswahl an Blumen und Pflanzen

Frischer Fisch in den Torvehallerne

Auf dem Israels Plads, an dem heute die zwei Markthallen stehen, fand bereits seit 1889 ein Gemüsemarkt statt. Die Bauern von Amager verkauften hier ihre Produkte. Es folgte eine Zeit als trüber Parkplatz, bis 2012 die Torvehallerne – Kopenhagens »Speisekammern« – eröffneten und das ganze Viertel belebten. Die beiden Hallen sind ein wahres Mekka, wenn es um Lebensmittel und deren Zubereitung geht. An mehr als 60 Ständen gibt es Fisch, Fleisch, Gemüse, Öle, Schnaps, Kaffee, Schokolade, Gewürze und vieles mehr – alles in bester Qualität und überwiegend regional. An anderen werden Küchenhelfer und Pfannen angeboten. Wer nicht selbst kochen will, findet an den Imbissständen ein großes Angebot an Leckereien – Tapas, Sushi, Pizza oder *smørrebrød*.

KULINARIK

Torvehallerne
Frederiksborggade 21. **Stadtplan** 1 B5. **Karte** F8.
Mo–Do 10–19, Fr 10–20, Sa 10–18, So 11–17 Uhr.
torvehallernekbh.dk

Nasensammlung in der Ny Carlsberg Glyptotek

Die Ny Carlsberg Glyptotek wartet nicht nur mit antiken Skulpturen und französischen Meistern auf, sondern auch mit einer skurrilen und lustigen »Nasothek«.

Nasen in der Ny Carlsberg Glyptotek

Wenn man durch die Säle der Glyptothek schlendert, kommt man unweigerlich an einem Schaukasten mit »abgenommenen« Nasen vorbei, die keineswegs so alt sind, wie es vielleicht scheint. Sie sind nämlich nicht antik, sondern stammen großteils aus dem 19. Jahrhundert. Zu dieser Zeit war es Usus, »beschädigte« antike Statuen mit neuen Nasen, Ohren etc. zu versehen. Als sich die Art der Kunstrestaurierung änderte – Authentizität galt nun mehr als Vollständigkeit –, wurden alle später zugefügten Teile wieder entfernt. In der Kopenhagener Glyptothek wurden die teils kunstvoll gearbeiteten Nasen jedoch nicht weggeworfen, sondern der Öffentlichkeit präsentiert.

Nasensammlung in der Ny Carlsberg Glyptotek
Dantes Plads 7. **Stadtplan** 3 B3. **Karte** F10.
33 41 81 41. Di–So 11–18 Uhr (Do bis 22 Uhr).
glyptoteket.dk

Stadtplan siehe Seiten 218–223 **Karte** *siehe Extrakarte zum Herausnehmen*

Zentrum auf der Karte

Die Entdeckungstour durch das Zentrum lässt sich leicht zu Fuß bewerkstelligen, weil die längste und älteste Fußgängerzone der Welt, die Strøget, die beiden Hauptplätze der Stadt, den Kongens Nytorv und den Rådhuspladsen, ebenso miteinander verbindet wie Nyhavn und den Tivoli oder die Ny Carlsberg Glyptotek und das Universitätsviertel. Die Fußgängerzone ist nicht nur tagsüber, sondern bis spät in die Nacht belebt, weil sie neben den zahlreichen Läden und Kaufhäusern von vielen Restaurants, Cafés und Lokalen gesäumt ist.

Tycho Brahe Planetarium

Nachdem Sie die fantastische Architektur des Skuespilhuset und den Blick von dort über den Sund genossen haben, streifen Sie den bunten, alten Hausfassaden am Nyhavn entlang, vorbei an den zahlreichen Cafés und Restaurants und den traditionellen Schiffen auf dem Kanal.

Dieser endet am Kongens Nytorv, dem größten Platz der Stadt. Hier stehen Schloss Charxlottenborg mit der Kunsthal Charlottenborg

Sehenswürdigkeiten auf einen Blick

1. Nyhavn
2. Charlottenborg Slot und Kunsthal
3. Kongens Nytorv
4. Det Kongelige Teater
5. Skuespilhuset
6. Arbejdermuseet
7. Torvehallerne
8. Ørstedsparken
9. Rundetårn
10. Nikolaj Kunsthal
11. Højbro Plads und Amagertorv
12. Helligåndskirken
13. Kunstforeningen GL STRAND
14. Gråbrødretorv
15. Universitet
16. Sankt Petri Kirke
17. Vor Frue Kirke
18. Nytorv
19. Scandic Palace Hotel
20. Rådhus
21. Rådhuspladsen
22. Wallmans Cirkusbygningen
23. Tycho Brahe Planetarium
24. Københavns Hovedbanegård
25. Københavns Museum
26. Tivoli
27. Ny Carlsberg Glyptotek

Zeichenerklärung siehe hintere Umschlagklappe

ZENTRUM AUF DER KARTE | 101

und – prachtvoll daneben – das Königlich Dänische Theater, das schon seit 1748 am Platz liegt. Stürzen Sie sich nun ins Getümmel der Strøget.

Universität im Latinerkvarteret, dem Studentenviertel. Hier finden Sie neben zahlreichen Antiquariaten trendige Modeläden von jungen Designern.

Am Rathausplatz, auf dem die Andersen-Statue an den berühmten Dichter der Stadt erinnert, haben Sie das südliche Ende der Strøget erreicht.

Bevor Sie den Tag mit Spaß und Vergnügen oder bei einem Essen in einem der vielen Restaurants im Tivoli ausklingen lassen, sollten Sie noch die am östlichen Ende des Vergnügungsparks gelegene Ny Carlsberg Glyptotek mit einer der weltweit besten Gemälde- und Skulpturensammlungen besuchen.

Einen Abstecher lohnen die Nikolaj Kunsthal und das Kunstforeningen GL STRAND mit Ausstellungen zeitgenössischer Kunst.

Einen Blick aus der Vogelperspektive über die Stadt können Sie von der Spitze des Rundetårn, des ältesten funktionsfähigen Observatoriums Europas, genießen. Nur wenige Schritte entfernt stehen die sehenswerte Vor Frue Kirke, der Dom zu Kopenhagen und die alte

Infobox

Information
Stadtplan 1, 3, 4. Ⓢ København H, Nørreport. Ⓜ Kongens Nytorv, Gammel Strand, Rådhuspladsen, København H, Nørreport. 🚌 1A, 2A, 5A, 6A, 9A, 11A, 12, 14, 15, 16, 19, 26, 29, 33, 42, 43, 350S
🌐 visitdenmark.de
🌐 visitcopenhagen.com

Alte Griechen und Römer in der Ny Carlsberg Glyptotek

Restaurants / Cafés S. 124f
1. Kompa'9
2. Café Sorgenfri
3. Royal Smushi Café
4. Illum Rooftop
5. Fishmarket
6. Told & Snaps
7. Ofelia
8. MASH
9. Restaurationen
10. Sult
11. Schønnemann
12. Den Økologiske Pølsemand
13. Det lille Apotek
14. Peder Oxe
15. Paludan Bogcafé
16. Sankt Peders Café
17. Väkst
18. Torvehallerne
19. Café & Øl-Halle »1892«

Shopping siehe S. 126f
1. Nordic Nesting
2. C. E. Fritzsche
3. Peter Grosells Antikvariat
4. Louis Poulsen
5. HAY House
6. Illums Bolighus
7. Søstrene Grene
8. A. C. Perchs Thehandel
9. Samsøe & Samsøe
10. Henrik Vibskov Boutique
11. Sømods Bolcher
12. Superlove
13. Dahls Flagfabrik
14. Maritime Antiques
15. Nyhavns Glaspusteri

Unterhaltung siehe S. 126
1. Tivoli
2. Mojo Blues Bar
3. La Fontaine
4. Jazzhus Montmartre
5. Hvide Lam
6. Søpavillonen

Stadtplan siehe Seiten 218–223 Karte siehe Extrakarte zum Herausnehmen

Im Detail: Um Kongens Nytorv

Während des späten 17. Jahrhunderts wurde der Kongens Nytorv (Neuer Königsplatz) als Verbindung zwischen den mittelalterlichen Stadtteilen und den neueren Vierteln geschaffen. Heute ist er Kopenhagens größter Platz und eignet sich bestens als Startpunkt für Ausflüge. Im Südosten grenzt er an das pittoreske Nyhavn-Viertel, wo man von den Cafés am Kanal das historische Schiff *Anna Møller* des Nationalmuseums bewundern kann. Am Platz beginnt auch die Strøget, an der viele Restaurants, Bars und Läden liegen.

Das Hotel d'Angleterre ist eines der ältesten und exklusivsten Hotels Skandinaviens *(siehe S. 104)*. Hier stiegen Prominente aus aller Welt ab.

❺ Magasin du Nord
Das Magasin du Nord feierte 2009 seinen 100. Geburtstag. Es ist eines der größten und exklusivsten Kaufhäuser Skandinaviens.

Legende
--- Routenempfehlung

❿ Nikolaj Kunsthal
Die frühere Kirche (13. Jh.) wird seit 1800 anderweitig genutzt. Sie war Schauplatz diverser Happenings. Heute ist sie ein Zentrum für zeitgenössische Kunst.

0 Meter 50

Restaurants, Shopping und Unterhaltung im Zentrum *siehe Seiten 124–127*

UM KONGENS NYTORV | 103

❸ ★ Kongens Nytorv
Christian V., dessen riesiges Reiterdenkmal mitten auf dem Platz steht, ließ Kongens Nytorv 1680 errichten. Er ist der eleganteste Platz Kopenhagens mit einigen der schönsten Gebäude der Stadt. Bis 2020 ist der Zugang zum Platz aufgrund des Baus einer neuen Metro-Linie nur eingeschränkt möglich.

Zur Orientierung
Siehe Stadtplan, Karte 4

❷ Charlottenborg Slot und Kunsthal Charlottenborg
Das älteste Gebäude am Kongens Nytorv beherbergt heute Det Kongelige Kunstakademie (Königliche Akademie der Schönen Künste) mit Ausstellungsräumen für zeitgenössische Kunst.

Der Anker eines Segelschiffs aus dem 19. Jahrhundert wurde zum Mahnmal für die Opfer des Zweiten Weltkriegs.

❶ ★ Nyhavn
An der Nordseite des Kanals stehen farbenfrohe Häuser, von denen viele einst Bordelle für Seeleute waren.

❹ ★ Det Kongelige Teater
Der Bau aus dem 19. Jahrhundert dient als Bühne für Schauspiel, Oper, Konzerte und Ballett.

Bootsfahrten auf dem Kanal aus dem 17. Jahrhundert sind eine Hauptattraktion der Stadt. Alljährlich legen historische Segelschiffe am Nyhavn an.

Stadtplan *siehe Seiten 218–223* **Karte** *siehe Extrakarte zum Herausnehmen*

Nyhavn mit seinen Bars, Restaurants und Cafés

❶ Nyhavn

Stadtplan 4 E1. **Karte** H9.

Der von bunten Häusern gesäumte, 300 Meter lange Kanal wird Nyhavn (Neuer Hafen) genannt. Er wurde zwischen 1671 und 1673 von Soldaten ausgehoben, damit Handelsschiffe ins Zentrum von Kopenhagen segeln konnten. Heute sind hier edle Yachten und gepflegte alte Holzboote vertäut.

Zur Zeit von Hans Christian Andersen hatte die Gegend nördlich des Kanals einen denkbar schlechten Ruf: ein berüchtigtes Rotlichtviertel mit billigen Bars, Stundenhotels, Tätowierläden und Bordellen. Doch inzwischen hat sich Nyhavn zu einer attraktiven Gegend gemausert und ist eines der bekanntesten Viertel der Stadt. Die Seemannsspelunken sind längst verschwunden.

Stattdessen warten Bars, Cafés und Restaurants auf Gäste.

Der gewaltige Anker, der am Ende des Kanals in Richtung Kongens Nytorv aufgestellt wurde, gehörte einmal zur *Fyen*, einer Fregatte aus dem 19. Jahrhundert. Er dient nun als Denkmal für die dänischen Seeleute, die im Zweiten Weltkrieg starben.

❷ Charlottenborg Slot und Kunsthal Charlottenborg

Nyhavn 2. **Stadtplan** 4 D1. **Karte** H9. 33 74 46 39. Kongens Nytorv. 1a, 15, 19, 26, 350S. Di–Fr 12–20, Sa, So 11–17 Uhr. teilweise.
kunsthalcharlottenborg.dk

Das Barockschloss wurde zwischen 1672 und 1683 für Königin Charlotte Amalie, die Gattin Christians V., erbaut und nach ihr benannt. Mitte des 18. Jahrhunderts übergab es Frederik V. der soeben gegründeten Königlichen Akademie der Schönen Künste. Bis heute ist die Fakultät von Studenten und Professoren bevölkert. Im angrenzenden Gebäude befindet sich die Kunsthal, einer der größten Ausstellungsräume für zeitgenössische Kunst in Nordeuropa.

❸ Kongens Nytorv

Stadtplan 4 D1. **Karte** GH9.

Der Neue Königsplatz wurde vor über 300 Jahren angelegt. Er ist einer von Kopenhagens zentralen Punkten und gleichzeitig Adresse von Det Kongelige Teater, Charlottenborg Slot, Magasin du Nord und Hotel d'Angleterre. Zum einen markiert er das Ende des Nyhavn, zum anderen ist er ein guter Startpunkt für einen Bummel über die Strøget mit ihren Läden und Restaurants.

In der Mitte des ovalen Platzes steht das Reiterdenkmal Christians V., in dessen Auftrag der Platz gebaut wurde. Das Original schuf 1688 Abraham-César Lamoureux. Leider sank das schwere Bleimonument im Lauf der Jahre ein, wodurch sich die Proportionen des als römischer Feldherr porträtierten Christians verschoben. 1946 wurde ein neuer Abguss angefertigt, diesmal aus Bronze.

Früher wuchsen auf Kongens Nytorv Ulmen. Nach massivem Schädlingsbefall mussten sie 1998 ersetzt werden.

Die romantischen Wurzeln des Hotel d'Angleterre

Mitte des 18. Jahrhunderts kam der Friseur und Maskenbildner Jean Marchal mit einer Schauspieltruppe nach Kopenhagen. Er beschloss in der Stadt zu bleiben und wurde Kammerdiener des Grafen Conrad Danneskiold-Laurvig. Bei einem Empfang lernte er Maria Coppy, die Tochter des Hofkochs, kennen. Sie heirateten 1755 und eröffneten dank Marias Kochkunst ein Restaurant mit ein paar Unterkünften für Reisende. Leider starben die beiden zu früh, um die Früchte ihrer Arbeit zu ernten. Doch ihr kleines Hotel überlebte und florierte. Inzwischen wurde es mehrfach erweitert und hat heute rund 90 Zimmer, in denen auch Berühmtheiten der Zeitgeschichte logierten.

Hotel d'Angleterre

Restaurants, Shopping und Unterhaltung im Zentrum *siehe Seiten 124–127*

❹ Det Kongelige Teater

August Bournonvilles Passage, Kongens Nytorv 9. **Stadtplan** 4 D1. **Karte** GH9. 33 69 69 69 (Kartenverkauf). kglteater.dk

Det Kongelige Teater am Kongens Nytorv

Kaum einer blickt von Kongens Nytorv aus nicht beeindruckt auf das Königlich Dänische Theater. Der riesige Neorenaissance-Bau zählt seit seiner Eröffnung im Jahr 1748 zu Dänemarks wichtigsten Kulturhäusern. In seiner heutigen Form besteht das Gebäude nach Plänen des dänischen Architekten Vilhelm Dahlerup (1836–1907) seit 1874.

Über viele Jahre wurden in diesem Haus Opern, Ballette und Schauspiele aufgeführt. Es verfügt über zwei Bühnen: Gamle Scene (alte Bühne) mit Platz für 1600 Besucher sowie einer Loge für die königliche Familie und Nye Scene (neue Bühne; Anbau von 1931).

Seit der Eröffnung des modernen Opernhauses Operaen gegenüber von Amalienborg Slot im Januar 2005 *(siehe S. 145)* finden im Kongelige Teater fast nur noch Ballettaufführungen statt. Theater gibt es im Skuespilhuset.

Die Statuen vor dem Theater stellen zwei berühmte Dänen dar, die viel zur Entwicklung der Künste beitrugen. Der eine ist der Schriftsteller Ludvig Holberg, der oft als geistiger Vater des dänischen Theaters bezeichnet wird, der andere der Dichter Adam Oehlenschläger.

❺ Skuespilhuset

Sankt Annæ Plads 36. **Stadtplan** 4 E1. **Karte** H9. 33 69 69 33. kglteater.dk

Im letzten Jahrhundert gab es eine Reihe von Spielstätten für Det Kongelige Teater in der Stadt – mit unterschiedlichem Erfolg. Erst 2001 genehmigte die Verwaltung die Pläne für ein zeitgemäßes Gebäude für ein Schauspielhaus.

Der neue Theaterbau wurde 2008 eröffnet. Das ultramoderne Gebäude bietet mehrere Bühnen, darunter die große Bühne mit 650 Plätzen, die beiden Portscenen mit jeweils 200 Plätzen sowie eine Studiobühne mit 100 Plätzen. Es gibt zudem verschiedene Open-Air-Bereiche, etwa das Foyer am Wasser und die Terrasse mit Fußgängerbrücke, die für Kindertheater und andere Events genutzt werden können.

Zusätzlich zum normalen Theaterspielplan finden im Skuespilhuset auch Ballettaufführungen, Lesungen, Konzerte sowie Diskussionen mit Autoren, Regisseuren und Schauspielern statt. Alle Aufführungen sind auf Dänisch.

Der von den dänischen Architekten Boje Lundgaard und Lene Tranberg entworfene Bau am Binnenhafen von Kopenhagen ist ein markantes Wahrzeichen der Stadt. Das architektonische Aushängeschild ist eine Mischung aus verschiedensten Materialien: Die breite Promenade aus Eichenholz steht auf Pfählen im Wasser, das ebenerdige Geschoss aus speziell gebrannten dunklen Ziegelsteinen, die an die typisch dänischen Speicherhäuser des 18. Jahrhunderts erinnern, beherbergt die Theatersäle, das gläserne Obergeschoss ist den Mitarbeitern des Theaters vorbehalten, und im kupferverkleideten Kulissenturm ist die Theatertechnik untergebracht.

Das ultramoderne Skuespilhuset am alten Binnenhafen

Stadtplan *siehe Seiten 218–223* **Karte** *siehe Extrakarte zum Herausnehmen*

❻ Arbejdermuseet

Rømersgade 22. **Stadtplan** 1 B5.
Karte F8. 33 93 25 75.
Ⓢ Ⓜ Nørreport. 🚌 5A, 14, 16,
350S. 🕐 tägl. 10–16 Uhr
(Sep–Juni: Mi bis 19 Uhr).
arbejdermuseet.dk

Ein Wohnzimmer aus den 1950er Jahren im Arbejdermuseet

Das Arbeitermuseum widmet sich der Geschichte der Arbeiter in Dänemark und der dänischen Arbeiterbewegung. Das 1983 gegründete Museum befindet sich im historischen Verbandshaus der dänischen Gewerkschaften von 1879. Teile des Gebäudes, darunter der Versammlungssaal mit einer gläsernen Jugendstil-Decke von 1907, sehen nach einer Restaurierung wie im Jahr 1913 aus.

Neben verschiedenen Wechselausstellungen zeigt das Museum über vier Stockwerke verteilt die Dauerausstellung. Sie widmet sich etwa der Industriearbeit von der Mitte des 19. Jahrhunderts bis heute, zeigt die Einrichtung der Wohnung der Familie Sørensen, die seit 1915 fast unverändert geblieben ist, und porträtiert das Leben in den 1950er Jahren.

Im Keller des Museums befindet sich mit dem Café & Øl-Halle »1892« (Mo–Sa 11–17 Uhr) die einzige denkmalgeschützte Kellerwirtschaft Kopenhagens. Sie wurde ebenfalls restauriert und sieht nun wieder aus wie im Jahr 1892.

❼ Torvehallerne

Frederiksborggade 21. **Stadtplan** 1 B5. **Karte** F8. Ⓢ Ⓜ Nørreport. 🚌 5A, 14, 16, 350S. 🕐 Mo–Do 10–19, Fr 10–20, Sa 10–18, So 11–17 Uhr. torvehallernekbh.dk

Die beiden großen hellen Glashallen am Israel Plads *(siehe S. 99)* sind seit ihrer Eröffnung 2011 vor allem zur Mittagszeit ein beliebtes Ziel. An den Imbissständen findet sich für jeden Geschmack etwas, seien es Tapas, Tacos, Pasta, Sushi, Salat, Fisch oder *smørrebrød*.

Wer es exotischer mag, kann auch das Palæo besuchen, das »steinzeitliche« Gerichte ohne Kohlenhydrate und Zucker serviert. Essen kann man drinnen oder bei warmem Wetter draußen an Biertischen.

Darüber hinaus gibt es über 60 Stände, die Delikatessen und dänische Erzeugnisse anbieten – von Bio-Weinen über landwirtschaftliche Bio-Produkte und frischen Fisch bis zu Backwaren, Kaffee und Schokolade. Zwischen den beiden Hallen befinden sich Blumen- und Gemüsestände.

❽ Ørstedsparken

Nørre Voldgade 1. **Stadtplan** 1 A5.
Karte E9. Ⓢ Ⓜ Nørreport.
🚌 5A, 14, 16, 350S.

Der 6,5 Hektar große Park entstand wie auch der Botanisk Have *(siehe S. 89)* und die Østre Anlæg in der zweiten Hälfte des 19. Jahrhunderts, als die frühere ringförmige Wallanlage rund um Kopenhagen abgebaut wurde. Noch heute kann man hier alte Bastionen entdecken, der See zeichnet den Verlauf des ehemaligen Stadtgrabens nach. Der Landschaftsgärtner Hans Christian Flindt legte den Ørstedsparken als englischen Landschaftsgarten an.

Im Park stehen etliche Skulpturen, darunter auch das Denkmal für den Naturforscher Hans Christian Ørsted (1777–1851), nach dem der Park benannt wurde, und Repliken antiker Statuen. Im Sommer lockt ein schönes Café.

Die Torvehallerne am Israels Plads am Abend

Restaurants, Shopping und Unterhaltung im Zentrum *siehe Seiten 124–127*

❾ Rundetårn

Der Rundetårn wurde im Auftrag von Christian IV. als Sternwarte für die nahe Universität errichtet. Noch heute wird sie genutzt. Der »Runde Turm« gilt als ältestes noch funktionstüchtiges Observatorium seiner Art in Europa. Während der Eröffnungszeremonie 1642 soll Christian IV. auf einem Pferd über den Wendelgang bis unters Dach geritten sein. 1716 soll Zar Peter der Große dieses Kunststück wiederholt haben, als er zu Besuch in Kopenhagen war. Seine Frau, Zarin Katharina, ließ sich angeblich in einer von sechs Pferden gezogenen Kutsche nach oben bringen.

Infobox

Information
Købmagergade 52A. **Stadtplan** 3 C1. **Karte** F9. 33 73 03 73. Mai–Sep: tägl. 10–20 Uhr; Okt–Apr: Mo, Do–So 10–18, Di, Mi 10–21 Uhr.
🆆 rundetaarn.dk

Anfahrt
Ⓢ Nørreport. Ⓜ Nørreport, Kongens Nytorv. 5A, 6A, 14.

Blick vom Rundetårn
Von der Aussichtsplattform hat man einen fantastischen Blick über Kopenhagens altes Studentenviertel, das Latinerkvarteret. Sie ist von einem schmiedeeisernen Gitter umgeben mit dem Monogramm von Christian IV. und den Buchstaben RFP: Regna Firmat Pietas – Frömmigkeit stärkt die Reiche.

Spiralförmiger Gang
Zur Aussichtsplattform und zum Observatorium des Turms gelangt man auf einem breiten, gepflasterten Wendelgang, der sich auf 209 Metern 7,5 Mal um die eigene Achse dreht.

Abmessungen und Rebus
Der Turm ist 35 Meter hoch und hat einen Durchmesser von 15 Metern. An der Fassade ist ein Bilderrätsel von Christian IV. zu sehen, sinngemäß: »Rechte Lehre und Gerechtigkeit leite Gott ins Herz von König Christian IV.«

Stadtplan siehe Seiten 218–223 **Karte** siehe Extrakarte zum Herausnehmen

In der früheren Sankt Nikolaj Kirke (links im Bild) befindet sich die Nikolaj Kunsthal

❿ Nikolaj Kunsthal

Nikolaj Plads 10. **Stadtplan** 3 C1. **Karte** G9. 33 18 17 80. Nørreport. Kongens Nytorv. 1A, 2A, 15, 19, 26, 350S. Di–Fr 12–18, Sa, So 11–17 Uhr. Mi frei. nikolajkunsthal.dk

In dem einzigartigen Ausstellungsareal, das sich teilweise in der wiederaufgebauten Sankt Nikolaj Kirke aus dem 13. Jahrhundert befindet, wird dänische und internationale zeitgenössische Kunst gezeigt, die bisher noch nicht ausgestellt wurde und die öffentliche Diskussion anregen soll. Im Vordergrund stehen Experimental- und innovative Kunst, die einen Dialog über historische Perspektiven und moderne Trends anstoßen soll. Jedes Jahr finden hier sieben bis neun Ausstellungen statt. Eine richtet sich immer speziell an Kinder und junge Menschen. Eine andere, das Fokus Video Art Festival, zeigt jeden Februar neue Werke von dänischen und internationalen Künstlern. Das Kulturerbe des Gebäudes fließt ebenfalls in das Ausstellungsdesign mit ein.

Vom Turm der ehemaligen Kirche hat man einen wunderbaren Blick auf die Stadt.

⓫ Højbro Plads und Amagertorv

Stadtplan 3 C1. **Karte** G9.

Der gepflasterte Platz direkt im Zentrum der Stadt ist einer der zauberhaftesten Orte Kopenhagens. Auf den ersten Blick erscheint er wie eine einzige riesige Fläche. Tatsächlich teilt er sich in Højbro Plads und Amagertorv auf.

Auf dem Højbro Plads steht das Denkmal von Bischof Absalon, dem Gründer Kopenhagens, der vom Pferd aus auf Christiansborg Slot auf der anderen Kanalseite zeigt. Auf dem Sockel des Denkmals von 1901 sieht man Heringe als Symbol für die wichtige Rolle, die diese Fische zu Zeiten von Absalon für die junge Ansiedlung spielten. Die meisten Gebäude rund um den Højbro Plads sind im klassizistischen Stil errichtet, der nach dem großen Brand von 1795 vorherrschte.

Auf dem Amagertorv, dem früheren Stadtmarkt, auf dem bis 1868 Gemüse aus Amager verkauft wurde – daher der Name –, befindet sich der Storkespringvandet (Storchenspringbrunnen) aus dem Jahr 1894. Der Brunnen besteht aus einem neuneckigen Becken und einer Säule, auf der sich die drei namensgebenden Störche mit aufgespannten Flügeln befinden.

Im Norden von Amagertorv steht ein zweigiebeliges Haus, das 1616 im Stil der holländischen Renaissance erbaut wurde. Es ist eines der ältesten Häuser der Stadt und beherbergt heute den Flagship-Store von Royal Copenhagen.

Am Amagertorv laden zudem die großen Straßencafés Café Europa und Norden sowie das Royal Smushi Café im Hinterhof von Royal Copen-

---

Fußgängerzone Strøget

Strøget Østergade 1-19

»Strøget« (»Streifen«) ist ein reiner Kunstbegriff und eigentlich kein Straßenname an sich, da sich die Fußgängerzone, die von Osten nach Westen durch Kopenhagens Zentrum verläuft, aus fünf Straßen zusammensetzt: Østergade, Amagertorv, Vimmelskaftet, Nygade und Frederiksberggade. Im Jahr 1962 wurden sie autofrei. Seither sind die Straßen zur beliebtesten Shopping-Meile der Stadt avanciert. Die Läden reichen von internationalen Modelabels über exklusive Boutiquen bis hin zu Spielzeugläden. Cafés und Restaurants servieren Spezialitäten aus aller Welt. Außerdem liegen hier einige hübsche Kirchen und Plätze sowie ein paar Museen. Wenn die Königin zu Hause ist, marschiert täglich um 11.45 Uhr die Livgarden (Königliche Leibgarde) die Østergade entlang – zur Wachablösung an Amalienborg Slot.

Restaurants, Shopping und Unterhaltung im Zentrum *siehe Seiten 124–127*

⓬ Helligåndskirken

Niels Hemmingsensgade 5.
Stadtplan 3 C1. **Karte** G9.
33 15 41 44. Gammel Strand. Mo–Fr 12–16, Sa 11–13 Uhr. helligaandskirken.dk

Ursprünglich stammt die Heiliggeistkirche aus dem frühen 15. Jahrhundert. Damals war sie ein Augustinerkloster, das auf den Grundmauern eines Sakralbaus von 1238 errichtet worden war. Die Kirche ist eine der ältesten in Kopenhagen. Türme bekam sie erst Ende des 16. Jahrhunderts. Das Sandsteinportal, das eigentlich für die Børsen (Börse) gedacht war, entstand Anfang des 17. Jahrhunderts.

1728 wurde der Bau von einem Feuer zerstört und danach weitgehend erneuert. Im rechten Flügel sind noch einige der Originalmauern erhalten. Bis heute werden hier Gottesdienste abgehalten. Zudem gibt es Kunstausstellungen, bei denen man die wunderbaren Gewölbe bewundern kann.

Im Kirchhof steht ein Mahnmal für die dänischen Opfer der Nazi-Konzentrationslager.

Logo des Kunstforeningen GL STRAND

⓭ Kunstforeningen GL STRAND

Gammel Strand 48. **Stadtplan** 3 C1. **Karte** G9. 33 36 02 60. Kongens Nytorv, Gammel Strand. 1A, 2A, 6A, 15, 26, 29. Di–So 11–17 Uhr (Mi bis 20 Uhr).
glstrand.dk

Kopenhagens Museum für moderne und zeitgenössische Kunst wurde 1825 von dem Maler und Professor C. W. Eckersberg gegründet. Es sollte den Graben zwischen Kunstkennern und normalem Publikum überbrücken und Kunst für die Allgemeinheit leichter zugänglich machen. Heute liegt der Schwerpunkt auf der Unterstützung junger Künstler. Die Ausstellungsräume befinden sich seit 1952 in einem Gebäude am Gammel Strand, das im 18. Jahrhundert von Philip de Lange entworfen wurde. GL STRAND bietet jedes Jahr sechs bis acht Sonderausstellungen einzelner Künstler. Im Lauf der Jahre gab es viele faszinierende Ausstellungen, etwa der Werke von Edvard Munch (1908), Asger Jorn (1953), den Filmemachern und Künstlern David Lynch (2010) und Stanley Kubrick (2018), Mario Testino (2016) sowie Louise Bourgeois (2011).

⓮ Gråbrødretorv

Stadtplan 3 C1. **Karte** F9.
Gammel Strand. 6A.

Der charmante gepflasterte Platz liegt inmitten eines Gewirrs von kleinen mittelalterlichen Gassen. Bis 1530 stand hier ein Franziskanerkloster, das im Zuge der Reformation abgerissen wurde. Von den im Kloster lebenden »Grauen Brüdern« rührt aber noch immer der Name des Platzes. 1728 zerstörte ein Brand die umliegenden Gebäude. Die meisten der bunt angestrichenen Häuser stammen daher aus der Mitte des 18. Jahrhunderts.

Der Gråbrødretorv ist vor allem im Sommer ein beliebtes Ziel, wenn die zahlreichen Cafés und Restaurants ihre Tische im Freien aufstellen.

Der mittelalterliche Gråbrødretorv wird von schönen, bunten Häusern umrahmt

Der Nyhavn *(siehe S. 104)* bei Sonnenaufgang ▶

Altar in der Vor Frue Kirke

⓯ Universitet

Nørregade 10. **Stadtplan** 3 B1. **Karte** F9. Ⓢ Ⓜ Nørreport. 🚌 5A, 6A, 14, 42, 43, 150S, 173E, 184, 185. 🌐 ku.dk

Der gepflasterte Frue Plads und die Universitätsgebäude liegen im Herzen des sogenannten Latinerkvarteret (früher sprach man hier Lateinisch). Die Universität wurde 1479 von Christian I. gegründet, doch die Bauten, die heute am Frue Plads stehen, stammen aus dem 19. Jahrhundert. Sie beherbergen nur wenige Fakultäten. Die meisten Fachbereiche sind auf dem Campus auf der Insel Amager, östlich von Kopenhagen, untergebracht.

Das gewaltige klassizistische Universitätsgebäude liegt gegenüber der Vor Frue Kirke. Seine imposante Eingangshalle ist mit Fresken von Constantin Hansen (1804–1880) verziert. Sie zeigen Szenen aus der griechischen Mythologie.

Neben dem Bau steht die Universitätsbibliothek (19. Jh.). Dort gibt es eine Vitrine, in der Splitter einer Kanonenkugel liegen, die während des Beschusses durch die Briten 1807 hier einschlug. Die Kugel traf die Bibliothek und dort ein Buch mit dem Titel *Der Verteidiger des Friedens*.

Auf der zur Universität führenden Fiolstræde gibt es zahlreiche Antiquariate und schöne Cafés.

⓰ Sankt Petri Kirke

Larslejsstræde 11. **Stadtplan** 3 B1. **Karte** F9. 📞 33 13 38 33. Ⓢ Ⓜ Nørreport. 🚌 11A, 14. ⏰ Apr–Sep: tägl. 11–15 Uhr. 🎫 Grabkapelle. ✝ So 11 Uhr. 🌐 sankt-petri.dk

Seit 1586 ist die Peterskirche die Hauptkirche für Kopenhagens deutsche Gemeinde. Sie stammt von 1450, erlitt aber bei mehreren Bränden und durch den britischen Beschuss von 1807 erhebliche Schäden. Gleichwohl stammen noch viele Ziegel des Mauerwerks von dem ursprünglichen Gebäude. Bemerkenswert ist die »Grabkapelle«, in der zahlreiche Särge und Grabtafeln zu sehen sind. Diese stammen überwiegend aus dem 19. Jahrhundert. Eine Reihe von Gedenktafeln befindet sich an der Außenmauer der Kirche.

⓱ Vor Frue Kirke

Nørregade 8. **Stadtplan** 3 B1. **Karte** F9. 📞 33 15 10 78. Ⓢ Ⓜ Nørreport. 🚌 11A, 14. ⏰ Mo–Sa 8.30–17, So 12–16.30 Uhr. 🌐 domkirken.dk

Kopenhagens Kathedrale, die Vor Frue Kirke (Frauenkirche), wirkt ein wenig düster. Sie ist die dritte Kirche, die an diesem Standort errichtet wurde. Die erste, eine kleine gotische Kirche (12. Jh.), brannte 1728 nieder, die nachfolgende wurde 1807 im britischen Kanonenhagel zerstört (der Turm bot der Artillerie eine ideale Zielscheibe). Der jetzige Bau entstand 1820. Er wurde von Christian Frederik Hansen im klassizistischen Stil entworfen und gilt als hervorragendes Beispiel für ein Gebäude des »Goldenen Zeitalters«.

Der Innenraum mit zahlreichen Skulpturen des Bildhauers Bertel Thorvaldsen *(siehe S. 139)* gleicht eher einer Kunstgalerie. Zu beiden Seiten wachen Marmorstatuen der zwölf Apostel. Den Zentralbereich des Altars zieren ein kniender Engel und eine riesige Christusfigur, eines der berühmtesten Werke des Künstlers. Thorvaldsen schuf auch das Relief mit Johannes dem Täufer am Eingang.

Der Kirchturm ist 60 Meter hoch, die große Sturmglocke (Stormklokken) wiegt vier Tonnen und ist damit die größte des ganzen Landes.

In der Kathedrale finden auch die kirchlichen Feiern des Königshauses statt, 2004 heirateten hier Kronprinz Frederik und Mary Elizabeth Donaldson. Manchmal befindet sich unter den Besuchern der Sonntagsmesse auch Königin Margrethe II. Früher hatte sie ihre eigene Loge. Heute sitzt sie inmitten ihrer Untertanen auf einer Kirchenbank.

Die imposante klassizistische Fassade der Universität

Restaurants, Shopping und Unterhaltung im Zentrum *siehe Seiten 124–127*

UNIVERSITET BIS SCANDIC PALACE HOTEL | 113

Caritasbrønden (Wohltätigkeitsbrunnen) am Nytorv

⑱ Nytorv

Stadtplan 3 B1. **Karte** F9.
🚌 11A, 14.

Obwohl der Nytorv wie ein einziger Platz wirkt, besteht er tatsächlich aus zwei Teilen: Gammeltorv (Alter Platz) und Nytorv (Neuer Platz). Die zur Fußgängerzone Strøget gehörende Nygade quert den Platz. Der im Nordwesten der Strøget gelegene Gammeltorv war schon im 14. Jahrhundert Marktplatz und kann sich so der ältesten Handelstradition in Kopenhagen rühmen. Heute findet man hier neben Obst- und Gemüseständen auch kleine Schmuck- und Kunsthandwerksbuden.

Mitten auf dem Platz steht der Caritasbrønden (Wohltätigkeitsbrunnen) von 1609. Das Meisterwerk der Renaissance ist die Arbeit von Statius Otto und zeigt eine Schwangere mit einem Kind im Arm und einem Jungen an der Hand – Symbol für Wohltätigkeit und Barmherzigkeit. Aus den Brüsten der Frau fließt Wasser, ebenso aus dem urinierenden Jungen (aus Gründen der Schamhaftigkeit wurden die Löcher im 19. Jahrhundert versiegelt). Christian IV. ließ den Brunnen errichten, um die Aufmerksamkeit des Volks auf seine Wohltätigkeit zu lenken. Früher versorgte er die Stadtbewohner mit Wasser, das von einem fünf Kilometer nördlich gelegenen See in Holzleitungen in die Stadt floss.

Der Nytorv wurde 1606 geschaffen und diente den Behörden lange Zeit als Hinrichtungsstätte. Kurz nachdem ein Großteil des Stadtzentrums und mit ihm das Rathaus dem Brand von 1795 zum Opfer gefallen war, wurden die beiden Plätze zusammengelegt und erhielten ihre heutige Form. Der Grundriss des früheren Rathauses ist noch immer auf dem Pflaster erkennbar.

Das klassizistische Domhuset mit seinen sechs großen Säulen an der Südseite des Nytorv wurde 1815 nach Plänen von Christian Frederik Hansen errichtet, dem Baumeister, der nach dem Brand von 1795 für den Wiederaufbau der Stadt sorgte. Als Material für das Domhuset dienten u. a. die Ziegelsteine des zerstörten Christiansborg Slot. Das Ergebnis war ein tempelähnlicher Bau, der zunächst als Amtssitz der Stadtbehörden diente. Anfang des 20. Jahrhunderts zog man ins Rådhus um. Die Inschrift des Domhuset bezieht sich auf die heutige Nutzung als Gericht und zitiert den Jütland-Code (1241): »Das Land soll auf Gesetze bauen.«

⑲ Scandic Palace Hotel

Rådhuspladsen 57. **Stadtplan** 3 B2. **Karte** F10 ☎ 33 14 40 50.
Ⓢ København H. Ⓜ Rådhuspladsen. 🚌 6A, 11, 26, 29, 33.
Ripley's Believe It Or Not! und **H. C. Andersen Eventyrhuset**
☎ 33 32 31 31. 🕐 So–Do 10–18, Fr, Sa 10–20 Uhr (Mitte Juni–Aug: tägl. bis 22 Uhr).
🌐 ripleys.com/copenhagen

Direkt am Rådhuspladsen steht das Palace Hotel, das 1910 von Anton Rosen erbaut wurde und seit 1985 denkmalgeschützt ist. Das Backsteingebäude wird von einem 65 Meter hohen Turm dominiert und war Treffpunkt für Kopenhagener, Königsfamilien und internationale Gäste. Hier logierten einst Berühmtheiten wie Judy Garland, Audrey Hepburn und Errol Flynn.

Im Erdgeschoss des heute zur Scandic-Gruppe gehörenden Hotels liegen die beiden Museen **Ripley's Believe It Or Not!** und **H. C. Andersen Eventyrhuset**. Ripley's zeigt alle möglichen Absonderlichkeiten und Monstrositäten, Andersens »Abenteuerhaus« Szenen aus den berühmtesten Märchen das Autors.

Scandic Palace Hotel am Rathausplatz

Stadtplan siehe Seiten 218–223 **Karte** siehe Extrakarte zum Herausnehmen

⓴ Rådhus

Das mit roten Ziegeln erbaute Rådhus (Rathaus) stammt von 1905. Es wurde von dem dänischen Architekten Martin Nyrop (1849–1921) entworfen, der sich von italienischen Bauten und Elementen der dänischen mittelalterlichen Architektur inspirieren ließ. In der großen Haupthalle, die manchmal für Ausstellungen und offizielle Anlässe genutzt wird, stehen Statuen von Nyrop und drei anderen prominenten Dänen: Bertel Thorvaldsen, H.C. Andersen und Niels Bohr. Das Rådhus ist öffentlich zugänglich. Es lohnt sich, die 300 Stufen zum Turm zu erklimmen und von oben die Aussicht zu genießen.

Decken
Die Räume stecken voller Details und architektonischer Finessen: aufwendiges Mauerwerk, Mosaiken und verzierte Decken.

Kopenhagens Wappen
Seit dem 13. Jahrhundert hat es sich kaum verändert. Es trägt drei Schlosstürme, die stilisierten Wellen des Øresund sowie Sonne und Mond.

Dannebrog, die Nationalflagge Dänemarks

★ Haupthalle
Der riesige Saal im ersten Stock ist von Kreuzgängen umgeben und besitzt ein glänzendes Dach. Er ist italienisch verziert und mit einigen Statuen versehen.

Absalons Statue
Oberhalb des Haupteingangs steht die vergoldete Statue von Bischof Absalon, der Kopenhagen im 12. Jahrhundert gründete.

Haupteingang

★ Weltuhr
Jens Olsen arbeitete 27 Jahre lang an dieser Uhr. Ihr ungewöhnlicher Mechanismus wurde 1955 in Gang gesetzt. Das Wunderwerk zeigt u. a. den Kalender der kommenden 570 000 Jahre an.

RÅDHUS | 115

Glockenturm
Das Läuten der Turmglocken hört man nicht nur auf den Straßen von Kopenhagen: Es wird im Radio in ganz Dänemark übertragen.

Infobox

Information
Rådhuspladsen 1.
Stadtplan 3 B2. **Karte** F10.
📞 33 66 25 86.
🕐 Mo–Fr 9–16, Sa 9.30–13 Uhr. Mo–Fr 13, Sa 10 Uhr (englisch).
Turm Mo–Fr 11, 14, Sa 12 Uhr.
Weltuhr Mo–Fr 9–17, Sa 10–13 Uhr. **W** kk.dk

Anfahrt
Ⓢ København H.
Ⓜ Rådhuspladsen.
🚌 6A, 11, 26, 29, 33.

㉑ Rådhuspladsen

Stadtplan 3 A2 & B2. **Karte** F10.
Ⓢ København H. Ⓜ Rådhuspladsen. 🚌 6A, 11, 26, 29, 33.

Der Rathausplatz ist nach dem Kongens Nytorv der zweitgrößte Platz der dänischen Hauptstadt. Er wurde in der zweiten Hälfte des 19. Jahrhunderts angelegt, nachdem man das Westtor, das an dieser Stelle stand, abgerissen und die Wehranlagen eingeebnet hatte. Kurz darauf wurde der Bau des Rathauses beschlossen, was der Entwicklung der unmittelbaren Umgebung weiteren Aufschwung gab. 1994 machte man den Platz zur Fußgängerzone, die von Besuchern und Shoppern gleichermaßen frequentiert wird. Hier versammeln sich die Kopenhagener auch an Silvester.

Einige Monumente auf dem Rådhuspladsen sind erwähnenswert. Unmittelbar neben dem Eingang zum Rathaus liegt der Drachenspringbrunnen (Dragespringvand), der 1923 errichtet wurde. Ein Stück weiter, beim Turm des Rådhus, steht eine hohe Säule, die 1914 enthüllt wurde und zwei Hörner blasende Bronze-Wikinger zeigt. In der Nähe, am Hans Christian Andersens Boulevard, befindet sich die Figur des sitzenden Andersen mit Blick auf den Tivoli.

Kurios ist das Barometer, das das Richshuset an der Ecke Vesterbrogade und H. C. Andersens Boulevard krönt. Es zeigt ein Mädchen, das bei gutem Wetter Rad fährt und bei Regen einen Schirm aufspannt.

Treppenhaus
Die prächtigen Räume in den oberen Etagen erreicht man über zierliche Stufen mit Marmorgeländer.

Rådhus mit Backsteinfront

Stadtplan *siehe Seiten 218–223* **Karte** *siehe Extrakarte zum Herausnehmen*

Das Tycho Brahe Planetarium in Form eines abgeschrägten Zylinders

㉒ Wallmans Cirkusbygningen

Jernbanegade 8. **Stadtplan** 3 A2. **Karte** E10. 33 16 37 00. Vesterport. 14, 15, 29. Mo–Fr 10–15 Uhr. **Dinnershows** Ende Aug–Ende Dez: Do–Fr 17.30–23 Uhr. wallmans.dk

Das große runde Gebäude am Axeltorv wurde 1886 fertiggestellt und diente bis 1990 als Zirkus. Markanter Bestandteil der Fassade ist ein Fries des Bildhauers Frederik Hammeleff, das Motive aus dem alten Griechenland und Rom zeigt.

Zur Zeit des Baus waren Zirkuszelte noch unbekannt, vielmehr führten herumziehende Zirkuskompanien ihre Kunststücke in fest stehenden Gebäuden auf. Normalerweise handelte es sich dabei um einfache Holzgebäude, nur in größeren Städten – wie eben auch in Kopenhagen – wurden sie aus Stein gebaut.

Hier gastierten die bekanntesten Zirkusse ihrer Zeit, darunter auch Circus Schumann, der als einer der besten Europas galt und vor allem wegen seiner Pferdeshow berühmt war. 1990 fand die letzte Zirkusvorstellung statt, danach diente das Gebäude als Bühne für verschiedene Events, darunter Musicals, Konferenzen und Konzerte.

Seit 2003 lädt hier Wallmans Salonger zu Dinnershows mit Akrobatik und mitreißender Musik.

㉓ Tycho Brahe Planetarium

Gl. Kongevej 10. **Karte** D10. 33 12 12 24. Vesterport. 9A. Mo 12–19.10, Di–So 9.30–19.10. planetariet.dk

Kopenhagens Planetarium ist das größte seiner Art in Westeuropa. Es ist nach Tycho Brahe (1546–1601) benannt, dem berühmten dänischen Astronomen. Er entdeckte 1572 einen neuen Himmelskörper im Sternbild der Kassiopeia und brachte das Wissen über Planetenbewegungen ein großes Stück voran. Besonders beeindruckend sind diese Leistungen auch deshalb, weil Brahe sie vor der Erfindung des Teleskops erbrachte.

Das Planetarium wurde 1989 im zylindrischen Bau von Architekt Knud Munk eröffnet. Am schönsten sieht der sandfarbene Ziegelbau vom anderen Ufer des Sankt Jørgens Sø aus, der Ende des 18. Jahrhunderts durch Stauung einiger Flüsse geschaffen wurde. Die Straße, in der das Planetarium steht, heißt Gammel Kongevej (Alter Königsweg). Sie war einst Reiseroute der Gesandtschaften auf dem Weg nach Frederiksberg Slot.

Im Planetarium werden Astronomie und Weltraumforschung allgemeinverständlich vermittelt. Die Dauerausstellung »Das aktive Universum« zeigt unser Sonnensystem sowie ein großes Modell der acht Planeten und von fünf kleinen Planeten. Hier erfährt man, wie unser Sonnensystem vor Milliarden von Jahren entstand. Außerdem ist das weltweit größte Stück eines Mondgesteins in der Ausstellung zu sehen.

Im Space Theater, dem riesigen IMAX®-Kino des Planetariums, werden auf einer 1000 Quadratmeter großen kuppelförmigen Leinwand

Plakat für Wallmans Cirkusbygningen

Restaurants, Shopping und Unterhaltung im Zentrum *siehe Seiten 124–127*

täglich diverse Filme, darunter einer über die Wunder des Weltalls, über die Geschichte der Weltraumforschung oder die Tiefen der Ozeane und den Sternenhimmel sowie Lasershows gezeigt.

㉔ Københavns Hovedbanegård

Banegårdspladsen. **Stadtplan** 3 A3. **Karte** E10. 70 13 14 15. **Haupthalle** 2.15–4.30 Uhr. **Ticketschalter** Mo–Fr 7–20, Sa, So 8–18 Uhr. **Läden** Mo–Fr 7–20, Sa 9–20, So 10–20 Uhr. hovedbanen.dk

Interaktiver Multitouch-Bildschirm des Stadtmuseums am Dantes Plads

Københavns Hovedbanegård, kurz København H, ist der Hauptbahnhof der dänischen Hauptstadt und zugleich der wichtigste Fernbahnhof des Landes. Er entstand nach einem Entwurf des Architekten Heinrich Wenck und wurde am 1. Dezember 1911 in Betrieb genommen. Bei seiner Eröffnung war er noch einer reiner Kopfbahnhof.

Der Hauptbahnhof liegt auf den ehemaligen Wallanlagen. Im Westen schließt sich das Stadtviertel Vesterbro mit der Istedgade an, die sich nach der Eröffnung des Bahnhofs zu einem Vergnügungs- und Rotlichtviertel entwickelte. Im Osten befindet sich der Vergnügungspark Tivoli. Gegenüber dem Haupteingang steht an der Vesterbrogade die 1797 errichtete Freiheitssäule, die an die Aufhebung der Leibeigenschaft in Dänemark erinnert.

Der Bahnhof verfügt über 13 Bahnsteige, die Gleise 1 bis 8 und 26 werden vom Regional- und Fernverkehr genutzt, die Gleise 9 bis 12 von der S-Bahn Kopenhagen. Der Bahnhof wird täglich von etwa 80 000 Reisenden frequentiert.

In der riesigen Haupthalle befinden sich viele Läden, von Imbissständen über Wechselstuben bis zu einer Apotheke.

㉕ Københavns Museum

Stormgade 18. **Stadtplan** 1 F7. **Karte** F10. København H. Rådhuspladsen. 2, 33. wg. Umzugs bis 2019 geschl.; neue Öffnungszeiten siehe Website. cphmuseum.kk.dk

Im 1891 gegründeten Stadtmuseum erfährt man, wie sich Kopenhagen vom Mittelalter bis zur Neuzeit entwickelt hat. Anhand von Plänen und Modellen kann man den Aufstieg der Stadt von einer Festungsanlage zu einer der wichtigsten Kultur- und Wirtschaftsmetropolen im skandinavischen Raum nachvollziehen.

Der Besucher erfährt darüber hinaus nicht nur etwas über das Leben der königlichen Familie und Kopenhagens Oberschicht, sondern er erhält auch einen Einblick in das Leben anderer sozialer Gesellschaftsschichten. Anhand von archäologischen Fundstücken, Kupferstichen, Gemälden und Fotografien, Möbeln, Mode, Spielsachen und Filmen taucht man in den Alltagsleben verschiedener Epochen. Auch das Kanalisationssystem der Stadt wird erklärt. Zudem widmet sich das Museum dem weltbekannten dänischen Philosophen Søren Kierkegaard (1813–1855). In den nachgebildeten Wohnräumen des Intellektuellen, der fast sein ganzes Leben in Kopenhagen verbrachte, gewinnt man einen Einblick in dessen Leben und Werk.

Das Museum will aber nicht nur über die Vergangenheit informieren, sondern auch die Neugierde wecken, wie die Zukunft der dänischen Hauptstadt aussehen soll.

2019 zieht das Museum in neue Räumlichkeiten in der Stormgade 18 um und damit näher an das Stadtzentrum heran. Dort will es auch ein Dialogforum über Vergangenheit, Gegenwart und Zukunft der Stadt bieten.

Bahnsteig für die S-Bahn auf Kopenhagens Hauptbahnhof

⓼ Tivoli

Als der Tivoli 1843 eröffnet wurde, bot er lediglich zwei Attraktionen: ein Karussell mit Pferden und eine Achterbahn. Heute gibt es weit mehr Angebote. Der Tivoli ist einerseits Vergnügungspark, andererseits Kulturzentrum und gehört zu den bekanntesten Orten Dänemarks. Er ist nicht allein bei Besuchern, sondern auch bei den Dänen selbst sehr beliebt. Der Park liegt mitten in der Stadt und besitzt rund 1000 Bäume, im Sommer blühen an die 400 000 Blumen. Nachts erleuchten ihn Myriaden kleiner Glühbirnen – ein märchenhaft schöner Anblick.

Færgekroens Bryghus
Das am Landesteg gelegene Lokal ist eines von über 30 Restaurants im Tivoli. Es besitzt auch eine Mikrobrauerei.

Frigate
Das riesige Schiff heißt *St. Georgs Frigate III.* Es ist ein schwimmendes Restaurant mit Piratenthematik, das im See, dem Rest eines Burggrabens, ankert.

Pantomimentheater
Pantomime ist in Dänemark seit dem frühen 19. Jahrhundert beliebt. Im chinesischen Pavillon, dem ältesten Gebäude im Tivoli, gibt es regelmäßig Aufführungen.

Haupteingang
Das Haupttor in der Vesterbrogade wurde 1896 gebaut. Nachts ist es besonders schön anzusehen.

Attraktionen (Auswahl)

① The Golden Tower
② The Demon (Dæmonen)
③ The Odin Express
④ Ferris Wheel
⑤ Plænen (Open Air Stage)
⑥ The Glass Hall Theater
⑦ Tivoli Illuminations

Infobox

Information
Vesterbrogade 3. **Stadtplan** 3 A–B2. **Karte** EF10. 33 15 10 01. Sommer: Ende März–Ende Sep; Halloween: letzten 2 Wochen im Okt; Weihnachten: Mitte Nov–Ende Dez; Winter: Feb; tägl. 11–23 Uhr (Fr, Sa bis 24 Uhr). **tivoli.dk**

Anfahrt
S M Københavns H. 1A, 2A, 5A, 6A, 10, 11A, 15, 26, 30, 40, 47, 65E, 250S.

★ Pagode
Die 1900 im chinesischen Stil errichtete Pagode beherbergt seit Anbeginn ein Lokal. Es serviert panasiatische Küche.

Konzertsaal
Der Konzertsaal wurde 1956 erbaut und 2005 renoviert. Die Palette der musikalischen Darbietungen reicht von Rock bis Klassik. Auch ein Meerwasser-Aquarium ist hier zu bestaunen.

Rutschebanen
Die einem Berg ähnelnde Holzachterbahn ist eine der ältesten der Welt.

Eingang Hauptbahnhof

Tivoli-Garde

Wenn man am Wochenende durch den Park schlendert, sieht man häufig eine Gruppe von Jungen, die in Uniformen zu Trommelschlägen vorbeimarschiert. Die offizielle Erklärung lautet: »Die Königin hat ihre eigene Garde – und der Tivoli eben auch.« Die Tivoli-Garde besteht aus 100 Jungen zwischen acht und 16 Jahren. Die Mitglieder tragen rote Uniformjacken und Pelzmützen. Pro Jahr marschieren sie gut 300 Kilometer. Das Musikkorps wurde 1844 gegründet, es ist eines von Tivolis vier Orchestern. Die anderen sind das Sinfonieorchester, die Big Band und das Promenadenorchester.

Die Tivoli-Garde marschiert durch den Park

★ Nimb-Gebäude
In dem palastartigen Bau im maurischen Stil sind zwei Restaurants, eine Bar, ein Café und ein Boutiquehotel.

Französische Skulpturen in der Ny Carlsberg Glyptotek *(siehe S. 122f)* ▶

Ny Carlsberg Glyptotek

Das Museum von Weltrang besitzt über 10 000 Kunstschätze, darunter altägyptische Artefakte, griechische und römische Statuen sowie eine große Sammlung etruskischer Exponate. Hinzu kommen dänische Gemälde und Skulpturen des »Goldenen Zeitalters« *(siehe S. 24f)* sowie Werke französischer Impressionisten wie Degas und Renoir. Hervorgegangen ist das Museum aus der Skulpturensammlung *(glyptotek)*, die Carl Jacobsen, der Gründer der Carlsberg-Brauerei, stiftete. Heute besteht der Museumskomplex aus drei unterschiedlichen Bauten, wovon der erste 1897, der letzte 1996 errichtet wurde.

★ Altägyptische Kunst
Die herausragende Sammlung umfasst zarte Vasen ebenso wie monumentale Statuen, z. B. die Granitskulptur vom Ramses II. aus dem 2. Jahrtausend v. Chr.

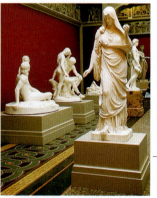

Dänische Bildhauerei
Dänemarks künstlerisch fruchtbares »Goldenes Zeitalter« ist mit Exponaten wie etwa Jens Adolf Jerichaus *Penelope* (1840er Jahre) sowie vielen Werken von Herman Wilhelm Bissen (1798–1868) erstklassig vertreten.

★ *Der Kuss* von Rodin
Das berühmte Liebespaar (dritte Kopie der Skulptur von 1886) ist eine von 35 Arbeiten Auguste Rodins. Die Rodin-Sammlung gehört zu den größten außerhalb Frankreichs.

Alabasterrelief
Das Relief (9. Jh. v. Chr.) zeigt den Assyrerkönig Assurnasirpal II. Es ist Teil der vielseitigen Nahost-Sammlung.

Wintergarten

NY CARLSBERG GLYPTOTEK | 123

Landschaft bei Saint-Rémy
Neben diesem Bild, das Vincent van Gogh 1889 während des Aufenthalts in einer psychiatrischen Klinik malte, besitzt das Museum viele impressionistische und postimpressionistische Werke von Gauguin, Toulouse-Lautrec, Monet und Degas.

Zweiter Stock

Infobox

Information
Dantes Plads 7. **Stadtplan** 3 B3. **Karte** F10. 33 41 81 41. Di–So 11–18 Uhr (Do bis 22 Uhr). 1. Jan, 5. Juni, 24., 25. Dez. Di frei, unter 18-Jährige frei.
glyptoteket.dk

Anfahrt
5A, 12, 33.

Die kleine Tänzerin
Die Figur der 14-jährigen Tänzerin (mit echtem Tüllrock) entstand 1880. Sie ist eine der berühmtesten Skulpturen von Edgar Degas.

★ Satyrkopf
Der bemalte *Satyrkopf* ist Teil der etruskischen Sammlung, die auch Vasen, Bronzefiguren und Stein-Sarkophage aus der Zeit zwischen dem 8. und 2. Jahrhundert v. Chr. umfasst.

Erster Stock

Kurzführer
Im hufeisenförmigen Dahlerup-Gebäude von 1897 sind vorwiegend dänische und französische Plastiken zu sehen. Antike Artefakte aus dem Mittelmeerraum und Ägypten werden im Wintergarten des Kampmann-Gebäudes von 1906 gezeigt. Das Larsen-Gebäude aus dem Jahr 1996 widmet sich der französischen Kunst.

Wintergarten

Die grüne, unter einer Glaskuppel liegende Palmenoase ist Teil der Originalplanung und wurde konzipiert, um auf diese Weise Besucher anzulocken, die sich normalerweise nicht für Kunst interessieren würden. Hier lässt es sich wunderbar lustwandeln. Viele Besucher sind von der *Wassermutter* fasziniert, einer 1920 enthüllten Brunnenskulptur von Kai Nielsen. Sie zeigt eine nackte zurückgelehnte Frau, umringt von ihren Kindern. Der Wintergarten wird auch als Konzertsaal genutzt.

Erdgeschoss

Legende
- Antike Kunst des Mittelmeerraums
- Französische Kunst
- Dänische Kunst
- Kunst der Ägypter, Griechen u. Römer
- Wechselausstellungen
- Keine Ausstellungsfläche

Stadtplan *siehe Seiten 218–223* **Karte** *siehe Extrakarte zum Herausnehmen*

Restaurants und Cafés

Im Zentrum muss man nicht lange suchen, wenn man Hunger hat oder einfach mal eine Pause vom Sightseeing braucht und das Treiben rundherum beobachten will. In der Strøget und in ihren Seitenstraßen ist die Auswahl an Restaurants und Cafés natürlich am größten, etwas davon entfernt wird es dann ruhiger. Die im Folgenden aufgeführten Restaurants und Cafés haben – jedes auf seine eigene Art – einen ganz speziellen Charme.

Außenbereich der Torvehallerne

❶ **Kompa'9** €
Café
Kompagnistræde 9
33 12 31 25 tägl. 9–18 Uhr
Das charmante Café bietet Bio-Kaffee, Frühstück, Sandwiches und einen »Kuchen des Tages«. Besonders schön sitzt man draußen an der Kompagnistræde.

❷ **Café Sorgenfri** €€
Dänisch
Brolæggerstræde 8
33 11 58 80
tägl. 11–21 Uhr
cafesorgenfri.dk
Das urige Café im Untergeschoss lockt mit sehr guten, typisch dänischen Gerichten.

❸ **Royal Smushi Café** €€
Café
Amagertorv 6
33 12 11 22
tägl. 9–19 Uhr (Fr, Sa bis 20 Uhr)
royalsmushicafe.dk
Im fantasievoll eingerichteten In-Café von Royal Copenhagen gibt es mittags »Smushi« – smørrebrød in Sushi-Größe. Das lässt noch Platz für einen der fantastischen Kuchen.

❹ **Illum Rooftop** (siehe S. 98)

❺ **Fishmarket** €€
Fisch
Hovedvagtsgade 2
88 16 99 99
tägl. 11–24 Uhr (So bis 23 Uhr)
fishmarket.dk
Das Restaurant im französischen Bistrostil bringt hervorragende, mediterran inspirierte Fischgerichte auf den Tisch. Da das Lokal sehr klein ist, sollte man vorher reservieren.

❻ **Told & Snaps** €
Smørrebrød
Toldbodgade 2
33 93 83 85
tägl. 11.30–15.30 Uhr
toldogsnaps.dk
Das traditionelle dänische Mittagsrestaurant serviert eine große Auswahl an smørrebrød und – wie der Name schon sagt – Schnaps.

❼ **Ofelia** €€
Ausblick
Sankt Annæ Plads 36
26 77 29 32
Café Di–Sa 10–21, So 10–17 Uhr. Restaurant Di–So 11–15, Di–Sa 17–21 Uhr
restaurantofelia.dk
Im Schauspielhaus direkt am Hafenkanal bietet das Café und Restaurant Ofelia nicht nur gutes Essen, sondern mit den schönsten Blick der Stadt.

❽ **MASH** €€€
Steakhouse
Bredgade 20 33 13 93 00
Mo–Fr 12–15, tägl. 17.30–23 Uhr
mashsteak.com
In schickem Ambiente isst man hier hervorragende Steaks. Das Fleisch stammt aus Australien, Dänemark, Uruguay und den USA. Aufmerksamer Service.

❾ **Restaurationen** €€€
Dänisch
Møntergade 19
70 87 87 44
Di–Sa 18–24 Uhr
restaurationen.dk

Schlemmen im fantasievoll eingerichteten Royal Smushi Café

Preiskategorien € = preiswert €€ = mittel €€€ = gehoben

RESTAURANTS UND CAFÉS | 125

Auswahl im Sankt Peders Café

Das preisgekrönte Restaurant serviert seine exzellenten, typisch dänischen Gerichte in entspannter Atmosphäre.

❿ Sult €€
Dänisch
Vognmagergade 8B
📞 33 74 34 17
🕐 Di–Fr 11.30–16, Di–So 17.30–22 Uhr
🌐 **restaurantsult.dk**

In dem riesigen, eleganten Saal im Filmhuset kommen leckere dänische Gerichte auf den Tisch. »Sult« (Hunger) hat man nach den servierten Riesenportionen garantiert nicht mehr.

⓫ Schønnemann €€
Smørrebrød
Hauser Plads 16
📞 33 12 07 85
🕐 Mo–Sa 11.30–17 Uhr
🌐 **restaurantschonnemann.dk**

Dies ist ein weiterer *Smørrebrød*-Klassiker mit riesiger Schnapsauswahl in gediegenem Ambiente.

⓬ Den Økologiske Pølsemand €
Pølserwagen
Neben dem Rundetårn und an der Helligåndskirken
📞 30 20 40 25
🕐 Mo–Sa 11–18.15 Uhr
🌐 **døp.dk**

Hier werden nur Bio-Würstchen mit interessanten Gewürzmischungen ins Brot, es gibt sogar vegane Varianten.

⓭ Det lille Apotek €€
Dänisch
Store Kannikestræde 15
📞 33 12 56 06
🕐 tägl. 11.30–24 Uhr
🌐 **detlilleapotek.dk**

Inmitten von Antiquitäten gibt es dänische Klassiker im angeblich ältesten Restaurant der Stadt.

⓮ Peder Oxe €€
Dänisch
Gråbrødretorv 11
📞 33 11 00 77
🕐 tägl. 11–23 Uhr (Do–Sa bis 24 Uhr)
🌐 **restaurantpederoxe.com**

Nordisch-französisch inspirierte Küche – entweder drinnen in typisch dänischem Ambiente oder im Sommer an Tischen im Freien.

⓯ Paludan Bogcafé €
Café
Fiolstræde 10
📞 33 15 06 75
🕐 tägl. 9–22 Uhr (Sa, So ab 10 Uhr)
🌐 **paludan-cafe.dk**

Café in einem Buchladen mit herrlichem Ambiente. Es gibt Kaffee, Snacks und kleine Gerichte. Immer sehr voll, da direkt an der Universität gelegen.

⓰ Sankt Peders Café €
Bäckerei und Café
Sankt Peders Stræde 29
📞 40 54 55 89
🕐 tägl. 8–19 Uhr

Kleines Café mit eigener Bäckerei. Die Sandwiches sind sehr gut, die Backwaren einfach himmlisch, und der Kaffee ist auch nicht zu verachten.

⓱ Vækst €€
Dänisch
Sankt Peders Stræde 34
📞 38 41 27 27
🕐 tägl. 12–14.45, 17.30–24 Uhr (So nur abends)
🌐 **cofoco.dk/en/restaurants/vaekst**

Neue nordische Küche, die auf saisonale Zutaten fokussiert ist. Auf den beiden Stockwerken sitzt man sehr schön, umgeben von vielen hängenden Pflanzen.

⓲ Torvehallerne
(siehe S. 99 und 106)

⓳ Café & Øl-Halle »1892« €€
Dänisch
Rømersgade 22
📞 33 33 00 18
🕐 Mo–Sa 11–17 Uhr
🌐 **arbejdermuseet.dk**

Im Arbeitermuseum *(siehe S. 106)* gibt es solide, proletarische Hausmannskost nach alten dänischen Rezepten in historischen Räumlichkeiten aus dem Jahr 1892.

Im Vækst ist man von vielen Pflanzen umgeben

Gemütlicher Innenraum von Kompa'9

❿ *siehe Stadtteilkarte Seite 100f*

Shopping

Da das Shopping-Angebot im Zentrum auch dank der Strøget so allumfassend ist, tauchen in der folgenden Auflistung bekannte internationale Modelabels und berühmte dänische Namen wie Royal Copenhagen, Georg Jensen, Bang & Olufsen, Illum, Magasin du Nord, Bodum und LEGO® nicht auf. Im Blickpunkt stehen eher kleine Läden mit einer ungewöhnlichen, interessanten und innovativen Auswahl, die auch zum Stöbern einlädt.

❶ Nordic Nesting €€
Einrichtung
Studiestræde 51 — 60 15 37 09
Mo–Sa 10–18, So 11–17 Uhr
nordicnesting.dk
Skandinavisches Wohndesign – sehr hyggelig.

❷ C. E. Fritzsche €€
Glas
Kompagnistræde 12
33 15 17 88
Mo–Fr 10–17.30, Sa 10–13 Uhr
fritzsche.dk
Die 1788 gegründete Glasmanufaktur ist die älteste Dänemarks und königlicher Hoflieferant. Traditionelle bis moderne Glaswaren.

❸ Peter Grosells Antikvariat €€
Antiquariat
Læderstræde 15 — 33 93 45 05
Mo–Fr 10–17, Sa 10–13 Uhr
grosell.dk
Hervorragendes Antiquariat, die ältesten Bücher stammen aus dem 17. Jahrhundert.

❹ Louis Poulsen €€€
Designerleuchten
Gammel Strand 28
70 33 14 14
Mo–Fr 10–16 Uhr
louispoulsen.com
Leuchten-Klassiker des berühmten Designers in allen Formen und Farben (auf über 3000 m²).

❺ HAY House €€€
Design
Østergade 61 — 42 82 08 20
Mo–Fr 10–18, Sa 10–17 Uhr
hay.dk
Das Label präsentiert eigene Möbel, Accessoires und Teppiche sowie Gegenstände anderer Designer.

❻ Illums Bolighus (siehe S. 9)

❼ Søstrene Grene €
Schnickschnack
Amagertorv 24
Mo–Fr 10–19, Sa 10–18, So 11–17 Uhr
sostrenegrene.com
Eigentlich braucht man nichts so wirklich, dennoch kauft man immer etwas. Was vielleicht daran liegt, dass es hier »alles« gibt.

❽ A. C. Perchs Thehandel €€
Tee
Kronprinsensgade 5
33 15 35 62

Angesagte Mode bei Superlove

Mo–Fr 9–17.30 (Fr bis 19), Sa 9.30–16 Uhr
perchs.dk
Seit 1835 bietet A. C. Perch, ältester Teeladen der Stadt und königlicher Hoflieferant, alles, was Teeliebhaber begehren.

❾ Samsøe & Samsøe €€
Mode
Købmagergade 44
35 28 51 31
Mo–Sa 10–19, So 11–18 Uhr
samsoe.com
Das 1993 gegründete Label produziert klassisch-moderne Mode für sie und ihn. Skandinavischer Minimalismus, kombiniert mit dänischem Streetstyle.

❿ Henrik Vibskov Boutique €€€
Designermode
Krystalgade 6
33 14 61 00
Mo–Sa 11–18 Uhr (Fr bis 19, Sa bis 17 Uhr)
henrikvibskovboutique.com

Nordic Nesting – einfach hyggelig

Skandinavisches Design allüberall in Illums Bolighus

Preiskategorien € = preiswert €€ = mittel €€€ = gehoben

SHOPPING UND UNTERHALTUNG | 127

Hier gibt es farbenfrohe und fantasievolle Herren- und Frauenmode des angesagten dänischen Designers – trendy und tragbar – sowie passende Accessoires.

⓫ Sømods Bolcher €€
Bonbons
Nørregade 36
📞 33 12 60 46
🕐 Di–Fr 9.15–17.30,
Sa 10–15.30 Uhr
🌐 soemods-bolcher.dk
Beim königlichen Hoflieferanten hat man eine riesige Auswahl an süßem und wunderschönem Naschwerk.

⓬ Superlove €€
Mode
Nørregade 45
📞 33 12 22 55
🕐 Mo–Fr 10–18, Sa 10–16 Uhr
🌐 superlove.dk
Der Laden führt angesagte Mode und Accessoires von skandinavischen Designern wie Rhino Republik und Danefae sowie Geschirr und Leuchten.

Formschöne moderne Glaswaren von C. E. Fritzsche

⓭ Dahls Flagfabrik €€
Flaggen
Nørre Voldgade 25
📞 33 14 32 34
🕐 Mo–Fr 9–17 Uhr
🌐 dahls-flag.dk
Die dänische Nationalflagge in allen Ausführungen.

⓮ Maritime Antiques €€€
Maritime Antiquitäten
Toldbodgade 15 📞 33 12 12 57
🕐 Mo–Fr 10–17.30,
Sa 10–14 Uhr
🌐 maritime-antiques.dk

Bunte maritime Mischung: Hier findet man Antikes und Neues, u. a. Tauwerk, Bullaugen und Modellschiffe, aber auch Kleidung, Bilder und Schmuck.

⓯ Nyhavns Glaspusteri €€€
Glas
Toldbodgade 4 📞 40 17 01 34
🕐 Mo–Fr 10–17.30,
Sa 10–14 Uhr
🌐 copenhagenglass.dk
Wunderbare, handgeblasene Glaskreationen – moderne Vasen, Gläser und Kerzenleuchter.

Unterhaltung

Natürlich fällt einem bei Unterhaltung zuerst der Vergnügungspark Tivoli ein, doch die Stadt hat diesbezüglich weitaus mehr zu bieten. Kopenhagen hat auch eine sehr lebendige Jazzszene und viele kleine Kellerlokale, in denen oft Live-Musik gespielt wird.

❶ Tivoli *(siehe S. 118f)* €€

❷ Mojo Blues Bar €€
Blues
Løngangstræde 21C
📞 33 11 64 53 🕐 tägl. 20–5 Uhr
🌐 mojo.dk
In dem kleinen, gemütlichen Lokal finden täglich Live-Konzerte von Bluesmusikern statt.

❸ La Fontaine €€€
Jazz
Kompagnistræde 11
📞 33 11 60 98 🕐 tägl. 19–5 Uhr
🌐 lafontaine.dk
In Kopenhagens ältestem Jazzlokal wird am Wochenende oft gejammt – ein Erlebnis.

❹ Jazzhus Montmartre €€
Jazz
Store Regnegade 19A
📞 91 19 19 19

🕐 Do–Sa
🌐 jazzhusmontmartre.dk
Kleine, legendäre Jazzkneipe mit Jazz aller Stilrichtungen.

❺ Hvide Lam €€€
Jazzkneipe
Kultorvet 5
📞 33 32 07 38
🕐 tägl. 10–1 Uhr
An vielen Abenden gibt es hier Live-Jazz von älteren Herrschaften, die Klassiker spielen. Gutes Essen und Bier.

❻ Søpavillonen €€
Disco
Gyldenløvesgade 24
📞 33 15 12 24
🕐 Do–Sa 20–5 Uhr
🌐 soepavillonen.dk
Diskothek mit drei Bars in einem Seepavillon aus dem Jahr 1896 auf einer Brücke am Sankt Jørgens und Peblinge Sø.

Die Achterbahn Dæmonen im chinesischen Stil im Tivoli

❿ *siehe Stadtteilkarte Seite 100f*

Südosten

Im Südosten liegen zwei Orte, an denen zwei Städte gegründet wurden. Der eine ist die Insel Slotsholmen. Dort, wo heute Christiansborg Slot thront, ließ Bischof Absalon im 12. Jahrhundert in der Nachbarschaft eines kleinen Fischerdorfs eine Festung mit einem Hafen errichten. Damit war Kopenhagen gegründet, und die Geschichte nahm ihren Lauf. Auf der Insel gegenüber, in Christianshavn, besetzten 1971 ein paar Bürgeraktivisten die verlassenen Kasernen auf einem Gelände des dänischen Militärs und riefen am 26. September die Freistadt Christiania aus: »Das Ziel von Christiania ist das Erschaffen einer selbstregierenden Gesellschaft, in der alle und jeder für sich für das Wohlergehen der gesamten Gemeinschaft verantwortlich ist. Unsere Gesellschaft soll ökonomisch selbsttragend sein, und als solche ist es unser Bestreben, unerschütterlich in unserer Überzeugung zu sein, dass psychologische und physische Armut verhindert werden kann.«

Aus der Revolution wurde eine Evolution, eine Entwicklung, die trotz vieler Rückschläge von den Bürgern Kopenhagens und der Regierung Dänemarks, die auf der anderen Seite des Wassers in Christiansborg Slot sozusagen einen Logenplatz mit Blick auf die Freistadt hat, als kreativ und innovativ für das Leben in urbanen Räumen angesehen wird.

Überzeugen Sie sich selbst, wie alternatives Zusammenleben, hippes Design und innovative Architektur in Christiania zusammenwirken.

Andere Highlights etablierter, aber nicht weniger innovativer und begeisternder Architektur im Südosten Kopenhagens sind das 2004 vollendete Schauspielhaus, die neue Oper und der Erweiterungsbau der Dänischen Königlichen Bibliothek, der sogenannte »Schwarze Diamant«.

Die Meisterwerke der Architektur liegen alle direkt am Wasser, genauer gesagt, mit dem Wasserbus nur wenige Stationen voneinander entfernt. Kein anderer Stadtteil ist so von Kanälen, Flüssen und Wasserläufen durchzogen wie dieses Viertel. Der Grund, warum Kopenhagen auch als »Venedig des Nordens« – wenn auch ein sehr modernes Venedig – bezeichnet wird, ist hier schnell ersichtlich.

Ehrenhof von Christiansborg Slot *(siehe S. 136f)* mit der Reiterstatue von Christian IX.
◀ Innenansicht der Dänischen Königlichen Bibliothek *(siehe S. 140f)*.

Persönliche Favoriten

Der Südosten Kopenhagens ist wohl am treffendsten mit »alternativ«, »bunt« und »entspannt« zu beschreiben. Das liegt nicht nur an der Freistadt und der Halbinsel Refshaleøen, sondern am ganzen Viertel, in dem es generell gemächlich zugeht.

Kvindesmedien

In der Schmiede in der Freistadt Christiania findet man kleine und große Schätze. Hier entstehen einzigartige Metallstücke in interessanten Designs.

Lustige Skulpturen von Kvindesmedien

Kvindesmedien liegt in einer großen Lagerhalle

Dorte Eilenberger, Charlotte Steen und Gitte Christensen betreiben seit 1997 in Christiania die Künstlerwerkstatt Kvindesmedien. Die drei Kunstschmiedinnen arbeiten bevorzugt mit Stahl, Spiegeln und Glas. Die Bandbreite ihres Schaffens ist immens und reicht von Dekoartikeln wie Kerzenhaltern und Globen über hochwertige Einrichtungsgegenstände wie Tische, Stühle und Regale bis zu Skulpturen in jeder Größe. Alle Stücke sind einzigartige Modelle mit spannenden Designs.

Kvindesmedien
Mælkevejen 83E. **Stadtplan** 4 F2. **Karte** J10.
32 57 76 58. Di–Fr 12–17, Sa 11–15, So 12–16 Uhr. **kvindesmedien.dk**

Bunte Graffiti an einem Haus in Christiania

Freistadt Christiania

Die autonome Gemeinde Christiania ist immer einen Besuch wert und erlaubt einen Blick in alternative Lebensweisen.

Christiania ist in ein Phänomen – eine autonome und von staatlicher Seite geduldete Gemeinde, die es so in Europa sonst nicht gibt und die bereits seit 1971 besteht. Bei einem Spaziergang durch Christiania mit seinen vielen bunten Graffiti und Kunstinstallationen kann man das alternative Flair der Freistadt nachempfinden. Oder man setzt sich einfach in eines der Lokale und genießt das bunte Umfeld.

Freistadt Christiania
Stadtplan 4 F3. **Karte** J10. Jeden Sonntag im Sommer um 15 Uhr am Haupttor durch »Einheimische«.
christiania.org

Spaziergang auf den Bastionen von Christianshavn

Die alten Bastionen von Christianshavn sind eine grüne Oase der Ruhe für wunderbare Spaziergänge mit Abstechermöglichkeiten ins Stadtviertel.

Blick auf den Stadsgraven und die Vor Frelsers Kirke

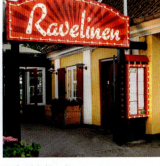

Ausflugslokal Ravelinen

Bei einem Besuch von Christianshavn sollte man auch Zeit für einen Spaziergang auf den alten Bastionen einplanen. Ein Pfad führt am Kanal entlang, der Christianshavn von Amager trennt. Hier ist es sehr ruhig mit vielen Bäumen und Wiesen, auf dem Kanal tummeln sich Schwäne und Enten. Unterwegs kommt man an Teilen der alten Festungsanlage wie Wachhäuschen, alten Kanonen oder der idyllischen Lille Mølle (kleine Mühle) vorbei.

GRÜNE OASE

Gleichwohl befindet man sich mitten im Stadtviertel, in das man Abstecher machen kann, etwa zur Vor Frelsers Kirche, nach Christiania oder in eines der Cafés. Oder man besucht das Lokal Ravelinen, das in einem ehemaligen Zollhaus von 1728 auf einer Brücke zwischen Elefantens und Lovens Bastion liegt. Die Terrasse blickt auf den Kanal.

Christianshavns Vold
Stadtplan 4 D3–F2. **Karte** G11–K8.

Flohmarkt auf Refshaleøen

Auf dem Flohmarkt auf Refshaleøen findet man in einer riesigen ehemaligen Werkzeughalle Schnäppchen und Schätze von antik über gebraucht bis Vintage.

Buntes Angebot auf dem Flohmarkt

Auf diesem Flohmarkt könnte man gut und gern einen ganzen Tag verbringen. Zum einen, weil er wirklich groß ist (4000 Quadratmeter), zum anderen, weil das Angebot so überaus vielfältig ist und man jeden Moment etwas Neues und Spannendes entdeckt. Man findet eine riesige Auswahl an gebrauchten Designermöbeln von 1950 bis etwa 1980, darunter auch Stücke, die heute im Alltag nicht mehr so oft vorkommen wie Frisier- und Nähtische, alte Schilder und Uhren, Retro-Leuchten, Keramik- und Glaswaren in allen Formen und Farben, Teppiche, Spielzeug und vieles mehr. Beim Schlendern durch die vollgestopften Gänge taucht man in eine wahre Retro-Welt ein und entdeckt viele Sachen aus der Kindheit wieder.

B & W Loppemarked
Refshalevej 163. **Karte** K7. 27 28 20 28.
Sa, So 10–16 Uhr in Wochen mit gerader Zahl.

Stadtplan *siehe Seiten* 218–223 **Karte** *siehe Extrakarte zum Herausnehmen*

Südosten auf der Karte

Der Südosten ist, wie ein Blick auf die Karte zeigt, von zahlreichen Kanälen und Flüssen durchzogen. Gondeln gibt es im »Venedig des Nordens« zwar nicht, aber die Erkundung dieses Gebiets per Boot oder Wasserbus lässt interessante, andere Perspektiven zu. Vor allem architektonisch futuristische Projekte wie das Schauspielhaus, der »Schwarze Diamant« und BLOX eröffnen, vom Wasser aus betrachtet, noch einmal neue Dimensionen. Auch mit dem Fahrrad sind Sie im Südosten gut unterwegs, über zahlreiche kleine Brücken kommt man problemlos von einem Ufer zum anderen.

Christianshavn mit Vor Frelsers Kirke

Überblick: Südosten

Beginnen Sie die Erkundung des Südostens auf der Insel Slotsholmen. Umschlossen vom Frederiksholms Kanal und Slotsholmskanalen, führen neun Brücken auf die Insel. Im Schatten von Christiansborg Slot, in dem Parlament und Oberster Gerichtshof ihren Sitz haben, stehen einige der bedeutendsten Sehenswürdigkeiten auf engstem Raum zusammen.

Wenn Sie von der Ny Vestergade auf Schloss und Insel zugehen, liegt linker Hand das Dänische Nationalmuseum, das einen wunderbaren Einblick in die Kulturgeschichte des Landes gibt. Auf der Insel liegt links vom Schloss das Thorvaldsens Museum mit den Meisterwerken des dänischen Bildhauers Bertel Thorvaldsen. Zwischen Museum und Schloss führt ein Weg auf den Prinz-Jørgens-Hof, an dessen Nordseite die Schlosskirche steht. Weiter geht es auf den Slotsplads, von wo Sie einen herrlichen Blick auf die älteste Börse der Welt, die Holmens und Nikolaj Kirke, die Absalon-Statue, die Vor Frelsers Kirke und das Schloss haben. Ein genauerer Blick auf den 54 Meter hohen Turm der 1620 erbauten Börse zeigt vier ineinander verdrehte Drachenschwänze. Zwei weitere Museen auf der Schlossinsel sind das Krigsmuseet und das Dansk Jødisk Museum. Im Schloss selbst gibt es noch die alten Burgruinen, die königlichen Repräsentationsräume und das Theatermuseum zu besichtigen. An der Südostseite des wunderschönen Bibliotheks-

»Hausbemalung« in Christiania

Zeichenerklärung siehe hintere Umschlagklappe

SÜDOSTEN AUF DER KARTE | 133

Infobox

Information
Stadtplan 3 und 4. Ⓢ København H. Ⓜ Rådhuspladsen, Kongens Nytorv, Christianshavn.
🚌 1A, 2A, 9A, 11A, 19, 26, 40, 47, 66, 350S.
⛴ 991, 992.
🌐 visitdenmark.de
🌐 visitcopenhagen.com

gartens steht die Dänische Königliche Bibliothek. Sie ist nicht nur eine der größten Bibliotheken der Welt, sondern durch den futuristischen Erweiterungsbau auch ein einzigartiges Beispiel für eine gelungene Komposition aus Geschichte und Moderne.

Nach diesem Marathon durch Historie, Kunst und Kultur können Sie sich bei einer Fahrt mit dem Wasserbus zur Königlichen Oper auf der Insel Holmen entspannen, um dort gleich wieder ins Staunen zu kommen.

Nur zwei Brücken von der Oper entfernt beginnt die Entdeckungstour durch die Freistadt Christiania, wo Alternatives, Neues, Buntes, Lebenskünstler und Träumer immer mehr Besucher anziehen.

Das Opernhaus von Kopenhagen auf der Insel Holmen

Sehenswürdigkeiten auf einen Blick

1. Christiansborg Slot
2. Nationalmuseet
3. Thorvaldsens Museum
4. Folketinget
5. Børsen
6. Krigsmuseet
7. Dansk Jødisk Museum
8. Det Kongelige Bibliotek
9. BLOX
10. Christianshavn
11. Vor Frelsers Kirke
12. Christiania
13. Operaen
14. Refshaleøen
15. Christianshavns Vold
16. Casino Copenhagen
17. Nordhavn

Restaurants und Cafés
siehe S. 148
1. Tårnet
2. Søren K
3. Kadeau
4. Café Wilder
5. Café Oven Vande
6. Kanalen
7. Kontiki
8. Noma
9. Reffen
10. Amass

Shopping siehe S. 149
1. Bogbinder Klara K
2. Aurum
3. Per Bo Keramik
4. Ganni Postmodern
5. Boutique Allure
6. Mo Christianshavn
7. Porte à Gauche
8. Stride Strømme
9. Kvindesmedien
10. B & W Loppemarked

Stadtplan *siehe Seiten 218–223* Karte siehe *Extrakarte zum Herausnehmen*

Im Detail: Um Christiansborg Slot

Christiansborg Slot erhebt sich auf Slotsholmen. Zu den angrenzenden Bauten gehören die Schlosskirche, der ehemalige königliche Marstall mit den Pferdeställen sowie das Krigsmuseet, Det Kongelige Bibliotek und die Børsen. Ihren Namen erhielt die Insel von der Festung, die Bischof Absalon 1167 hier bauen ließ. Auf der gegenüberliegenden Kanalseite steht das Nationalmuseet, in dem zahlreiche Exponate die Geschichte Kopenhagens und Dänemarks anschaulich machen.

❸ **Thorvaldsens Museum**
Die Sammlung gibt Einblicke in das geniale Werk des dänischen Bildhauers, dessen Grab im Museumshof liegt.

❷ ★ **Nationalmuseet**
Das Museum wurde 1807 gegründet, geht aber auf das Jahr 1650 zurück, als Frederik II. eine Privatsammlung einrichtete.

❻ **Krigsmuseet**
An Militaria interessierte Besucher werden an der großen Waffensammlung ihre Freude haben.

Restaurants und Shopping im Südosten *siehe Seite 148f*

UM CHRISTIANSBORG SLOT | 135

❶ ★ **Christiansborg Slot**
Obwohl hier schon seit 200 Jahren keine königliche Familie mehr wohnt, werden die Palasträume noch heute für große Anlässe wie Staatsbankette mit Königin Margrethe II. genutzt.

Zur Orientierung
Siehe Stadtplan, Karten 3 und 4

Legende
— Routenempfehlung

❹ **Folketinget**
Das dänische Parlamentsgebäude ist während der Sitzungspause im Sommer für die Öffentlichkeit zugänglich.

❺ **Børsen**
Die ehemalige Börse mit ihrem Turm, um den sich Drachenschwänze schlängeln, ist ein herausragendes Beispiel für die Architektur des 17. Jahrhunderts.

❻ **Det Kongelige Bibliotek**
Der »Schwarze Diamant«, ein Anbau aus schwarzem Glas und Granit aus Simbabwe, ist eines der innovativsten Gebäude der Stadt.

Stadtplan *siehe Seiten 218–223* **Karte** *siehe Extrakarte zum Herausnehmen*

❶ Christiansborg Slot

Auf Slotsholmen können Besucher die königlichen Empfangsräume bestaunen, die reich mit Kunst, Gold und Marmor dekoriert sind. Die Königsfamilie lebte hier, bis der Palast 1794 niederbrannte. Die Empfangssäle im heutigen Bau, die 1928 fertiggestellt wurden, werden für Staatsbankette genutzt. Im großen Saal hängen an den Wänden Tapisserien, die die dänische Geschichte darstellen. Im Untergrund kann man die Ruinen der Burg erkunden, vom Turm hat man einen eindrucksvollen Blick auf die Stadt.

★ **Thronsaal**
Wie in allen Königsschlössern ist der Thronsaal auch in Christiansborg einer der größten Räume. Allerdings hat Königin Margrethe II., die als volksnah gilt, noch nie auf diesem königlichen Stuhl Platz genommen.

Samtsaal
1924 wurde der Prunksaal mit den großen Marmorportalen, den Reliefs und der luxuriösen Samtverkleidung bezugsfertig.

Schmuckvase
Die Vase (18. Jh.) steht im Gemach von Frederik IV., einem der Empfangssäle. Sie war ein Geschenk für Königin Juliane Marie von Braunschweig-Wolfenbüttel, die zweite Frau Frederiks V.

Im Speisesaal hängen Porträts dänischer Könige, er besitzt zudem zwei Kristallleuchter.

★ **Großer Saal**
Die 17 Gobelins von Bjørn Nørgaard wurden 1990 zum 50. Geburtstag von Königin Margrethe II. in Auftrag gegeben und 2000 (zum 60. Geburtstag) vollendet. Sie zeigen wichtige Ereignisse der dänischen Geschichte.

CHRISTIANSBORG SLOT | 137

Turmzimmer
Der höchste Turm Kopenhagens ist 106 Meter hoch und trägt eine fünf Meter hohe Krone. Innen ist er mit Tapisserien von Joakim Skovgaard versehen, die dänische Volkserzählungen illustrieren.

Infobox

Information
Christiansborg Slotsplads.
Stadtplan 3 C2. **Karte** G10.
📞 33 92 64 92. **Empfangssäle, Ruinen, Küche** ⏱ Di–So 10–17 Uhr (Empfangssäle Mai–Sep: tägl. 9–17 Uhr). 🎥 📷 💻
📸 ♿ teilweise. **Turm** ⏱ Di–Sa 11–21, So 11–17.30 Uhr.
🌐 christiansborg.dk

Anfahrt
🚌 1A, 2A, 26, 40, 66, 350S.

★ Burgruinen
Bei den Bauarbeiten am jetzigen Gebäude stieß man auf die Fundamente alter Bauten, auch auf Teile der Festung Bischof Absalons.

Bibliothek
Nur ein kleiner Teil der königlichen Büchersammlung ist hier untergebracht. Die restlichen Bände stehen im Amalienborg Slot *(siehe S. 86f).*

Alexandersaal
Bertel Thorvaldsens Fries zeigt Alexander den Großen beim Einzug in Babylon.

Stadtplan *siehe Seiten 218–223* **Karte** *siehe Extrakarte zum Herausnehmen*

❷ Nationalmuseet

Die Sammlung des renommierten Museums zeigt Exponate zur Geschichte Dänemarks ebenso wie Artefakte aus aller Welt. Planen Sie für den Besuch mehrere Stunden ein. Zu sehen sind u. a. Runensteine, Trachten und Werkzeuge der Inuit, ägyptischer Schmuck und mittelalterlicher Kirchenschmuck. In der Kinderabteilung können die Kleinen Rüstungen anprobieren oder im Beduinenzelt »kampieren«. Die Beschriftungen sind auch auf Englisch.

Infobox

Information
Ny Vestergade 10. **Stadtplan** 3 B2. **Karte** F10. 33 13 44 11. Di–So 10–17 Uhr (Juli, Aug: tägl.).
w natmus.dk

Anfahrt
1A, 2A, 11A.

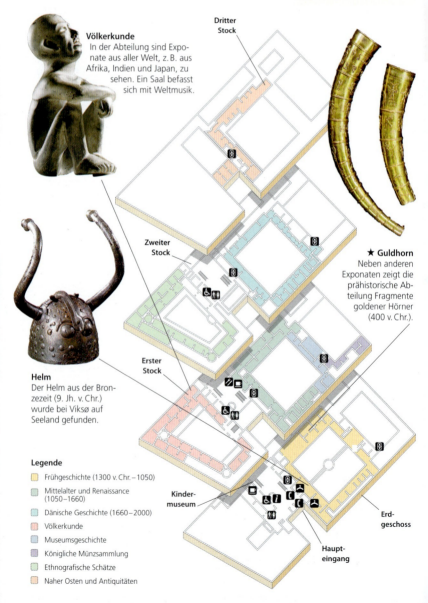

Völkerkunde
In der Abteilung sind Exponate aus aller Welt, z. B. aus Afrika, Indien und Japan, zu sehen. Ein Saal befasst sich mit Weltmusik.

Dritter Stock

Zweiter Stock

★ Guldhorn
Neben anderen Exponaten zeigt die prähistorische Abteilung Fragmente goldener Hörner (400 v. Chr.).

Erster Stock

Helm
Der Helm aus der Bronzezeit (9. Jh. v. Chr.) wurde bei Viksø auf Seeland gefunden.

Kindermuseum

Haupteingang

Erdgeschoss

Legende

- Frühgeschichte (1300 v. Chr. – 1050)
- Mittelalter und Renaissance (1050–1660)
- Dänische Geschichte (1660–2000)
- Völkerkunde
- Museumsgeschichte
- Königliche Münzsammlung
- Ethnografische Schätze
- Naher Osten und Antiquitäten

NATIONALMUSEET BIS BØRSEN | 139

Haupthalle im Thorvaldsens Museum mit Skulpturen des Bildhauers

❸ Thorvaldsens Museum

Bertel Thorvaldsens Plads 2. **Stadtplan** 3 C2. **Karte** G10. 33 32 15 32. København H. Rådhuspladsen, Kongens Nytorv. 1A, 2A, 9A, 26. Di–So 10–17 Uhr. Mi frei.
thorvaldsensmuseum.dk

Hinter der Schlosskirche (Christiansborg Slotskirke) steht das 1848 eröffnete Thorvaldsens Museum, das den Werken des dänischen Bildhauers Bertel Thorvaldsen (1770–1844) gewidmet ist. Dieser lebte und arbeitete zwar über 40 Jahre in Rom, doch er vermachte sein Lebenswerk und seine Gemäldesammlung seiner Geburtsstadt Kopenhagen.

Allein das Gebäude ist schon einen Besuch wert. Es ist von antiker griechischen Architektur inspiriert und um einen Innenhof herumgebaut, in dem der Künstler begraben liegt. Außen trägt es einen Fries von Jørgen Sonne, im Inneren weist es schöne Mosaikböden auf.

Obwohl er an manchen Werken 25 Jahre lang arbeitete, war Bertel Thorvaldsens Produktivität gewaltig. Sein Werk umfasst Skulpturen mit Themen aus der klassischen Mythologie, Büsten berühmter Zeitgenossen, etwa von Lord Byron, Monumentalstudien von Christus und eine Reihe Selbstporträts. Thorvaldsens Zeichnungen und Skizzen sowie ägyptische und römische Kunstgegenstände aus seiner Privatsammlung sind ebenfalls ausgestellt.

❹ Folketinget

Christiansborg. **Stadtplan** 3 C2. **Karte** G10. 33 37 32 21 (Info). Juni–Sep: tägl. (Tickets ab 10 Uhr am Eingang oder online).
thedanishparliament.dk

Das Folketing (Volksversammlung) ist das dänische Parlament. Die Plätze der 179 Abgeordneten sind im Halbkreis angeordnet, wobei die »linken« Fraktionen links sitzen und die »rechten« rechts. Den größten Teil des Baus nehmen die Beamtenbüros ein. Für Königin Margrethe II., zu deren repräsentativen Aufgaben u. a. der Vorsitz der wöchentlichen Staatsratssitzungen und der jährlichen Parlamentseröffnung Anfang Oktober gehören, gibt es separate Räumlichkeiten.

❺ Børsen

Slotsholmsgade. **Stadtplan** 4 D2. **Karte** G10. für Besucher.
borsbygningen.dk

Kopenhagens ehemalige Börse wurde zwischen 1590 und 1640 im Auftrag von Christian IV. nach den Plänen von Laurens und Hans van Steenwinckel gebaut. Heute wird sie als Bürogebäude genutzt. Sie ist zwar nicht öffentlich zugänglich, doch die beeindruckende Renaissance-Fassade, die Kupferdächer, die vielen Giebel und die Turmspitze haben sie zu einer bekannten Sehenswürdigkeit der Stadt gemacht. Der 56 Meter hohe prachtvolle Turm mit den vier ineinander verschlungenen Drachenschwänzen ist ein Wahrzeichen Kopenhagens. Oben befinden sich die drei Kronen von Dänemark, Norwegen und Schweden.

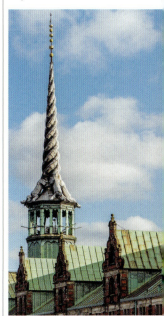

Børsen mit imposanter Turmspitze aus Drachenschwänzen

Stadtplan siehe Seiten 218–223 **Karte** *siehe Extrakarte zum Herausnehmen*

❻ Krigsmuseet

Tøjhusgade 3. **Stadtplan** 3 C2. **Karte** G10. ☎ 33 13 44 11. Ⓜ Rådhuspladsen, Kongens Nytorv. 🚌 1A, 2A, 9A, 11A, 14, 14, 26, 40. ⏱ Di–So 10–17 Uhr. 🌐 **thm.dk**

Das Königlich Dänische Arsenal (Tøjhuset) wurde zwischen 1598 und 1604 errichtet und war eines der ersten Bauvorhaben unter Christian IV. Zu seiner Zeit war der 163 Meter lange Komplex eines der größten Bauwerke in Europa und konnte die Ausstattung einer ganzen Armee lagern. 1611 wurde die Anlage um ein Hafenbecken erweitert, das neben den heutigen Bibliotheksgärten liegt.

Seit 1928 ist in dem Gebäude das Krigsmuseet (vormals Tøjhusmuseet) untergebracht. Im Erdgeschoss veranschaulicht eine Ausstellung anhand von Artilleriegewehren und Feuerwaffen die Geschichte der Artillerie von der Erfindung des Schießpulvers bis heute. Der erste Stock, in dem früher Handfeuerwaffen und Rüstungen ausgestellt waren, widmet sich ganz der dänischen Militärgeschichte von 1500 bis heute und den 21 Kriegen, in die Dänemark in dieser Zeitspanne verwickelt war – von den dänisch-schwedischen Kriegen bis zu denen in Afghanistan und im Iran. Gezeigt werden Samurai-Schwerter, Ritterrüstungen, Uniformen und der Nachbau eines Militärcamps in Afghanistan aus dem Jahr 2010.

Das Museumsprogramm wird von Wechselausstellungen ergänzt.

❼ Dansk Jødisk Museum

Proviantpassagen 6. **Stadtplan** 3 C2. **Karte** G10. ☎ 33 11 22 18. Ⓜ Kongens Nytorv. 🚌 1A, 2A, 9A, 26, 37, 66. 🚢 991, 992. ⏱ Di–Fr 13–16, Sa, So 12–17 Uhr (Juni–Aug: Di–So 10–17 Uhr). 🌐 **jewmus.dk**

Während der deutschen Okkupation retteten die Kopenhagener im Oktober 1943 7200 Juden vor der Deportation, indem sie ihnen zur Flucht ins sichere Schweden verhalfen. Diese beeindruckende Rettungsaktion sowie die Kunst und Kultur von 400 Jahren jüdischen Lebens in Dänemark zeichnet das Museum nach. Die 3000 Exponate – historische Dokumente, Bücher, Fotografien, Alltags- und Kultobjekte – sind in die fünf Themenbereiche »Ankunft«, »Standortfindung«, »Flucht«, »Dänemark und Israel« sowie »Tradition« unterteilt.

Das Museum liegt auf Slotsholmen in einem ehemaligen Bootshaus von Christian IV. und wurde von Daniel Libeskind gestaltet. Die Ausstellung ist ein Labyrinth mit schiefen Wänden, schrägen Gängen und geneigten Böden und soll so Assoziationen an die schwankenden Schiffe wecken, mit denen die Juden einst über den Øresund gerettet wurden.

Der Rundgang ergibt das hebräische Wort *mitzwa*, das für eine gottgefällige, gute Tat steht – ein Schwerpunkt von Daniel Libeskinds Architektur.

❽ Det Kongelige Bibliotek

Søren Kierkegaards Plads 1. **Stadtplan** 4 D2. **Karte** G10. ☎ 33 47 47 47. 🚌 1A, 2A, 9A. 🚢 991, 992. **Nationalbibliothek** ⏱ Mo–Do 11–17.30, Fr 11–16 Uhr. **Schwarzer Diamant** ⏱ Mo–Fr 8–21 Uhr (Juli, Aug: bis 19 Uhr), Sa 9–19 Uhr. 🌐 **kb.dk**

Die dänische Nationalbibliothek ist die größte und bedeutendste Bibliothek Skandinaviens sowie mit über vier Millionen Werken im Bestand auch eine der größten der Welt. Zu den Schätzen der Sammlung gehören fast alle Werke, die in Dänemark seit dem 17. Jahrhundert erschienen sind.

Das ursprüngliche klassizistische Gebäude stammt von 1906. Sein Innenhof wurde in einen Garten verwandelt, in dem die Statue des Philosophen Søren Kierkegaard steht.

Als das alte Gebäude Ende vergangenen Jahrhunderts zu klein wurde, entschied man sich für einen Anbau direkt am Hafen: »Den Sorte Diamant«.

Das labyrinthähnliche Dansk Jødisk Museum

Restaurants und Shopping im Südosten *siehe Seite 148f*

Lesesaal in Det Kongelige Bibliotek

Der 1999 eröffnete kubische Erweiterungsbau des dänischen Architektenbüros Schmidt Hammer Lassen trägt seinen Beinamen aufgrund der schwarzen, sich neigenden Fassade aus poliertem Granit aus Simbabwe, die das Sonnenlicht in den Inderhavnen reflektiert. Er beherbergt Ausstellungsräume, Konferenz- und Lesesäle, einen Konzertsaal, ein Café und einen Buchladen. Darüber hinaus sind in dem siebenstöckigen Bau auch das Nationale Fotomuseum, das Museum für dänische Karikaturen und Dänemarks Buchmuseum untergebracht.

Beide Gebäude sind über eine Passage miteinander verbunden.

❾ BLOX

Bryghuspladsen 10. **Stadtplan** 3 C3. **Karte** G10. 🚌 1A, 2A, 9A. 🚢 991, 992. 🌐 blox.dk
Dansk Arkitektur Center ☎ 32 57 19 30. ⏰ tägl. 10–18 Uhr (Do bis 21 Uhr). 🎫 📷 ♿ 🛒 🌐 dac.dk

Neuester Zugang am ehemaligen Hafen von Kopenhagen ist das BLOX am Fredriksholms Kanal, das nun Slotsholmen mit dem Hafenbecken verbindet. Den Architekturwettbewerb für die Bebauung des Geländes einer alten Brauerei gewann zwar bereits 2006 der niederländische Architekt Rem Koolhaas mit seinem Office for Metropolitan Architecture (OMA), doch es sollte bis Mai 2018 dauern, bis das Gebäude eröffnet werden konnte. Gründe hierfür waren die schwierige Lage – das Gelände wird durch eine wichtige Verkehrsader »zerteilt« –, die Finanzkrise, Baustopps und Umplanungen.

Die riesigen Glaskuben, die nun zueinander versetzt über der Einfallstraße angeordnet sind, erfüllen das Mixed-Use-Konzept. Das heißt, dass sich in dem Multifunktionsbau Ausstellungsräume, Büros und Co-Working-Spaces (BLOX-HUB), eine Buchhandlung, ein Fitnessstudio, ein Spielplatz, ein Café, ein Restaurant, Wohnungen und eine öffentliche Tiefgarage befinden.

Mit Abstand größter und wichtigster Nutzer ist das **Dansk Arkitektur Center** (DAC). Hier, im Herzen des Gebäudes, treffen sich dänische und internationale Designer zum Ideenaustausch über Architektur, Gebäude und Stadtentwicklung. Neben den beiden Dauerausstellungen »Made in Denmark« und »Gallery Stairs« finden Wechselausstellungen zur Designgeschichte, Vorträge und Workshops statt.

In dem Multifunktionsgebäude BLOX befindet sich auch das Dansk Arkitektur Center

Blick auf die Bastionen und die Von Frelsers Kirke in Christianshavn ▶

Blick auf Christianshavn mit dem Turm der Vor Frelsers Kirke

❿ Christianshavn

Stadtplan 4 D & 4 E.
Ⓜ Christianshavn.

Der Stadtteil wird wegen der vielen Kanäle auch als »Klein-Amsterdam« bezeichnet. Er kann bequem zu Fuß, mit dem Rad oder von Bord eines Wasserbusses erkundet werden. Christianshavn entstand in der ersten Hälfte des 17. Jahrhunderts unter Christian IV. durch die Trockenlegung eines Sumpfgebiets. Ursprünglich sollte diese neu geschaffene Insel als Verteidigungsanlage und Marinestützpunkt dienen. Hier entstanden der erste Bootsliegeplatz von Kopenhagen und Lagerhäuser für die großen Schiffslinien. Viele Seeleute und Werftarbeiter siedelten sich in der Folge in dem neuen Viertel an.

Bis in die 1980er Jahre war Christianshavn höchstens wegen der Freistadt Christiania bekannt und galt als arm und verwahrlost. Doch seit den 1990er Jahren blühen Christianshavn und Holmen dank eines städtischen Sanierungsplans auf. Die verfallenen Lagerhäuser wurden zu schicken Lofts mit Restaurants, Cafés, Büros und edlen Apartments umgebaut, in denen sich auch viele Künstler und Kreative niedergelassen haben.

In einem alten Speicher an der Strandgate 91 ist das Kulturzentrum **Nordatlantens Brygge** (www.nordatlantens.dk) untergebracht, das sich der Gegenwartskunst und Kultur der Färöer, Grönlands und Islands widmet. Des Weiteren sind hier die diplomatischen Vertretungen der drei Länder des Westnordischen Rates untergebracht.

Die **Christians Kirke** (www.christianskirke.dk) in der Strandgade 1 wurde von 1755 bis 1759 von Nikolai Eigtved errichtet. Die Rokoko-Bau war bis 1886 die Kirche der deutschen lutherischen Gemeinde, wovon noch eine Taufschale mit deutscher Inschrift von 1759 zeugt. Dank ihrer hervorragenden Akustik finden in der Kirche heute auch viele Konzerte statt.

Die außen am Turm liegende Wendeltreppe der Vor Frelsers Kirke

⓫ Vor Frelsers Kirke

Sankt Annæ Gade 29. **Stadtplan** 4 E2. **Karte** H10. ☎ 32 54 68 83. Ⓜ Christianshavn. 🚌 2A, 19, 47, 66, 350S. **Kirche** ☐ tägl. 11–15.30 Uhr. **Turm** ☐ Mai–Sep: Mo–Sa 9.30–19, So 10.30–19 Uhr. ● bei schwerem Regen oder Wind. 🌐 vorfrelserskirke.dk

Die Kirche Unseres Erlösers ist wegen ihrer ungewöhnlichen Turmspitze bekannt, die 1752 vollendet wurde und über eine außen liegende Wendeltreppe erreichbar ist. Aber Achtung: Für die 400 Stufen braucht man eine gute Kondition, zudem sollte man schwindelfrei sein, denn die letzten 20 Meter führen außen am Kirchturm entlang. Allerdings belohnt Kopenhagens zweithöchster Aussichtspunkt mit einem sensationellen Blick auf die Stadt aus 90 Meter Höhe.

Geschaffen wurde der Turm vom Architekten Laurids de Thurah, dem die Idee zu einer Wendeltreppe beim Besuch der Kirche von Sant'Ivo alla Sapienza in Rom kam. Man erzählt sich, Thurah sei so besessen von seiner Arbeit gewesen, dass er sich mit einem Sprung vom Turm das Leben nahm, weil die Wendeltreppe sich in die verkehrte Richtung drehte. Die Wahrheit ist nicht ganz so theatralisch: Der Baumeister starb sieben Jahre nach Fertigstellung des Turms arm und mittellos in seinem Bett. Dennoch wurde die Geschichte des unglücklichen Architekten

Restaurants und Shopping im Südosten *siehe Seite 148f*

Die eindrucksvolle neue Oper von Kopenhagen

1997 vom dänischen Regisseur Nils Vest verfilmt.

Nicht nur der Turm, auch die Kirche ist sehenswert. Sie wurde ab 1696 nach Plänen von Lambert van Haven gebaut. Der Barockaltar des Schweden Nicodemus Tessin ist mit Cherubim verziert. Die dreistöckige Orgel von 1698 besitzt über 4000 Orgelpfeifen und wird von zwei gigantischen Elefanten getragen.

⓬ Christiania

Stadtplan 4 D3 & E3. **Karte** JK9/10. Ⓜ Christianshavn. 🚌 2A, 19, 47, 66, 350S. 🌐 christiania.org

Die Freistadt Christiania existiert seit September 1971. Eine Gruppe Hausbesetzer übernahm damals das 34 Hektar große Gelände einer verlassenen Kaserne auf den historischen Wallanlagen im Osten von Christianshavn und gründete eine Kommune. Zunächst versuchten die Behörden noch, die Besetzer zu vertreiben, doch angesichts der wachsenden Anzahl entschied die Regierung, das »soziale Experiment« als autonome Kommune zu tolerieren. Um sie zu organisieren, stellten die Bewohner vier Regeln auf: keine harten Drogen, kein Handel mit Immobilien, keine Waffen und keine Gewalt. Heute leben hier etwa 1000 Menschen.

Die Gemeinschaft hat eigene Kindergärten und Schulfreizeitangebote, Post, Straßenreinigung, eine eigene Infrastruktur und Verwaltung, was teils durch die Cafés und Restaurants sowie durch den Verkauf eigener Produkte finanziert wird. 2011 kauften die Christianiter dem dänischen Staat das Areal ganz offiziell ab und gaben zur Finanzierung eine sogenannte »Volksaktie« aus.

Christiania war früher eng mit der Hippie- und Drogenszene verknüpft, seit 2004 ist der Cannabishandel in der Kommune (nominell) verboten, 2018 wurde die Pusher Street von den Christianitern selbst geschlossen, um der Gewalteskalation zwischen der Polizei und Drogenhändlern zu begegnen.

In der Kommune herrscht ein einzigartiges Flair. Da Autos verboten sind, bewegt man sich nur zu Fuß oder mit dem Rad fort. Und da es keine Baubeschränkungen gibt, wirken viele Künstler an der Gestaltung des Viertels mit.

⓭ Operaen

Ekvipagemestervej 10. **Stadtplan** 2 F5. **Karte** J8/9. 📞 33 69 69 69. Ⓜ Christianshavn. 🚌 9A. 🚢 901, 902. **Foyer** 🕐 3 Std. vor Vorstellungsbeginn. 🎭 tägl. (siehe Website). 🌐 kglteater.dk

Das hochmoderne Opernhaus aus Stahl und Glas wurde 2005 auf der Insel Holmen im Hafen eröffnet. Bis dahin hatte sich die Königliche Oper über ein Jahrhundert lang mit den dänischen Ballett- und Theaterensembles die Bühne von Det Kongelige Teater *(siehe S. 105)* geteilt. Das neue Bühnenhaus ist ein Entwurf des Architekten Henning Larsen. Bei der Innendekoration wirkten mehrere dänische Künstler mit, Per Kirkeby schuf etwa vier Bronzereliefs, Ólafur Elíasson installierte im Foyer drei große Lichtskulpturen.

Im großen Saal, dessen Decke mit Blattgold bedeckt ist, finden 1400 Zuschauer Platz.

»Stadtplan« der Freistadt Christiania

Blick auf die Bastionen von Christianshavn – grüne Lunge und beliebtes Naherholungsgebiet des Stadtviertels

⓮ Refshaleøen

Karte K6/7. **W** refshaleoen.dk
Copenhagen Contemporary Refshalevej 173A. 📞 29 89 72 88. 🕐 tägl. 11–18 Uhr (Do bis 21 Uhr). **W** cphco.org
Reffen Refshalevej 167. 🕐 Mai–Sep: tägl. 11–21 Uhr; Okt–März: Fr, Sa, So 11–21 Uhr. **W** reffen.dk

Die Halbinsel Refshaleøen war ursprünglich ein Vorposten der Kopenhagener Festungsanlage, später dann ein Industriestandort. Bis 1996 war hier die weltgrößte Werft, Burmeister & Wain (B&W), mit 8000 Beschäftigten ansässig. Nach deren Konkurs wurden die verlassenen Gebäude von Kreativen, Handwerkern und Veranstaltern umgebaut.

Unter den neuen »Bewohnern« befinden sich auch zwei Zuzügler von Papirøen: **Copenhagen Contemporary** zeigt seit Sommer 2018 in neuen Hallen zeitgenössische Kunst, vor allem interaktive Installationen, Performance-Kunst und monumentale Videokunst. Und unter dem Namen **Reffen** startet Copenhagen Streetfood in einem umgebauten Warenhaus mit vielen Imbissständen wieder durch.

Holzgardist mit Dannebrog

Refshaleøen ist auch ein beliebter Veranstaltungsort: 2014 fand hier der Eurovision Song Contest statt. Jedes Jahr dröhnt beim Festival Copenhell (siehe S. 66) Heavy Metal von zwei Bühnen.

Zudem gibt es verschiedene Restaurants und Bars, einen riesigen Flohmarkt (siehe S. 131) und etliche Freizeitmöglichkeiten, etwa Europas größte Indoor-Paintball-Arena und Skandinaviens größte Kletterhalle. Mutige können auch einen Bungee-Sprung von einem Kran wagen.

⓯ Christianshavns Vold

Christianshavn. **Stadtplan** 4 D3–F3. Ⓜ Christianshavn. 🚌 2A, 19, 47, 66, 350S. **Noma** Refshalevej 96. **Karte** K8. 🕐 Di–Sa 17–24 Uhr (Online-Buchung). **W** noma.dk

Christianshavns Vold ist Teil des riesigen Befestigungsrings, der im 17. Jahrhundert rund um Kopenhagen angelegt wurde. Die gut erhaltene Festung hat zwölf Bastionen und ist heute ein wichtiges Naherholungsgebiet für die Bewohner von Christianshavn. Der südliche Teil der Befestigung ist ein Stadtpark, der nördliche Teil gehört zu Christiania.

Die erste Bastion ist nach der Bucht Kalveborne benannt, danach folgen vier mit Tiernamen (Einhorn, Panther, Elefant, Löwe), die folgenden tragen die Namen von Mitgliedern der königlichen Familie.

Am nördlichen Ende befindet sich ein weiteres »Wahrzeichen« von Kopenhagen: das **Noma**, das viermal zum besten Restaurant der Welt gekürt wurde. Küchenchef René Redzepi bietet eine kreative Interpretation nordischer Gerichte.

⓰ Casino Copenhagen

Amager Boulevard 70. **Stadtplan** 4 D4. **Karte** G11. 📞 33 96 59 65. Ⓜ Islands Brygge. 🚌 5C, 77, 78. 🕐 tägl. 14–4 Uhr. **W** casinocopenhagen.dk

Casino Copenhagen

Wer in Kopenhagen sein Glück versuchen will, ist hier richtig – sei es an Spielautomaten, Blackjack- und Poker-Tischen oder beim Roulette. Gäste ab 18 Jahren können im Casino im Hotel Radisson Blu Scandinavia auf jeden Fall einen vergnüglichen Abend verbringen, ob nun »aktiv« an einem der Spieltische oder bei einem Cocktail an der Bar.

Restaurants und Shopping im Südosten siehe Seite 148f

Nordhavn

Nordhavn ist aktuell das größte und ambitionierteste Stadtentwicklungsprojekt Skandinaviens. Nach Aufschüttung des alten Hafenbeckens mit 18 Millionen Tonnen Gestein und Erde soll in den nächsten Jahrzehnten zwischen Hellerup und Langelinie nördlich des Stadtviertels Østerbro direkt am Ufer des Øresund ein neues Wohn- und Büroviertel entstehen. Hier sollen einmal 40 000 Menschen wohnen und ebenso viele arbeiten. Das Gebiet ist als »Stadtlandschaft der Zukunft« ausgewiesen und soll über eine Hochbahn sowie ein Fahrradwegenetz an den Rest der Stadt angebunden sein. Konzeptionell ist vorgesehen, dass Läden, Institutionen, Arbeitsplätze, kulturelle Einrichtungen und öffentliche Transportmittel von jedem beliebigen Ort innerhalb des Areals in fünf Minuten zu erreichen sind.

Portland Towers
Als Wahrzeichen am Eingang zum Hafen bieten die Portland Towers einen 360-Grad-Blick über Kopenhagen und den Øresund. Zu den Mietern gehört auch die deutsche Botschaft.

Kreuzfahrtschiffe
Das Kreuzfahrtschiffterminal Langeliniekaj liegt in der Nähe des Zentrums und der Kleinen Meerjungfrau.

Neubaugebiet
Das 200 Hektar umfassende Neubaugebiet ist als nachhaltiges Büro- und Wohnviertel ausgewiesen.

UN City
Die Form der UN City (siehe S. 160) als achtzackiger Stern steht für die Werte und Unabhängigkeit der Sonderorganisationen der Vereinten Nationen. In dem Bau sind elf von ihnen untergebracht.

Stadtplan siehe Seiten 218–223 **Karte** siehe Extrakarte zum Herausnehmen

Restaurants und Cafés

Die Restaurants und Cafés im Südosten decken eine große Bandbreite ab: von Gourmet über klassisch dänisch bis zu Streetfood. Was die Lokale in diesem Viertel aber fast alle auszeichnet, ist ihre einmalig schöne Lage am Wasser oder die beeindruckende Aussicht etwa auf die Oper oder die Stadt vom Turm von Christiansborg Slot aus. Natürlich darf auch nicht unerwähnt bleiben, dass hier Starkoch René Redzepi sein »neues« Noma eröffnet hat.

Essen und Trinken an Deck der Kontiki mit Blick auf die Oper

❶ Tårnet €€€
Dänisch
Christiansborg Slotsplads
📞 27 90 30 61
🕐 Di–So 11.30–23 Uhr (So bis 17.30 Uhr)
🌐 taarnet.dk/restauranten

Im Turm von Christiansborg Slot wird innovative dänische Küche serviert. Grandiose Aussicht.

❷ Søren K €€
Aussicht
Søren Kierkegaards Plads 1
📞 33 47 49 49
🕐 Mo–Sa 11.30–14, Mi–Sa 18–21 Uhr
🌐 meyersfb.dk

Restaurant im »Schwarzen Diamant« mit toller Aussicht. Serviert wird dänisch-französische Küche.

❸ Kadeau €€€
Bornholmer Küche
Wildersgade 10B 📞 33 25 22 23
🕐 Mo–Sa 18.30–24 Uhr
🌐 kadeau.dk

Gemütliches Lokal: Hier gibt es innovative Bornholmer Küche.

❹ Café Wilder €€
Bistro
Wildersgade 56 📞 32 54 71 83
🕐 tägl. 9–23 Uhr
🌐 cafewilder.dk

Tagsüber ein Café, das an ein Pariser Bistro erinnert, abends ein feines Restaurant mit dänisch-französischer Küche.

❺ Café Oven Vande €€
International
Overgaden Oven Vandet 44
📞 32 95 96 02
🕐 tägl. 10–24 Uhr
🌐 cafeovenvande.dk

Das schöne Lokal mit Terrasse liegt am Kanal mit Aussicht auf die Ausflugsboote. Gute internationale Küche, Snacks und Kuchen.

❻ Kanalen €€
Dänisch
Wilders Plads 2 📞 32 95 13 30
🕐 Mo–Sa 11.30–24 Uhr
🌐 restaurant-kanalen.dk

Im ehemaligen Zollhaus am Kanal wird traditionelle Küche geboten. Im Sommer sitzt man direkt am Kanal – traumhaft schön.

❼ Kontiki €€
Dänisch
Takkelloftvej 1z 📞 40 50 90 48
🕐 tägl. 11–21 Uhr
🌐 kontikibar.dk

Hier speist man auf einem Schiff, das auf einem Kanal hinter der Oper vertäut ist – in der Kajüte oder draußen an Deck. Gutes Essen, fantastisches Ambiente.

❽ Noma (siehe S. 146) €€€

❾ Reffen €€
Streetfood
Refshalevej 167A
🕐 Mai–Sep: tägl. 11–21 Uhr; Okt–März: Fr–So 11–21 Uhr
🌐 reffen.dk

Reffen ist der neue Streetfood-Markt auf Refshaleøen mit über 50 Imbissständen und Bars in einer Halle und im Freien.

❿ Amass €€€
Gourmet
Refshalevej 153 📞 43 58 43 30
🕐 Fr, Sa 12–15.30, Di–Sa 18–24 Uhr
🌐 amassrestaurant.com

Das Lokal des früheren Noma-Küchenchefs Matthew Orlando in einer ehemaligen Werkzeughalle auf Refshaleøen hat einen eigenem Gemüse- und Kräutergarten.

Restaurant im Turm von Christiansborg Slot

Preiskategorien € = preiswert €€ = mittel €€€ = gehoben

Shopping

Im Südosten geht es etwas lässiger zu als im Norden oder im Zentrum Kopenhagens. Das sieht man auch an den Läden und Werkstätten, die sich hier niedergelassen haben. Man findet viele kleine Läden, oft mit angeschlossener Werkstatt, in denen edler Schmuck oder schöne Keramikwaren gefertigt werden.

Figuren auf dem B & W Loppemarked, Refshaleøen

❹ Ganni Postmodern €€
Designermode
Overgaden Oven Vandet 40
📞 28 35 55 56
🕐 Mo–Fr 10–18, Sa 10–16 Uhr
🌐 ganni.com
In einem ehemaligen Postamt bekommt man Artikel aus früheren Ganni-Kollektionen, einmalige Muster und andere seltene Stücke.

❶ Bogbinder Klara K €€
Buchbinderei
Overgaden Oven Vandet 2A
📞 26 16 26 20
🕐 nach Absprache
🌐 klarak.dk
In ihrer charmanten Werkstatt in Christianshavn bindet Klara K Bücher – klassisch-traditionell mit Blick fürs Moderne.

❷ Aurum €€€
Schmuck
Dronningensgade 23
📞 25 30 00 11
🕐 Mo–Fr 11–18, Sa 11–15 Uhr
🌐 aurumcph.com
Die bekannten Designer Carolina Vallejo, Marco Vallejo und Lei Foo fertigen modernen, zeitlosen Schmuck für sie und ihn.

❸ Per Bo Keramik €€
Keramik
Sankt Annæ Gade 33
📞 23 41 92 11
🕐 Di–Fr 11–17.30, Sa 11–15 Uhr
🌐 perbokeramik.dk
Die schönen handgefertigten Gebrauchsgegenstände aus Keramik in rustikalen Formen mit abstrakten Dekorationen dürfen auch in den Geschirrspüler.

❺ Boutique Allure €€
Damenmode
Torvegade 24
📞 32 96 09 49
🕐 Mo–Fr 10–17.30, Sa 10–15 Uhr
🌐 boutique-allure.dk
Von Streetwear über Festliches bis zu Strandkleidung findet frau hier alles, dazu gibt es die passenden Accessoires. Angeschlossener Schönheitssalon.

❻ Mo Christianshavn €€€
Schmuck
Torvegade 24 📞 32 12 02 09
🕐 Di–Fr 10–17.30, Sa 10–14 Uhr
🌐 mo.dk
Mo ist bekannt für die Kreation exklusiver Schmuckstücke aus harmonisch komponierten Materialien und Formen und die moderne Interpretation klassischer Schmuckthemen.

❼ Porte à Gauche €€
Mode
Torvegade 20
📞 32 54 01 40
🕐 Mo–Fr 10–17.30, Sa 10–15 Uhr
🌐 porteagauche.dk
Der Laden bietet eine gute Zusammenstellung an moderner, tragbarer Alltags- und Festkleidung, teils No-Name, teils von dänischen Designern, dazu viele Accessoires.

❽ Stride Strømme €€
Wein
Wildersgade 60
📞 25 76 02 20
🕐 Do, Fr 11.30–17.30, Sa 11.30–15 Uhr
Weinladen in Christianshavn mit Weinen von Kleinerzeugern und Importeuren.

❾ Kvindesmedien *(siehe S. 130)*

❿ B & W Loppemarked *(siehe S. 131)*

Christiania Bikes €€€
Lastenfahrrad
🌐 christianiabikes.com
Da bei der Gründung von Christiania keine mit Benzin betriebene Fahrzeuge infrage kamen, erfanden die Bewohner kurzerhand das dreirädrige Lastenfahrrad. Mittlerweile sieht man sie überall in Kopenhagen, sie gehören auch zum Fuhrpark der dänischen Post. Auf der Website findet man Läden in ganz Europa, die die Lastenfahrräder im Angebot haben.

Christiania-Lastenfahrrad

⓿ *siehe Stadtteilkarte Seite 132f*

Abstecher

Ob Historie, Kultur, Architektur oder Natur – außerhalb von Kopenhagens Zentrum wartet eine Vielzahl von Überraschungen und Highlights, die das Großartige, das Kreative und Einmalige dieser Stadt in jeder Hinsicht unterstreichen. Nørrebro, Frederiksberg, Vesterbro und Ørestad sind die Stadtviertel, die es zu erkunden gilt. Besuchen Sie Schloss Frederiksberg mit seiner barocken Parkanlage und einem Museum in einer unterirdischen Kaverne. Oder machen Sie einen Abstecher in Kopenhagens jüngstes Stadtviertel: Ørestad. Moderne Architektur bestimmt hier das Bild, dazu zählen u. a. das Bella Sky Hotel, das Studentenwohnheim Tietgenkollegiet oder das neue Konzerthaus Kopenhagens, das DR Koncerthuset. Architektonisches Meisterwerk und atemberaubender Blickfang ist auch die Øresund-Brücke. Die längste Schrägseilbrücke der Welt verbindet seit ihrer Eröffnung 2000 die dänische Hauptstadt mit Malmö in Schweden.

Kopenhagen zeigt sich immer wieder als Erfolgsmodell, wo Stadtplanung von oben und Entwicklungen von unten harmonisch und kreativ ineinandergreifen. Zwei Beispiele dafür sind die Stadtviertel Vesterbro und Nørrebro. Das ehemalige Schlachthof- und Rotlichtviertel Vesterbro hat sich in den letzten Jahren zum coolen Szenequartier gewandelt. Zahlreiche Bars, die immer wieder Trends setzen, und Restaurants, die gute und teure Küche bieten, sowie coole Mode- und Designläden reihen sich entlang der Straßen. Wenige Schritte vom Hauptbahnhof entfernt lohnt der Besuch der Øksnehallen. In der zu Beginn des 20. Jahrhunderts erbauten Viehauktionshalle werden heute Industriedesign, moderne Kunst und Mode ausgestellt. Das ehemalige Arbeiterviertel Nørrebro westlich der Kopenhagener Seen ist mittlerweile Synonym für bunt und multikulturell. Wie bunt es werden kann, das zeigt auf eindrucksvolle Weise der Landschaftspark Superkilen, der sich auf einer Länge von eineinhalb Kilometern in den drei Farben Rot, Schwarz und Grün durch die Häuserzeilen schiebt. Rot ist der Bereich für Sport, Markt und Kultur. Der schwarze Platz im Zentrum ist das öffentliche, urbane Wohnzimmer, Treffpunkt der Anwohner und Besucher. Hier sitzt man zusammen, redet miteinander, spielt, isst und trinkt. Der grüne Bereich lädt zum Ausruhen und Entspannen ein.

Die Øresund-Brücke *(siehe S. 163)* verbindet Kopenhagen mit dem südschwedischen Malmö

◀ Pferdefuhrwerk der Carlsberg-Brauerei *(siehe S. 157)*

Persönliche Favoriten

Die zentrumsnahe Umgebung von Kopenhagen bietet eine bunte Auswahl an Interessantem und Sehenswertem. Hier kann man es sich gut gehen lassen, mitten in der Großstadt entspannen und die Seele baumeln lassen.

Haveselskabet Have

Der kleine, verwunschene Garten liegt direkt neben dem Park von Frederiksberg Slot und ist ein wahres Naturidyll mit vielen unterschiedlich gestalteten Bereichen.

Blühender Kirschbaum im Haveselskabet Have

Wenn Sie ein Faible für Gärten haben oder für Ihren eigenen Inspirationen suchen, dann sollten Sie unbedingt dem Haveselskabet Have in Frederiksberg einen Besuch abstatten. In dem 1880 nach englischem Vorbild angelegten Garten der Königlich Dänischen Gartenbaugesellschaft kann man durch die verschiedenen Gartenteile spazieren, den Rosengarten oder das Spiegelbassin bewundern, durch Rabatten wandeln oder auf einer der vielen Bänke im Schatten hoher Bäume einfach nur dem Gurgeln des Wassers lauschen und die Natur genießen.

Haveselskabet Have
Frederiksberg Runddel. **Karte** B10. tägl.
haveselskabet.dk/frederiksberg

Jægersborggade

Die kleine, kopfsteingepflasterte Jægersborggade grenzt direkt an den Friedhof Assistens Kirkegård und gehört zu den hippsten Straßen in Nørrebro.

Lebendig, bunt und entspannt, damit lässt sich das Treiben in der Jægersborggade, die zu den angesagtesten Straßen Kopenhagens gehört, wohl am besten beschreiben. Hier finden sich Feinkost, Kleidung, Einrichtungsgegenstände und Schmuck. Ganz zu schweigen von einigen der besten Restaurants und Cafés der Stadt. Lassen Sie sich den Charme und die entspannte Lebendigkeit der Jægersborggade nicht entgehen.

Jedes Frühjahr findet hier ein Flohmarkt statt, der zusätzliches Leben schafft.

Jægersborggade
Karte C6/7. jaegersborggade.com

Textilien bei den Craft Sisters

»Abfall«-Schmuck, Sonne Juwels

Schnecken von Meyers Bageri

Amager Strandpark

Wer eine Pause vom Sightseeing braucht oder einfach nur mal an einem Sandstrand Sonne tanken will, ist am Amager Strandpark genau richtig.

Sonne, Sommer und Meer am langen Sandstrand von Amager Strandpark

Der Amager Strandpark im Süden der Stadt direkt am Øresund besteht aus einer künstlichen Strandinsel, die eine Badelagune mit Planschbecken und eine 1000 Meter lange Schwimm- und Ruderbahn bildet. Er ist der größte Strand Kopenhagens. Die zwei Kilometer lange Insel ist über drei Brücken mit dem Festland verbunden. An einem Ende liegen Sandstrände und Dünen. Am anderen befindet sich ein Park mit Promenade, die zu Erholungsflächen für Sport, Spiel und Picknick sowie zum Bootshafen führt. Im Sommer kann man hier in der Sonne liegen, mit Kajaks den Kanal befahren, kite- und windsurfen sowie im Unterwasserpark tauchen. Außerdem locken Basketball- und Beachvolleyballfelder. An kühleren Tagen ist der Strand ideal für ausgedehnte Spaziergänge.

SONNE UND STRAND

Amager Strandpark
Amager Strandvej 110. Ⓜ Øresund, Amager Strand, Femøren. W amager-strand.dk

Kødbyen

Wo sich früher der Schlachthof von Kopenhagen befand, sind heute Restaurants, Discos und Kunstgalerien.

Nur an wenigen Orten in Dänemark findet man eine größere Auswahl an Restaurants, Cafés, Bars und Clubs wie im ehemaligen Schlachthof Kødbyen, der früher ganz Kopenhagen mit Fleisch versorgt hat. Als Ende der 1990er Jahre immer mehr Schlachtbetriebe ins Umland zogen, stand der Stadtrat vor der Entscheidung, was mit dem Komplex passieren sollte, und entschied 2005, sich die Umwandlung des »Meatpacking Districts« in Manhattan zum Vorbild zu nehmen.

Heute gilt Kødbyen als »Hochburg der Hipster« mit vielen lässigen und mittlerweile hochgelobten Lokalen wie Kødbyens Fiskebar und Nose2Tail. In den Sommermonaten

Schild des Restaurants Nose2Tail in Kødbyen

sitzt man draußen an langen Biertischen, wenn es kühler wird, in interessant und liebevoll gestalteten Innenräumen.

Kødbyen
Flæsketorvet. **Karte** E11. W kodbyen.kk.dk

Karte siehe Extrakarte zum Herausnehmen

Abstecher auf der Karte

Sie wollen wissen, wo in Kopenhagen das beste Bier gebraut wird und in welchem Park oder welcher Bar die Kopenhagener zum Sonnenuntergang dieses Bier am liebsten trinken? Die Abstecher in die Stadtviertel rund um das Zentrum werden Ihnen diese und viele andere interessante Einblicke in Dänemarks Hauptstadt gewähren. Ob mit der Metro, der S-tog, dem Wasserbus oder dem Mietfahrrad – die Erkundung der jeweiligen Stadtviertel ist problemlos zu bewerkstelligen. Der einzige Wegweiser, dem Sie folgen sollten, ist Ihre Neugier.

Grundtvigs Kirke, Nørrebro

Überblick: Abstecher

Ein Elefantenturm, ein Laboratorium und ein Museum, in dem alles erklärt wird, was mit dem Carlsberg-Bier zu tun hat, das hier 1847 zum ersten Mal ausgeliefert wurde: Erkunden Sie hoch auf einem Pferdewagen sitzend das alte Brauereigelände. Von dort ist es nicht weit in die unterirdische Zisterne. Das ehemalige Trinkwasserreservoir der Hauptstadt ist sicher eines der ungewöhnlichsten Museen überhaupt. Zurück am Tageslicht genießen Sie von einem Boot aus die Parkanlage von Schloss Frederiksberg. In unmittelbarer Nachbarschaft lädt einer der ältesten Tiergärten Europas zum Besuch ein.

Nach so viel Natur finden Sie Abwechslung und Anregungen bei einem Einkaufsbum-

Die futuristischen Türme des Bella Sky Hotel

Zeichenerklärung *siehe hintere Umschlagklappe*

ABSTECHER AUF DER KARTE | 155

Saal des DR Koncerthuset

...mel durch das hippe Vesterbro, wo auch zahlreiche Cafés und Bars zum Verweilen einladen. Von Vesterbro aus erreichen Sie entlang der Kopenhagener Seenkette Nørrebro. Das ehemalige Problemviertel der Stadt begeistert heute durch seine kulturelle Vielfalt und ist vor allem für junge Leute »more hipster« als Vesterbro. Überzeugen Sie sich selbst bei einem Bummel durch die Straßen. Neben dem Landschaftspark Superkilen sollten Sie in Nørrebro den Friedhof Assistens Kirkegård besuchen. H.C. Andersen, Niels Bohr und Søren Kierkegaard liegen hier begraben.

Ein Schaufenster in die Zukunft urbaner Lebenswelten ist der Stadtteil Ørestad. Das DR Koncerthuset, das Bella Sky Hotel, Kopenhagens Aquarium Den Blå Planet und natürlich die Øresund-Brücke sind nicht nur für Architekturfans absolute Hingucker.

Vom »Blauen Planeten« gelangen Sie per Rad nach Norden zum Amager Strandpark – perfekt zum Entspannen: Hier können Sie in der Sonne liegen, schwimmen, Beachvolleyball spielen, Kajak fahren und zum Sonnenuntergang – wie es die Kopenhagener auch gern tun – ein Bier genießen.

Legende

- **S** S-tog (S-Bahn)
- **M** Metro (U-Bahn)
- **M** Metro (U-Bahn) im Bau
- Windrad
- Hafen
- Flughafen
- Autobahn
- Hauptstraße

Sehenswürdigkeiten auf einen Blick

1. Frederiksberg Slot und Have
2. Cisternerne
3. Zoologisk Have
4. Carlsberg-Brauerei
5. Assistens Kirkegård
6. Grundtvigs Kirke
7. Experimentarium
8. Nørrebro
9. UN City
10. Amager Bakke
11. Windpark Middelgrunden
12. Vesterbro und Kødbyen
13. DR Koncerthuset
14. Ørestad
15. Bella Sky Hotel
16. Royal Arena
17. Den Blå Planet
18. Øresundsbron

Restaurants und Cafés
siehe S. 164
1. Kødbyens Fiskebar
2. Nose2Tail
3. Jah Izakaya
4. Lidkoeb
5. Granola
6. Mielcke & Hurtigkarl
7. Kaffesalonen
8. The Laundromat Café
9. Relæ
10. Mikkeller & Friends
11. Le Saint Jacques

Shopping siehe S. 165
1. DANSK made for rooms
2. Arttiles
3. Byebyelove
4. Girlie Hurly
5. Royal Copenhagen Outlet
6. Sonne Jewels
7. Karamelleriet
8. Cappalis
9. Normann Copenhagen

Karte siehe Extrakarte zum Herausnehmen **Straßenkarte** siehe hintere Umschlaginnenseiten

Frederiksberg Slot, Hauptquartier der Militärakademie

❶ Frederiksberg Slot und Have

Roskildevej 28A. **Karte** A10/11. 📞 72 81 77 71. Ⓜ Frederiksberg. 🚌 4A, 6A, 18, 26. **Schloss** 🕐 11, 13 Uhr am letzten Sa im Monat (außer Juli, Dez). **Park** ⭕ tägl. 🌐 frederiksbergslot-frbslot.dk

Der 1699 bis 1738 erbaute und erweiterte Palast diente als Sommerresidenz von Frederik IV. Angeblich fuhr dieser per Boot durch die Kanäle des Parks, während die Einwohner jubelnd am Ufer standen.

Das Schloss wurde nach einer Italien-Reise des Königs von Ernst Brandenburger im italienischen Stil errichtet. Christian IV. ließ zwei Flügel anbauen, wodurch das Schloss seine Hufeisenform erhielt.

Frederiksberg Slot wird seit 1869 von der dänischen Militärakademie genutzt. Zwar ist das Gebäude – außer bei Führungen – nicht öffentlich zugänglich, doch die Parkanlagen sind frei begehbar. Der Schlosspark (Frederiksberg Have) wurde Anfang des 18. Jahrhunderts im französischen Stil angelegt. Später wandelte man ihn in einen englischen Park mit Kanälen, Statuen und Bänken um.

❷ Cisternerne

Søndermarken. **Karte** A11. 📞 30 73 80 32. Ⓢ Valby. Ⓜ Frederiksberg. 🚌 4A, 6A, 18, 26, 171E. ⭕ Di–So 11–18 Uhr (bei Ausstellungen). 🌐 cisternerne.dk

Die Cisternerne, die vom Magazin *Forbes* als eines der ungewöhnlichsten Museen Europas gelobt wird, war früher ein unterirdisches Wasserreservoir, das die Trinkwasserversorgung der Hauptstadt sicherstellte. Die Zisternen waren lange Zeit in Vergessenheit geraten, heute dienen sie als Veranstaltungsort für Ausstellungen, Installationen und andere Events. Sie befinden sich unter dem Frederiksberg im Herzen des Parks Søndermarken. An der Oberfläche sieht man nur zwei kleine Glaspyramiden.

Erschrecken Sie nicht: In den Katakomben ist es sehr dunkel und kühl, die Luftfeuchtigkeit beträgt fast 100 Prozent.

❸ Zoologisk Have

Roskildevej 32. **Karte** A10. 📞 72 20 02 00. Ⓢ Valby. Ⓜ Fasanvej. 🚌 4A, 6A; im Sommer kostenloser Shuttlebus vom Christiansborg Slotsplads: 11.20, 12.20, 13.20 Uhr. ⭕ Jan–März, Nov, Dez: tägl. 10–16 Uhr (März: Sa, So bis 17 Uhr); Apr, Mai, Sep, Okt: tägl. 9–17 Uhr (Sa, So bis 18 Uhr); Juni, Mitte–Ende Aug: 9–18 Uhr; Juli–Mitte Aug: 9–20 Uhr. 🌐 zoo.dk

Kopenhagens Zoo wurde 1859 nahe Frederiksberg Slot eingerichtet und ist einer der ältesten Europas. In den 1940er Jahren wurde er um Teile von Søndermarken erweitert. Die Areale wurden durch einen Tunnel unter dem Roskildevej verbunden. Auch wenn der Zoo nach internationalen Maßstäben nicht groß ist, kann er doch beachtliche Zuchterfolge vorweisen. Hier leben viele Arten, u. a. Giraffen, Flusspferde, Elefanten und Löwen.

Das von Norman Foster entworfene Elefantenhaus sticht durch seine Form und die Glaskuppel ins Auge. 2012 wurde der Arktische Ring, ein neues Areal für Robben, Elche und Eisbären, eröffnet.

In der Tropenabteilung werden Schmetterlinge und Vögel sowie einige Krokodile gehalten. Kleinere Kinder lieben das Streichelgehege. Der 42 Meter hohe Beobachtungsturm von 1905, von dem man die Küste Schwedens sieht, ist eine weitere Attraktion.

Glaspyramide der Cisternerne

Eisbär im Zoologist Have

Restaurants und Shopping bei den Abstechern siehe Seite 164f

❹ Carlsberg-Brauerei

Die Carlsberg-Brauerei wurde 1847 von Jacob Christian Jacobsen gegründet. Wegen der guten Wasserqualität wählte er den Valby-Hügel als Standort. 2005 wurde in den alten Fabrikanlagen das Jacobsen-Brauhaus eröffnet, in dem neue Spezialbiere entwickelt werden sollten. Heute wird hier nur noch eine Marke produziert. Der Rest der Brauerei ist ein Ausstellungszentrum, in dem Besucher bei einem Rundgang alles über das Brauen und die Geschichte des Biers erfahren können. Bis 2027 soll auf dem alten Brauereigelände rund um das Besucherzentrum ein neues Stadtviertel entstehen: Carlsberg City.

Infobox

Information
Gamle Carlsberg Vej 11. **Karte B1.** 33 27 13 98.
Mai–Sep: tägl. 10–18 Uhr; Okt–Apr: Di–So 10–17 Uhr.
visitcarlsberg.com

Anfahrt
Carlsberg. 26, 8A. Kostenloser Shuttlebus von Vesterbrogade 6, stündl. 11–16 Uhr.

Pferdekutsche
Auf einer Kutschfahrt kann man das Carlsberg-Viertel mit seinen berühmten Gebäuden erkunden.

Logo der Brauerei

Biere
Carlsberg ist Marktführer in Dänemark und eine der weltweit am weitesten verbreiteten Biermarken. Tuborg ist die kleinere der beiden dänischen Brauereien des Konzerns.

Tuborg Øl
Der »durstige Mann« von Erik Henningsen (1855–1930) warb ab 1900 für Tuborg.

Jacob Christian Jacobsen (1811–1887)
Er gründete mit der Carlsberg-Brauerei nicht nur einen der größten Bierhersteller, seine Sammlung bildete auch den Grundstein für die Ny Carlsberg Glyptotek.

Elefantporten
Die vier Elefanten des 1901 von Vilhelm Dahlerup geschaffenen Tors stehen für die vier Kinder des Carlsberg-Gründers J. C. Jacobsen.

Karte *siehe Extrakarte zum Herausnehmen*

❺ Assistens Kirkegård

Kapelvej 4. **Karte** CD7. 📞 35 37 19 17. Ⓢ Ⓜ Nørreport. 🚌 5C, 3A, 350S, 12, 8A, 66, 250S. 🕐 Apr–Sep: tägl. 7–22 Uhr; Okt–März: tägl. 7–19 Uhr. 🌐 assistens.dk

Um 1760 waren Kopenhagens Friedhöfe zu klein geworden, um all die Opfer der Pest aufzunehmen, die damals die Stadt heimsuchte. Das erste Mal schlug die Seuche 1711 zu und forderte 23 000 Todesopfer, was die Stadtbevölkerung um ein Drittel dezimierte. Assistens Kirkegård wurde eingerichtet, um weitere Grabstellen verfügbar zu machen.

Zunächst setzte man dort nur die Armen bei, doch Ende des 18. Jahrhunderts kamen die Gräber auf dem Assistens Kirkegård in Mode.

Die Liste hier begrabener Berühmtheiten ist lang, darunter Søren Kierkegaard, Hans Christian Andersen, die Maler Christoffer Wilhelm Eckersberg und Christen Købke, die Wissenschaftler Hans Christian Ørsted und Niels Bohr, der Jazzmusiker Ben Webster, der Lyriker Michael Strunge und die Sängerin Natasja Saad.

Heute ist der Assistens Kirkegård eine einmalige Mischung aus modernem Friedhof, Museum und ruhiger Parkanlage inmitten des geschäftigen Nørrebro, die viele für ein Picknick oder Sonnenbad nutzen.

❻ Grundtvigs Kirke

På Bjerget 14B. **Karte** B2. 📞 35 81 54 42. Ⓢ Emdrup. 🚌 6A, 42, 43, 66, 69. 🕐 Mo–Sa 9–16 (Do bis 18 Uhr), So 12–16 Uhr (im Winter bis 13 Uhr). ✝ So 10 Uhr. 🌐 grundtvigskirke.dk

Die Backsteinkirche ist nicht nur wegen ihrer Größe, sondern auch wegen ihrer originellen Form sehenswert. Mit fast 49 Meter Höhe zählt sie zu den größten Kirchen Dänemarks. Sie wurde von 1921 bis 1940 im modernistischen Stil auf dem Bispebjerg errichtet, dem höchsten Hügel Kopenhagens. Für den Entwurf zeichnete P. V. Jensen Klint verantwortlich. Finanziert wurde der Bau aus Spenden zu Ehren des Philosophen und Geistlichen Nikolai Frederik Severin Grundtvig (1783–1872). Neben seiner Sozialarbeit verfasste er Abhandlungen, zudem komponierte er rund 1500 Kirchenlieder. Grundtvig war zehn Jahre lang Parlamentsabgeordneter, 1861 wurde er Ehrenbischof der dänischen Kirche. Der Kirchenmann wurde vor allem wegen der Gründung der Volkshochschule bekannt.

Die Form des Kirchenbaus – in Anlehnung an eine typische Dorfkirche – soll die verschiedenen Aktivitäten Grundtvigs widerspiegeln, die Turmspitze mit ihrer angedeuteten Orgelform an die vielen Psalmen erinnern, die er vertonte.

Die mächtige Westfassade der Grundtvigs Kirke

❼ Experimentarium

Tuborg Havnevej 7. **Karte** G1. 📞 39 27 33 33. Ⓢ Hellerup oder Svanemøllen. 🚌 1A, 21. 🕐 Mo–Fr 9.30–17 (Do bis 20), Sa, So 10–17 Uhr. ⬤ 1. Jan, 23.–25., 31. Dez. 🌐 experimentarium.dk

Ziel des innovativen Wissenschaftszentrums, das 2017 an einem neuen Standort in Hellerup eröffnete, ist es, Wissenschaft durch Experimente von Besuchern lebendig werden zu lassen. Auf zwei Ebenen mit 16 interaktiven Ausstellungen und einer Dachterrasse für Freiluftaktivitäten kann man spielerisch viel über die Welt erfahren, die uns umgibt. Die Ausstellungsfläche ist voller Kinder, die mit Begeisterung alles ausprobieren. Für die Kleinsten gibt es das Abenteuerareal Miniverse. Auch für Erwachsene ist einiges geboten, etwa ein simuliertes Erdbeben der Stärke 5,5. Zudem verfügt das Experimentarium über das weltweit erste interaktive Kino, das mit Bewegungssensoren ausgestattet ist.

Unbedingt erwähnenswert ist auch die Treppe, die man sofort sieht, sobald man das Gebäude betritt: Der riesige, geschwungene Aufgang aus 160 Tonnen Stahl ist mit zehn Tonnen Kupfer verkleidet und von der Spiralform einer DNA-Helix inspiriert.

Assistens Kirkegård – Park und Friedhof in einem

Restaurants und Shopping bei den Abstechern *siehe Seite 164f*

⑧ Nørrebro

Das alte Handwerker- und Arbeiterviertel nordwestlich der drei Kopenhagener Seen ist heute ein multikultureller Schmelztiegel mit einem hohen Anteil an Studenten und Einwanderern, was das Viertel auch immer wieder zu einem sozialen Brennpunkt macht. Hauptstraße ist die Nørrebrogade mit vielen unterschiedlichen Läden und Cafés, die 2,5 Kilometer in nordwestlicher Richtung von den Seen in der Stadtmitte bis zur Station Nørrebro führt.

Als Herz des Viertels gilt der Sankt Hans Torv mit vielen flippigen Läden, lustigen Cafés, guten Restaurants und einem pulsierenden Nachtleben. Die grüne Lunge von Nørrebro ist der Assistens Kirkegård, den viele besuchen, um die Seele baumeln zu lassen. Weitere bekannte und interessante (Shopping-)Straßen des Viertels sind u. a. Elmegade (Mode), Jægersborggade (Kunst und Kulinarik; *siehe S. 152*) und Ravnsborggade (Antiquitäten).

Superkilen
Das 2012 eröffnete Ensemble besteht aus mehreren Plätzen und soll der Begegnung der Einwohner dienen, den Erholungswert steigern und den multikulturellen Charakter des Stadtviertels unterstreichen.

Cafés
Rund um den Sankt Hans Torv hat man die Qual der Wahl, wenn es um das leibliche Wohl geht. Zur Auswahl steht auch das Laundromat Café *(siehe S. 164)*, das seinen Ursprung in einem Waschsalon hat.

Peblinge Sø
Der Peblinge-See ist einer von drei Seen, die die Innenstadt umgeben, und sehr beliebt als Naherholungsgebiet.

Shopping-Vergnügen
Nørrebro ist ein Paradies, wenn es um Shopping abseits ausgetretener Pfade geht – von ungewöhnlichem Schmuck (Cappalis; *siehe S. 165*) bis zu Vintage und Antiquitäten (Sankt Hans Basar).

Karte *siehe Extrakarte zum Herausnehmen*

❾ UN City

Karte H4. Marmorvej 51, Marmormolen. Ⓢ Nordhavn. ⓘ nur Führung nach vorheriger Anmeldung auf der Website. 🕒 Fr 14 Uhr (englisch), unter Vorlage eines Personalausweises. **Shop** 🕒 Mo–Fr 12–14 Uhr. 🌐 un.dk

Amager Bakke – Müllverbrennung, Landschaftspark und Skipiste in einem

UN City, der 2013 eröffnete »grüne« Hauptsitz der Vereinten Nationen in Kopenhagen, beherbergt in einem einzigen Bauwerk elf UN-Organisationen mit insgesamt 1500 Mitarbeitern aus 100 Nationen. Der Entwurf des Architektenbüros 3XN berücksichtigt die Arbeitsabläufe wie auch die Sicherheitsbedürfnisse einer solchen Institution. Die Form des Komplexes als achtzackiger Stern steht stellvertretend für die Werte und die Unabhängigkeit der einzelnen Organisationen innerhalb der UN.

Im Kern befindet sich ein Atrium mit einer monumentalen Treppe, die über die Etagen führt. Sie soll ein Sinnbild für das Aufeinandertreffen und den Dialog von Menschen aus aller Welt sein.

Besonderer Wert wurde auf die Nachhaltigkeit gelegt: So gibt es Solarpaneele zur Stromerzeugung, das Meerwasser wird zum Kühlen verwendet, natürliche Materialien bilden eine Isolierschicht um das Gebäude. Damit wird nur halb so viel Energie verbraucht wie in einem vergleichbaren, konventionellen Bürokomplex.

❿ Amager Bakke

Karte östl. K8. Kraftværksvej 31. ☎ 51 94 19 20. 🌐 copenhill.dk

Mit der Eröffnung von Amager Bakke 2017 in einer Industriezone nahe dem Stadtzentrum erhielt Kopenhagen nicht nur eine moderne Müllverbrennungsanlage, sondern auch ein weiteres architektonisches Wahrzeichen sowie eine etwas andere Freizeitanlage. Nach dem Konzept von Bjarke Ingels' Architekturbüro BIG kann man auf dem Dach der Anlage im Winter Ski fahren und im Sommer wandern und klettern. Zudem gibt es eine Aussichtsplattform.

Für die Ausgestaltung des 16 000 Quadratmeter großen Outdoor-Areals zeichnet der bekannte Landschaftsarchitekt Stig L. Andersson verantwortlich.

⓫ Windpark Middelgrunden

🌐 middelgrunden.dk

Die 20 Turbinen des Offshore-Windparks Middelgrunden stehen 3,5 Kilometer von Kopenhagens Stadtgebiet entfernt im Øresund. Bei seiner Eröffnung im Jahr 2000 war er der größte Offshore-Park der Welt. Die Windräder stehen 180 Meter voneinander entfernt in einer leichten Kurve im seichten Gebiet von Middelgrunden östlich der nördlichen Spitze von Amager und sind vom Festland aus gut zu sehen. Die Nabenhöhe der Turbinen beträgt 64 Meter, der Rotordurchmesser 76 Meter. Die Anlage produziert ca. 85 000 MWh Strom jährlich und deckt damit etwa vier Prozent des Stromverbrauchs in Kopenhagen ab.

Die 20 Turbinen des Windparks Middelgrunden stehen im Øresund

Restaurants und Shopping bei den Abstechern *siehe Seiten 164f*

⓬ Vesterbro und Kødbyen

Vesterbro ist eines der vier historischen Vorstadtviertel westlich des Hauptbahnhofs, die den Stadtkern Kopenhagens umgeben. Der Name bezeichnete ursprünglich eine Landstraße, die von Westen in die Stadt führte. Früher war Vesterbro ein klassisches Arbeiterviertel mit dem Schlachterviertel Kødbyen und viel Rotlichtmilieu rund um den Hauptbahnhof. In den letzten Jahren hat sich Vesterbro jedoch vor allem rund um die Istedgade zum Szeneviertel mit trendigen Bars, guten Restaurants und vielen interessanten Läden entwickelt. Der einstige »Meatpacking District« Kødbyen hat sich zum angesagten Ausgehviertel gewandelt, seitdem Bars, Restaurants, Clubs und Galerien in die alten Schlachthäuser eingezogen sind.

Vesterbrogade
Die 1,5 Kilometer lange Hauptstraße mit vielen Läden und Lokalen führt vom Rådhuspladsen bis nach Frederiksberg.

Byebyelove
In dem kleinen Laden (siehe S. 165) in einer Seitenstraße der Istedgade findet man ein liebevoll zusammengestelltes Sortiment an schöner Vintage- und Secondhand-Kleidung nebst Accessoires.

DANSK made for rooms
Der Designladen (siehe S. 165) liegt an der hippen Istedgade und ist nur ein Beispiel für die vielen innovativen Läden in Vesterbro.

Viben Fiskehus
Rund um die Hauptader des Viertels, die Vesterbrogade, kann man viele kleine Spezialitätenläden mit Imbiss finden, etwa Viben Fiskehus.

Kødbyen
In die ehemaligen Schlachthallen sind Bars und Lokale eingezogen, darunter auch eines der besten Fischrestaurants der Stadt: Kødbyens Fiskebar (siehe S. 164).

Karte siehe Extrakarte zum Herausnehmen

⓭ DR Koncerthuset

Karte H13. Ørestads Boulevard 13.
Ⓜ DR Byen. 🚌 33, 35, 77, 78
(alle DR Byen). ☎ 35 20 62 62.
🌐 drkoncerthuset.dk

Mit der Eröffnung des neuen Konzerthauses des Dänischen Rundfunks (DR Byen) im Jahr 2009 erhielt Kopenhagen nicht nur einen herausragenden Konzertveranstaltungsort, sondern auch ein weiteres architektonisches Wahrzeichen.

Das kubusförmige Gebäude des französischen Architekten Jean Nouvel hat eine Glasfiberfassade, durch die die Betonkonstruktion des Saals hindurchschimmert. Im Inneren befinden sich ein riesiges Foyer sowie vier unterschiedlich große Konzertsäle. Der größte, in dem es keinen rechten Winkel gibt, sondern alles gebogen und gewölbt ist, fasst 1800 Besucher. Hier treten große Symphonieorchester auf. In den drei kleineren Sälen finden Rock-, Pop- und Jazzkonzerte statt.

Einen besonderen Anblick bietet das DR Koncerthuset nachts: Dann leuchtet die Fassade kobaltblau.

DR Koncerthuset ist Teil des DR Byen, Hauptsitz des Dänischen Rundfunks

⓮ Ørestad

Karte südl. G15.

Ørestad ist das jüngste Stadtviertel Kopenhagens, es entsteht entlang der Metro-Linie vom Kopenhagener Stadtzentrum zum Bahnhof Ørestad. In den vier Quartieren, die miteinander durch Seen, Kanäle und sechs Metro-Stationen verbunden sind, sollen einmal 20 000 Menschen wohnen und rund 80 000 arbeiten und studieren.

Vor allem Architekturinteressierte sollten Ørestad einen Besuch abstatten, hier liegen zahlreiche sehenswerte Gebäude. Neben dem Bella Sky Hotel und der Royal Arena sind das etwa das 8Tallet (Richard Mortensens Vej, www.8tallet.dk), ein Apartmenthaus des dänischen Star-Architekten Bjarke Ingels, dessen Grundriss wie eine Acht aussieht, das Studentenwohnheim Tietgenkollegiet (Rued Langgaards Vej 10–18), der Park-/Wohnkomplex Bjerget (Ørestads Boulevard 55), ebenfalls von der Bjarke Ingels Group, die »Wohnschlange« Boligslangen (Tom Kristensens Vej 6–16) sowie das Ørestad Gymnasium (Ørestads Boulevard 75) mit vier gegeneinander verdrehten Geschossen, das fast vollständig auf geschlossene Klassenräume verzichtet.

Auch Shopping-Fans kommen in Ørestad auf ihre Kosten, beispielsweise im Field's (Arne Jacobsens Allé 12, fields-en.steenstrom.dk), Skandinaviens größtem Shopping-Center.

⓯ Bella Sky Hotel

Center Boulevard 5. Ⓜ Bella Center. ☎ 32 47 30 00.
🌐 acbellaskycopenhagen.dk

Das 2011 eröffnete Bella Sky Hotel gehört zum Bella Center in Ørestad, Skandinaviens größtem Ausstellungs- und Konferenzzentrum, und ist mit seinen beiden Türmen, die voneinander wegstreben, das bei Weitem markanteste Gebäude des Komplexes.

Doch nicht nur die Türme mit den zwei Brücken, die sich zwischen ihnen spannen (2. und 23. Stock), und die unregelmäßigen Fenstereinschnitte machen das Gebäude der Architekten von 3XN einzigartig: Das Bella Sky ist Dänemarks höchster Bau und Skandinaviens höchstes Hotel. Es verfügt über 812 Zimmer, drei Restaurants, zwei Bars, 30 Konferenzräume sowie einen Sport- und Wellnessbereich.

Über die Verbindungsbrücke im 23. Stockwerk gelangt man in die Sky Bar, die mit dem besten Ausblick Kopenhagens wirbt.

Die beiden Türme des Hotels Bella Sky

Restaurants und Shopping bei den Abstechern *siehe Seite 164f*

⓰ Royal Arena

Hannemanns Allé 18–20.
Ⓜ Ørestad, Vestamager. 🚌 500S.
📞 32 46 04 60. 🌐 royalarena.dk

Die Anfang 2017 eröffnete Royal Arena ist eine Multifunktionshalle und bietet Platz für bis zu 16 000 Besucher. Ihr Bau wurde im Jahr 2010 beschlossen, um bei der Vergabe internationaler Sportwettkämpfe gegenüber anderen europäischen Hauptstädten wettbewerbsfähig zu bleiben.

In dem Gebäude des dänischen Architekturbüros 3XN finden jedoch nicht nur Sportwettkämpfe statt (2018 etwa die Eishockey-WM), sondern auch viele Konzerte namhafter Künstler und Bands, darunter Katy Perry, André Rieu, Justin Timberlake, U2 und Elton John. Tickets bekommt man entweder vor Ort oder unter www.ticketmaster.dk.

⓱ Den Blå Planet

Jacob Fortlingsvej 1. 📞 44 22 22 44. Ⓜ Kastrup. 🚌 5A, 14.
🕐 Mo 10–21, Di–So 10–18 Uhr.
🌐 denblaaplanet.dk

Kopenhagens Aquarium wurde 2013 im Den Blå Planet (Blauer Planet), einem modernen Gebäude am Hafen von Kastrup auf der Insel Amager, neu eröffnet. Es zeigt eine große Bandbreite von Meereslaben und widmet sich darüber hinaus dem Artenerhalt und der Forschung.

Das Aquarium gliedert sich in drei große Themengebiete – nördliche Seen und Meere, tropische Seen und Flüsse sowie Ozean – mit acht Bereichen. In den Tanks leben Tausende von Tieren in sieben Millionen Liter Wasser, darunter Haie und Piranhas. Hier kann man z.B. Riesenoktopusse, Krokodile, Zitteraale, Wasserschildkröten, Schwämme, Hummer und Hunderte leuchtend bunte Tropenfische beobachten. Eine besondere Attraktion sind die Seeotter. Es gibt auch die Möglichkeit, mit Haien und Rochen zu tauchen oder die Seeotter zu füttern.

Zu den Fütterungszeiten (siehe Website) wird es voll. Im Untergeschoss gibt es Streichelbecken für Kinder.

Einer der riesigen Glastanks mit Bewohnern im Aquarium Den Blå Planet

⓲ Øresundsbron

Straßenkarte F4.

Die Brücke, deren Name sich aus dem dänischen Øresund und dem schwedischen *bron* (Brücke) zusammensetzt, verbindet seit 2000 Kopenhagen mit Malmö in Schweden und ist weltweit die zweitlängste Schrägseilbrücke für Straßen- und Eisenbahnverkehr. Sie ist 16 Kilometer lang und besteht aus einer 430 Meter langen künstlichen Halbinsel, einem 3,5 Kilometer langen, zehn Meter unter dem Wasser verlaufenden Tunnel, einer vier Kilometer langen künstlichen Insel und einer 7845 Meter langen Hängebrücke.

Am höchsten Punkt schwebt das Wunderwerk moderner Ingenieurskunst 57 Meter über dem Meer.

Luftaufnahme der Øresund-Brücke, im Hintergrund Schweden

Restaurants und Cafés

Auch die Restaurants und Cafés außerhalb des Zentrums von Kopenhagen sind nicht zu verachten. In Nørrebro und Vesterbro – hier vor allem im alten »Meatpacking District« Kødbyen – kommen sie etwas alternativer daher. Meist sitzt man sehr schön an Alleen, auf den Plätzen in den jeweiligen Vierteln oder direkt an einem der drei innerstädtischen Seen. Insgesamt geht es recht entspannt zu.

Im Jah Izakaya gibt es japanische Gerichte im Tapas-Stil

❶ Kødbyens Fiskebar €€
Fisch
Flæsketorvet 100 32 15 56 56
tägl. 17.30–24 Uhr (Fr–So ab 11.30 Uhr)
fiskebaren.dk

In der angesagten Fischbar wird alles Fischige in hervorragender Qualität angeboten.

❷ Nose2Tail €€€
Fleisch
Flæsketorvet 13A 33 93 50 45
Mo–Sa 18–1 Uhr
nose2tail.dk

Perfekte Gerichte aus Bio-Fleisch und einzigartige Atmosphäre im ehemaligen Schlachterviertel.

❸ Jah Izakaya €€
Japanisch
Gasværksvej 21 38 41 27 21
Mo–Sa 18–24 Uhr
jahizakaya.dk

Das zwanglose japanische Gastro-Pub serviert japanisches Barfood und natürlich Sake.

❹ Lidkoeb €€
Cocktails
Vesterbrogade 72B
33 11 20 10
Mi–Sa 16–2, So–Di 20–2 Uhr
lidkoeb.dk

Eine der besten Cocktailbars in Vesterbro, gemütliche Atmosphäre, Snacks und nettes Publikum.

❺ Granola €€
Café
Værnedamsvej 5 31 31 15 36
tägl. 9–23 Uhr (So bis 17 Uhr)
granola.dk

Hier gibt es zwar auch Abendessen, doch in dem gemütlichen Lokal sind vor allem Frühstück und Brunch zu empfehlen.

❻ Mielcke & Hurtigkarl €€€
Gourmet
Frederiksberg Runddel 1
38 34 84 36
Di–Sa 18–21 Uhr
mhcph.com

Ein Gesamtkunstwerk – angefangen beim Gebäude, der alten Orangerie (16. Jh.) im Frederiksberg Have, über das noble Ambiente bis zu den herrlichen Speisen.

❼ Kaffeesalonen €€
Café
Peblinge Dossering 7
35 35 12 19
tägl. 10–24 Uhr

Hier sitzt man in der ersten Reihe am Peblinge Sø oder auf einem Holzdeck, das in den See reicht.

❽ The Laundromat Café €
Café
Elmegade 15 35 35 26 72
tägl. 9–21 Uhr
thelaundromatcafe.com

Essen, trinken, quatschen, lesen, spielen und waschen – eine einzigartige und gelungene Kombination!

❾ Relæ €€€
Gourmet
Jægersborggade 41
36 96 66 09
Di–Sa 17–24 Uhr, Fr, Sa auch 12–15 Uhr
restaurant-relae.dk

In dem Weltklasse-Restaurant kommt innovative, ökologische Sterne-Küche mit italienischem Touch auf den Tisch.

❿ Mikkeller & Friends €€
Bier
Stefansgade 35
35 83 10 20
tägl. 14–24 Uhr
mikkeller.dk

Hier hat man die Wahl zwischen 40 verschiedenen Biersorten!

⓫ Le Saint Jacques €€€
Französisch
Sankt Jakobs Plads 1
35 42 77 07
tägl. 12–15, 18–22 Uhr
lesaintjacques.dk

Das Lokal mit schöner Terrasse gehört zu Kopenhagens besten französischen Restaurants im gehobenen Bistro-Stil.

Terrasse des Le Saint Jacques

Preiskategorien € = preiswert €€ = mittel €€€ = gehoben

Shopping

Ein Bummel durch die etwas außerhalb liegenden Stadtviertel Kopenhagens macht riesigen Spaß, oft entdeckt man wahre Schätze. Das Angebot in den kleinen, eigenständigen Läden ist sehr vielschichtig und reicht von Kulinarika über Mode und Secondhand bis zu Design in allen möglichen Variationen.

Köstliche Auswahl in der Karamelleriet im Stadtteil Nørrebro

❶ DANSK made for rooms €€€
Design
Istedgade 80 📞 32 18 02 55
🕐 Mo–Fr 11–18, Sa 11–16 Uhr
🌐 danskshop.com
Dänisches Design von Deko-Artikeln und Drucken über Einrichtungsgegenstände bis zu Möbeln.

❷ Arttiles €€€
Fliesen
Oehlenschlægersgade 30
📞 20 63 14 04
🕐 Di 10–16, Do 12–18,
1. Sa im Monat 12–15 Uhr
🌐 arttiles.eu
Wunderschön designte Fliesen.

❸ Byebyelove €€
Secondhand / Vintage
Valdemarsgade 36
📞 20 99 07 01
🕐 Di–Fr 11–17.30, Sa 11–15 Uhr
🌐 byebyelove.dk
Zeitlose, luxuriöse Secondhand- und Vintage-Kleidung sowie Accessoires für Damen.

❹ Girlie Hurly €€
Alles für Mädchen
Istedgade 99 📞 33 24 22 41
🕐 Mo–Fr 11–17.30,
Sa 10.30–15.30 Uhr
🌐 girliehurly.dk
Buntes Angebot, das Mädchenherzen höherschlagen lässt – von Geschirr über Taschen bis zu Schuhen und Haarbändern.

❺ Royal Copenhagen Outlet €€
Porzellan
Søndre Fasanvej 9
📞 38 34 10 04
🕐 Mo–Fr 10–18, Sa 10–15 Uhr
🌐 royalcopenhagen.com
In einem alten Backsteingebäude werden auf zwei Etagen Porzellan zweiter Wahl und Stücke aus älteren Kollektionen angeboten.

❻ Sonne Jewels €€
Schmuck
Jægersborggade 44
📞 25 79 14 90
🕐 Di–Fr 12–17.30, Sa 11–15 Uhr
🌐 sonnejewels.com
Witziger Schmuck aus den unterschiedlichsten Abfallprodukten.

❼ Karamelleriet €€
Karamell
Jægersborggade 36
📞 70 23 77 77
🕐 Mo–Fr 10–17.30,
Sa, So 11–15 Uhr
🌐 karamelleriet.com
Der Duft ist köstlich: In dem Laden wird Karamell nicht nur verkauft, sondern auch hergestellt. Die verschiedenen Karamellsorten lösen den olfaktorischen Genuss auch beim Verspeisen ein.

❽ Cappalis €€
Schmuck
Elmegade 30 📞 35 39 00 06
🕐 Di–Fr 11–18, Sa 11–15 Uhr
Junger, lustiger Schmuck.

❾ Normann Copenhagen €€€
Design
Østerbrogade 70 📞 35 27 05 40
🕐 Di–Fr 11–17.30, Sa 10–15 Uhr
🌐 normann-copenhagen.com
Ein weiterer Designklassiker: Normann bietet Möbel, Leuchten und Verschiedenes wie Vasen, Besteck und Kissen.

Design bei DANSK made for rooms in Vesterbro   Bunte Vielfalt bei Girlie Hurly in Vesterbro

❿ *siehe Karte Seite 154f*

Ausflüge

Viele Kopenhagen-Besucher verlassen nie das Stadtgebiet der dänischen Hauptstadt, dabei gibt es viele interessante Sehenswürdigkeiten gleich vor den Stadttoren, die auch mit öffentlichen Verkehrsmitteln gut zu erreichen sind. Die Liste reicht von beeindruckenden Schlössern mit schönen Parkanlagen, die teilweise immer noch von der königlichen Familie genutzt werden, über geschichtsträchtige Städte wie Helsingør und Roskilde sowie Freizeitparks bis hin zu herausragenden Museen, die nicht nur mit ihren Sammlungen punkten, sondern auch mit den Gebäuden, in denen sie untergebracht sind.

Ausflüge lohnen sich also allemal, man erfährt ein bisschen mehr über Land und Leute und hat darüber hinaus die Möglichkeit, die wunderschöne Landschaft rund um Kopenhagen zu genießen. Das Gebiet eignet sich auch hervorragend für Fahrrad- und Wanderausflüge.

Sehenswürdigkeiten auf einen Blick

Schlösser
- ❷ Charlottenlund Slot
- ❺ Fredensborg Slot
- ❾ Frederiksborg Slot

Interessante Orte
- ❸ Bakken
- ❼ Helsingør
- ❿ Roskilde

Museen
- ❶ ARKEN Museum for Moderne Kunst
- ❹ Frilandsmuseet
- ❻ Karen Blixen Museet
- ❽ Louisiana Museum of Modern Art

Legende
- Stadtgebiet
- Autobahn
- Hauptstraße
- Nebenstraße
- Eisenbahn

◀ Skulptur *Almost Snow Plow* (1964/76) von Alexander Calder, Skulpturengarten Louisiana Museum *(siehe S. 176f)*

① ARKEN Museum for Moderne Kunst

Straßenkarte F4. Skovvej 100, 2635 Ishøj. 43 54 02 22. 128. Ishøj. Di–Do 10–21, Fr–So 10–17 Uhr. arken.dk

Die Installation *Vocabulary of Solitude* des Schweizers Ugo Rondinone

Etwa 20 Kilometer südlich von Kopenhagens Innenstadt, nur einen Steinwurf vom Strand entfernt, liegt das ARKEN Museum for Moderne Kunst in einem Gebäude von Søren Robert Lund, das an ein Schiff (Arken = Arche) erinnern soll. Das Museum wurde 1996 eröffnet, dem Jahr, in dem Kopenhagen Kulturhauptstadt Europas war.

Die Dauerausstellung des Museums, dessen Sammlung aus über 400 Werken besteht, zeigt vorwiegend zeitgenössische dänische, nordische und internationale Kunst.

Der Schwerpunkt liegt auf Installationen, Skulpturen und grafischer Kunst. Viele der Arbeiten stammen von dänischen Künstlern wie Asger Jorn (1914–1973), Jeppe Hein (* 1974), Per Kirkeby (1938–2018) und Ólafur Elíasson (* 1967).

Eine der faszinierendsten Installationen ist Ai Weiweis (* 1957) *Circle of Animals / Zodiac Heads*, die die zwölf Zeichen des chinesischen Tierkreises darstellt.

Es werden auch neun große abstrakte Gemälde des deutschen Künstlers Anselm Reyle (* 1970) gezeigt, dessen Neonfarben Pop-Art, Minimalismus und Expressionismus reflektieren. Einen eigenen Raum nehmen Werke von Damien Hirst (* 1965) ein.

Zu weiteren Highlights des Museums zählen *Another Time V* von Antony Gormley (* 1950), eine gusseiserne menschliche Figur, die auf den Horizont starrt, *Powerless Structures, Fig. 101* von Elmgreen & Dragset, eine moderne Form der Reiterstatue auf dem Vorplatz des Museums, sowie *Fragments of Paradise* von Eva Steen Christensen (* 1969), zwei ornamentierte Marmorblöcke.

Das ARKEN Museum präsentiert jährlich mindestens zwei große Wechselausstellungen – von jungen Talenten über internationale Retrospektiven bis hin zu großen Gruppenschauen.

Der Museumsbau wurde ebenso kontrovers diskutiert wie die Exponate. Der damals 25-jährige Søren Robert Lund (* 1962) entwarf ihn, als er noch studierte. Die Innenräume sind recht unkonventionell. Das Äußere besteht aus verschiedenen Materialien, die die Rauheit des ursprünglichen Entwurfs wieder glätten.

Der Bau erinnert an ein in der Nähe des Ufers gestrandetes Schiff. Das Museumscafé hängt wie ein Rettungsboot an der Seite des Gebäudes. Durch die großen Panoramafenster hat man einen wunderschönen Blick auf die Dünen und das Meer der Køge-Bucht.

Der Museumsladen wartet mit nordischen Designartikeln und Kunstbüchern auf.

Den Museumsbesuch sollte man mit einem Strandspaziergang beenden.

Das ARKEN Museum for Moderne Kunst liegt traumhaft in der Nähe der Køge-Bucht

Straßenkarte siehe hintere Umschlaginnenseiten siehe auch **Karte** Seite 167

Ólafur Elíasson

Der 1967 in Kopenhagen geborene Installations- und Medienkünstler isländischer Herkunft zählt zu den wichtigsten kreativen Köpfen der Gegenwartskunst. Seine Werke beschäftigen sich mit den physikalischen Phänomenen des Lichts, des Wassers und anderer Naturerscheinungen, mit ihren Abläufen und zugleich auch mit den Reaktionen des Publikums. Elíasson inszeniert seine Kunstwerke mit beeindruckenden Effekten. Dabei ist er nicht auf eine spezielle Kunstrichtung fokussiert: Die Bandbreite seines Schaffens umfasst Installationen ebenso wie Fotografien, unterschiedlichste (Gebrauchs-)Objekte, Multimedia-Werke, Malereien und Grafiken sowie Ausflüge in die Architektur. In Kopenhagen trifft man immer wieder auf Werke von Elíasson, in Museen, als Lichtinstallationen oder Bauwerke.

Circelbroen (2015)
2015 wurde die von Elíasson designte Rad- und Fußgängerbrücke über den Christianshavn-Kanal eröffnet. Die ungewöhnliche Anordnung der geschwungenen Kreisbrücke mit ihren Masten und Scheiben soll die Menschen dazu bringen, sich Zeit zu nehmen und die Aussicht zu genießen. Als Inspirationsquelle dienten Elíasson die Segelboote, die in Christianshavn ankern.

Little Sun
Elíasson hat mit dem Ingenieur Frederik Ottesen die Solarleuchte *Little Sun* für Menschen in Afrika und Asien entworfen, die über keinen Stromanschluss verfügen.

Umschreibung (2004), München
Für die Münchner Niederlassung einer Wirtschaftsprüfungsgesellschaft entwarf Elíasson ein Auf und Ab zweier einander in Doppelhelix-Form umkreisender Treppen.

Little Sun Light Swarm (2017), Tivoli
Die von Elíasson und Jesper Kongshaug designten Lichtinstallationen an Bäumen rund um den See sind die neuen Hingucker im Vergnügungspark Tivoli.

❷ Charlottenlund Slot

Straßenkarte F4. Jærgersborg Allé 1, 2920 Charlottenlund. 14. Charlottenlund. 22 49 88 29. **Schloss** bei Veranstaltungen. **Park** ganzjährig. charlottenlundslot.dk

Eine königliche Residenz stand seit 1690 an dieser Stelle. Das heutige Schloss wurde zwischen 1731 und 1733 im Auftrag von Prinzessin Charlotte Amalie erbaut. Die Prinzessin liebte diesen Ort so sehr, dass man ihn nach ihr benannte. Sie nutzte Charlottenlund bis zu ihrem Tod 1782.

Im 19. Jahrhundert wurde das Schloss umstrukturiert, wobei der Barockcharakter des Baus dem Stil der Renaissance weichen musste. Viele Mitglieder der Königsfamilie wohnten hier, darunter Frederik VIII. und seine Frau Prinzessin Louise, die bis zu ihrem Tod 1926 dortblieb. Ein Obelisk auf der Schlossrückseite erinnert an die beiden.

Heute wird das Schloss als Büro- und Konferenzzentrum genutzt, darüber hinaus finden Kulturveranstaltungen wie Konzerte und Lesungen statt. Öffentlich zugänglich ist nur der Schlosspark, der in seiner heutigen Form mit den getrimmten Koniferen und den Wegen in den 1990er Jahren gestaltet wurde. Einige Pfade und Teiche stammen noch aus dem 17. Jahrhundert.

Der Gemüsegarten von 1826 versorgte früher die Schlossküche. Es gibt viel alten Baumbestand. So gelten die beiden Lärchen hinter dem Schloss als die ältesten Dänemarks.

❸ Bakken

Straßenkarte F4. Dyrehavevej 62, 2930 Klampenborg. Klampenborg. 39 63 35 44. Ende März–Okt (Öffnungszeiten variieren, siehe Website). Fahrgeschäfte. bakken.dk

Bakken wurde bereits 1583 gegründet und ist damit wohl der älteste noch existierende Vergnügungspark der Welt. Er liegt etwas außerhalb von Kopenhagen am Rand des Wildparks Jægersborg Dyrehave, eines ehemaligen Jagdgebiets.

Der Vergnügungspark verfügt über 100 Attraktionen, darunter klassische und moderne Achterbahnen und Karussells. Ein historisches Juwel ist die hölzerne Rutschebanen von 1932. Zudem gibt es Zirkusshows und eine Cabaret-Revue. Auf dem Gelände befinden sich etwa 40 Lokale und Cafés, doch Besucher können auch ihr eigenes Picknick mitbringen.

Der Eintritt ist frei, für die Fahrgeschäfte bezahlt man.

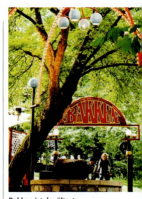

Bakken ist der älteste Vergnügungspark der Welt

❹ Frilandsmuseet

Straßenkarte F4. Kongevejen 100, 2800 Kongens Lyngby. 184, 194. Sorgenfri. 33 13 44 11. Mai–Mitte Okt Di–So 10–16 Uhr (Juli–Mitte Aug: bis 17 Uhr). natmus.dk

Das Freilichtmuseum liegt in Kongens Lyngby und ist einer der Standorte des Dänischen Nationalmuseums. Hier befinden sich über 50 Gebäude von 1650 bis 1950 aus verschiedenen Ecken Dänemarks, darunter Bauernhöfe, Mühlen, Ställe oder ein Armenhaus mit originalem Inventar. Es werden auch Tiere gehalten und Felder bewirtschaftet.

❺ Fredensborg Slot

Straßenkarte F4. Slottet 1B, 3480 Fredensborg. Fredensborg. 33 95 42 00. **Schloss** Juli, Aug: 13.45, 14.45 Uhr. **Park** ganzjährig. kongeligeslotte.dk

Fredensborg wurde ursprünglich von Frederik IV. als Jagdschloss angelegt. Das Hauptgebäude stammt von 1722, die Kapelle von 1726. Architekt war Johan Cornelius Krieger, der auch einen Barockgarten anlegte. Später wurde das Anwesen umgebaut und erweitert. Noch heute bewohnt die Königsfamilie das Schloss im Frühjahr und Herbst, dann findet auch die Wachablösung statt. Prinz Henrik, Gemahl von Königin Margrethe II., starb am 13. Februar 2018 auf Schloss Fredensborg.

Das Barockschloss Fredensborg gilt als »dänisches Versailles«

Straßenkarte siehe hintere Umschlaginnenseiten siehe auch **Karte** Seite 167

Karen Blixen Museet

Karen Blixen (1885–1962) verbrachte die aufregendste Zeit ihres Lebens in Afrika. Mit 28 Jahren verließ sie mit ihrem Ehemann Bror von Blixen-Finecke Dänemark, um in Kenia eine Kaffeeplantage aufzubauen. Safaris, das Auf und Ab ihrer Affären, das Scheitern ihrer Ehe und der Niedergang der Plantage sind Themen, die in ihrem berühmtesten Roman *Jenseits von Afrika* festgehalten sind. Die Autorin kehrte 1931 auf den Familiensitz Rungstedlund zurück und lebte dort bis zu ihrem Tod. Das Anwesen ist seit 1991 ein Museum zu Ehren der Schriftstellerin.

Infobox

Information
Straßenkarte F4. Rungsted Strandvej 111, 2960 Rungsted Kyst. 45 57 10 57. Mai–Sep: Di–So 10–17 Uhr (Juli, Aug: tägl.); Okt–Apr: Mi–Fr 13–16, Sa, So 11–16 Uhr. teilweise.
blixen.dk

Anfahrt
Rungsted Kyst.

Karen Blixens Haus
Nur ein Teil des Originalhauses steht noch. Zwei Flügel brannten ab, als Karen Blixen 13 Jahre alt war.

Afrikanisches Zimmer
Massai-Schilde und -Speere sowie andere Erinnerungsstücke aus Afrika zieren den Raum.

Karen Blixens Grab
Die unauffällige Grabplatte liegt im Park hinter dem Haus unter einer Birke. Hier fand die Autorin, die mit 77 Jahren starb, auf eigenen Wunsch die letzte Ruhe.

Karen Blixen
Karen von Blixen-Finecke hat auch unter dem Pseudonym Isak Dinesen geschrieben. Weitere Künstlernamen sind Tania Blixen, Osceola und Pierre Andrézel.

Die Verfilmung
Bei der Verfilmung von *Jenseits von Afrika* 1985 mit Robert Redford und Meryl Streep führte Sydney Pollack *(oben)* Regie. Der Film weicht stark von der Romanvorlage ab.

Jenseits von Afrika
Der Roman wurde 1937 veröffentlicht. Blixen schrieb ihn auf Englisch und übersetzte ihn dann selbst ins Dänische. Das abgebildete Cover ist eine der seltenen dänischen Erstausgaben.

❼ Helsingør

Helsingør verdankte seinen Wohlstand der Lage an der Meerenge zwischen Nord- und Ostsee. Die Stadt war im 15. Jahrhundert ein Zentrum des internationalen Schiffsverkehrs. Erik von Pommern erhob eine Steuer für jede Schiffspassage. 1857 wurden die Zölle abgeschafft, was zum Niedergang der Stadt führte. Doch mit der Eröffnung von Bahnlinien und einer Fährverbindung nach Schweden im Jahr 1864 ging es wieder aufwärts. Heute kommen die meisten Besucher wegen Kronborg Slot *(siehe S. 174f)*, dem Schauplatz von Shakespeares *Hamlet*.

Alte Apothekeneinrichtung im Stadtmuseum

Gotischer Kreuzgang um den Innenhof des Karmeliterklosteret

Überblick: Helsingør

Am besten beginnt man eine Besichtigungstour mit dem Besuch des Karmeliterklosters und des Stadtmuseums. Danach geht man die Bjergegade entlang und macht Abstecher in die Seitengassen (sehenswert ist die Stengade). Weiter südlich am Havnepladsen ist die Besucherinfo, noch ein Stück weiter der Fährhafen.

🏛 Karmeliterklosteret Sankt Mariæ Kirke ①
Sankt Anna Gade 38. ☎ 49 21 17 74. 🕘 Mitte Mai–Mitte Sep: Di–So 10–15 Uhr; Mitte Sep–Mitte Mai: Di–So 10–14 Uhr. 🌐 sctmariae.dk

Der gotische Bau stammt aus dem späten 15. Jahrhundert und gehörte ursprünglich den Karmelitern. Der Gebäudekomplex ist eines der am besten erhaltenen mittelalterlichen Klöster in ganz Skandinavien. H. C. Andersen bezeichnete es als »schönsten Ort in Dänemark«. Zu seinen Besonderheiten zählen der Kapitelsaal mit Tonnengewölbe und der mit ornithologischen Fresken geschmückte »Vogelsaal«.

Dyveke, die Mätresse von Christian II., die 1517 starb, soll hier begraben liegen.

🏛 Helsingør Bymuseum ②
Sankt Anna Gade 36. ☎ 49 28 18 00. 🕘 Di–Fr, So 12–16, Sa 10–14 Uhr. 🌐 helsingormuseer.dk

Das Gebäude (heute Stadtmuseum) wurde von den Mönchen des benachbarten Klosters errichtet, die es als Hospital für Seeleute nutzten. Zwischen den Exponaten zur Stadtgeschichte sind auch einige chirurgische Instrumente des Hospitals für Kopfoperationen zu sehen. Ein Modell von Kronborg Slot zeigt, wie das Schloss 1801 aussah.

Besucher erfahren hier, woher der Name der Region stammt: Øresund heißt so viel wie »Pfennigsund« und spielt auf den von Erik von Pommern erhobenen Schiffszoll an.

🏛 Axeltorv ③
Am Hauptplatz von Helsingør gibt es einige Lokale und Bars. Am Mittwoch- und Samstagvormittag findet hier ein bunter Markt statt, auf dem Obst, Gemüse, frischer Fisch, Käse, Blumen, Kunsthandwerk und Souvenirs verkauft werden.

Die Statue in der Mitte zeigt Erik von Pommern, den polnischen König und Neffen von Margrethe I., der zwischen 1397 und 1439 auf dem dänischen Thron saß. Nach dem Bruch der Kalmarer Union und nachdem 1439 Christoph III. von Bayern ihn vom Thron verdrängt hatte, zog der Ex-Monarch auf die Insel Gotland. Dort wurde er zum Piraten, was ihm den Spitznamen »der letzte Ostseewikinger« eintrug.

Im Alter kehrte Erik nach Pommern zurück, wo er in der heute polnischen Stadt Darłowo begraben liegt. Im Schloss von Darłowo sollen noch vom dänischen Hof geraubte Schätze versteckt sein.

Denkmal Eriks von Pommern auf dem Axeltorv

Stengade ④

Die Stengade, eine durch viele Gassen mit dem Axeltorv verbundene Fußgängerzone, liegt mitten im mittelalterlichen Viertel. Viele der bunten Fachwerkhäuser gehörten einst Kaufleuten und Fährschiffern und stammen aus dem 17. und 18. Jahrhundert. Oderns Gård (Stengade 66) wurde 1459 gebaut.

Sankt Olai Kirke ⑤

Sankt Anna Gade 12. 49 21 04 43. Mai–Aug: Mo–Fr 10–16 Uhr (Sep–Apr: bis 14 Uhr). helsingoerdomkirke.dk

Das Gotteshaus wurde um 1200 geweiht und diente jahrhundertelang als Gemeindekirche. 1961 erhielt es den Status einer Kathedrale. Zahlreiche Grabinschriften erinnern an die vielen hier begrabenen reichen Kaufleute und prominenten Bürger von Helsingør.

Das heutige Erscheinungsbild der Kirche stammt aus dem 16. Jahrhundert. Auch die Innenausstattung geht auf diese Zeit zurück. Zu den wertvollsten Objekten zählen ein gotisches Kruzifix (15. Jh.), eine Renaissance-Kanzel (1568) sowie ein geschnitzter Altar.

M/S Museet for Søfart ⑥

Ny Kronborgvej 1. 49 21 06 85. Di–So 11–17 Uhr (Juli, Aug: tägl. 11–18 Uhr). mfs.dk

Das Nationale Schifffahrtsmuseum Dänemarks in Helsingør wurde 2013 von dem international anerkannten Architekturunternehmen Bjarke Ingels Group (BIG) rund um ein altes Trockendock bei Kronborg Slot errichtet. Da die mehr als 60 Jahre alten Mauern des Docks erhalten wurden, liegen die Ausstellungsräume unter der Erde und sind wie eine Schleife um die Mauern des Docks angelegt, das so in den Mittelpunkt des Museums gerückt wird.

Besucher erleben hier eindrücklich die gewaltigen Ausmaße, die für den Schiffsbau nötig sind, und lernen in einer unterirdischen maritimen Welt Dänemarks Geschichte als eine der führenden Schifffahrtsnationen kennen.

Øresundsakvariet ⑦

Strandpromenaden 5. 35 32 19 70. Juli, Aug: tägl. 10–17 Uhr; Sep–Juni: Mo–Fr 10–16, Sa, So 10–17 Uhr. oresundsakvariet.ku.dk

Infobox

Information
Straßenkarte F4. 47 300.
Havnepladsen 3.
49 21 13 33.
visitnordsjaelland.com

Anfahrt
Helsingør.

Außer den vielen farbenfrohen Tropenfischen aus den Meeren der Welt beherbergt dieses Aquarium auch viele einheimische Arten, die aus dem Øresund stammen, darunter Quallen und Seepferdchen. Das ganze Haus ist sehr kinderfreundlich.

M/S Museet for Søfart neben dem Kronborg Slot

Zentrum von Helsingør

① Karmeliterklosteret Sankt Mariæ Kirke
② Helsingør Bymuseum
③ Axeltorv
④ Stengade
⑤ Sankt Olai Kirke
⑥ M/S Museet for Søfart
⑦ Øresundsakvariet
⑧ Kronborg Slot

0 Meter 300

Zeichenerklärung
siehe hintere Umschlagklappe

Straßenkarte *siehe hintere Umschlaginnenseiten siehe auch* **Karte** *Seite 167*

Kronborg Slot ⑧

Hamlets »Castle of Elsinore« wurde Anfang des 15. Jahrhunderts von Erik von Pommern erbaut. Frederik II. und später Christian IV. ließen es umbauen, doch seine Atmosphäre eignet sich noch immer für die Inszenierung von Shakespeare-Dramen. Imposant sind der 62 Meter lange Große Saal, das Königsgemach mit der von dem Holländer Gerrit van Honthorst geschaffenen Deckenbemalung und der »Lille Sal« (Kleiner Saal) mit den Seidengobelins des Flamen Hans Knieper aus dem 16. Jahrhundert. Seit 2000 ist Kronborg Slot UNESCO-Welterbe.

Äußeres
Der ursprüngliche Ziegelbau wurde im Jahr 1580 unter Frederik II. umgestaltet und mit einer Fassade aus Sandstein versehen.

Holger Danske
Im Verlies steht die Statue des schlafenden Helden Holger Danske. Der Sage nach wird er erwachen, sobald Dänemark in Gefahr ist, und in den Kampf ziehen.

★ **Großer Saal**
Der einst längste Saal Nordeuropas wurde 1582 errichtet. Seine Gemälde kommen aus Rosenborg Slot. Die Kronleuchter stammen aus dem 17. Jahrhundert.

Hamlet

William Shakespeare war nie in Kronborg, dem Schauplatz seines berühmten Werks. Als Vorlage für die Figur des Dänenprinzen diente Amlet, ein Wikingerkönig, dessen Leben der dänische Chronist Saxo Grammaticus in seiner *Historia Danica* (Dänische Geschichte; 12. Jh.) festhielt. Shakespeare lernte sie wahrscheinlich durch François de Belleforests *Histoires Tragiques* (1564–1582) kennen. Jedes Jahr im August findet auf dem Schloss ein Festival mit Aufführungen von *Hamlet* und anderen Shakespeare-Stücken statt.

HELSINGØR: KRONBORG SLOT | 175

★ **Kleiner Saal**
Im Lille Sal hängen sieben Gobelins mit Porträts dänischer Könige und Gedichten von deren Heldentaten.

Infobox

Information
Ny Kronborgvej.
☎ 49 21 30 78.
🕑 Apr, Mai, Okt: tägl. 11–16 Uhr; Juni–Sep: tägl. 10–17.30 Uhr; Nov–März: Di–So 11–16 Uhr.
W kongeligeslotte.dk

Königliche Gemächer
Die Räume sind mit Deckenverzierungen und Marmoröfen versehen. Früher waren die Wände mit einer goldgeprägten Lederverkleidung ausgeschlagen.

★ **Kapelle**
Die Kapelle besitzt einen schönen Altar, Eichenbänke mit aufwendig verzierten Seitenteilen, eine Königsloge und eine Orgel aus dem 18. Jahrhundert.

Außerdem

① **Trompeterturm**

② **Der Königsturm** wurde 1584/85 errichtet. Er hieß auch Drechslerturm, da in einem der Räume Frederiks II. Werkstatt mit Drehbänken untergebracht war.

③ **Der Nordtrakt** wurde im Jahr 1585 gebaut. In seinem westlichen Teil waren die Verwaltungsräume untergebracht.

④ **Die Gemächer** der Königin an der Ecke des Nordtrakts hatten eine direkte Verbindung zur Kapelle.

⑤ **Im Taubenturm** lebten Brieftauben, die wichtige königliche Mitteilungen transportierten.

Louisiana Museum of Modern Art

Das ungewöhnliche Museum wurde 1958 für eine Sammlung moderner dänischer Kunst eingerichtet. Seitdem wurde der Bau kontinuierlich erweitert. Auch die Sammlung wuchs mit amerikanischen und europäischen Arbeiten. Standort und Architektur des Museums sind gleichermaßen eindrucksvoll. Lichtdurchflutete Räume reihen sich im Halbkreis um eine Villa aus dem 19. Jahrhundert und öffnen sich auf einen Park mit Skulpturen, von dem aus man auf den Øresund blickt. Das Museum zeigt u. a. Werke von Giacometti, Henry Moore, Picasso und Warhol.

★ *Großer Daumen* (1968)
Der Franzose César Baldaccini war fasziniert von der Form seines Daumens. Der Bronzeabguss ist 1,85 Meter hoch.

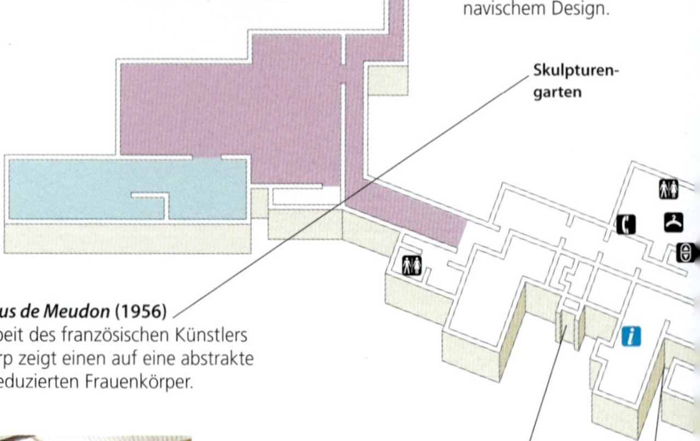

L'Homme qui marche I (1960)
Die lebensgroße Plastik eines schreitenden Mannes von Alberto Giacometti zählt zu den wichtigsten Werken des Schweizer Künstlers.

Louisiana Butik
Im Museumsshop gibt es eine große Auswahl an dänischem und skandinavischem Design.

Skulpturengarten

★ *Vénus de Meudon* (1956)
Die Arbeit des französischen Künstlers Jean Arp zeigt einen auf eine abstrakte Form reduzierten Frauenkörper.

Asger-Jorn-Saal
Dieser Bereich ist den Werken Asger Jorns (1914–1973) gewidmet, der in der dänischen Kunst des 20. Jahrhunderts eine wichtige Rolle spielte.

Haupteingang

Ausgang

Legende
- Ausstellungsfläche
- Kino
- Giacometti-Sammlung
- Kinderflügel

LOUISIANA MUSEUM OF MODERN ART | 177

Konzertsaal

Infobox

Information
Straßenkarte F4. Gammel Strandvej 13, 3050 Humlebæk.
📞 49 19 07 19. ⏰ Di–Fr 11–22, Sa, So, Feiertage 11–18 Uhr.
🌐 louisiana.dk

Anfahrt
🚉 Humlebæk.

Café
An sonnigen Tagen sitzt man im Freien und genießt den Blick auf die Küste und die Werke des Skulpturengartens.

Two Piece Reclining Figure No. 5 (1963/64)
Die Skulptur befindet sich im Skulpturengarten und trägt damit der Absicht des Bildhauers Henry Moore, die zweigeteilte Frauenfigur mit der Landschaft zu verschmelzen, Rechnung.

Der Grafische Flügel wurde 1991 eröffnet und liegt im Souterrain, um die Werke vor Tageslicht zu schützen.

Gleaming Lights of the Souls (2008)
Wände und Decken der Installation von Yayoi Kusama sind mit Spiegeln bedeckt, der Boden ist ein reflektierender Pool, und von der Decke hängen Hunderte Lampen, die ihre Farben verändern.

Erdgeschoss

★ Südflügel
Der Südflügel wurde 1982 angebaut. Er liegt halb im Hang vergraben und blickt auf den Øresund. Hier finden Sonder- und Wechselausstellungen statt.

Kurzführer
Die ebenerdigen Räume sind mit dem Südflügel und den Untergeschossen verbunden. Bis auf den Raum, in dem Werke von Giacometti und der Japanerin Kusama ausgestellt sind, werden die Kunstwerke in Rotation gezeigt. Der Kinderflügel besitzt Werkstätten und PCs für Kinder und ihre Eltern.

Straßenkarte *siehe hintere Umschlaginnenseiten* siehe auch **Karte** *Seite 167*

Frederiksborg Slot

Die erste königliche Residenz wurde 1560 von Frederik II. auf diesem Areal errichtet. 1859 wurde sie durch einen Brand zerstört. J. C. Jacobsen, der Chef der Carlsberg-Brauerei, ließ die Ruine restaurieren und richtete ein nationalhistorisches Museum ein. Heute erstreckt es sich über etwa 80 Schlossräume. Jacobsen stiftete viele seiner Gemälde, die er mit anderen Bildern chronologisch aufhängen ließ – zur Veranschaulichung der Geschichte Dänemarks. Möbel aus dem 16. Jahrhundert und die fantastische Architektur lassen die Vergangenheit wieder aufleben.

★ Slotskirken
Von 1671 bis 1840 wurden in der Schlosskapelle Dänemarks Monarchen gekrönt. Der Ebenholzaltar stammt von 1606. Er wurde von dem Deutschen Jakob Mores angefertigt.

★ Riddersalen
Der Rittersaal besitzt eine geschnitzte Holzdecke. Vergoldete Ornamente, ein Marmorofen (19. Jh.) und feine Gobelins vervollständigen die Pracht.

Audienssalen
Der Audienzsaal wurde 1688 fertiggestellt. An der Wand hängt u. a. das Porträt des stolzen Christian V., der als römischer Kaiser inmitten seiner Kinderschar dargestellt ist.

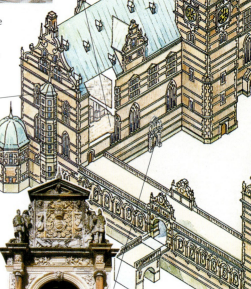

Kapellenportal
Die Eichentür des Sandsteinportals, das wie ein Triumphbogen gestaltet ist, überstand den Brand von 1859 und sieht so aus wie zu Zeiten Christians IV.

Straßenkarte *siehe hintere Umschlaginnenseiten* siehe auch **Karte** *Seite 167*

FREDERIKSBORG SLOT | 179

Infobox

Information
Straßenkarte F4. Slotsgade 1, 3400 Hillerød. 48 26 04 39. Mitte März–Okt: tägl. 10–17 Uhr; Nov–Mitte März: tägl. 11–15 Uhr. außer Rittersaal und Kirche. **Barockgarten** tägl. 10 Uhr–Sonnenuntergang.
dnm.dk

Saal von Königin Sophie
Während der Regentschaft Christians IV. benutzte die Königinmutter diesen Raum. Als hier das Museum eingerichtet wurde, hängte man Bilder Frederiks III. auf.

Im Königstrakt stehen Statuen, die den Einfluss der Planeten auf den Menschen symbolisieren – ein schönes Beispiel für niederländischen Manierismus.

Saal 42
Das überladene Barockzimmer ist typisch für die Zeit des dänischen Absolutismus. Das Bett mit den Seidendraperien wurde 1724 in Frankreich angefertigt.

Saal 46
So wie diese verzierte Uhr entsprechen alle Gegenstände im Raum der Farbgebung und dem Rokoko-Stil des Gesamtensembles.

Gärten
Die Schlossgärten wurden um 1720 angelegt und 1996 restauriert. Die getrimmten Büsche bilden ein für Barockgärten typisches symmetrisches Muster.

Die Kapelle in Frederiksborg Slot, die Christian IV. ausstatten ließ ▶

⑩ Roskilde

Das im 10. Jahrhundert von Wikingern gegründete Roskilde war Dänemarks erste Hauptstadt. 980 baute Harald I. Blauzahn hier Seelands erste Kirche und machte den Ort so zum wichtigen religiösen Zentrum. Im 11. Jahrhundert wurde Roskilde Bistum. Mit etwa 10 000 Einwohnern war die Stadt im Mittelalter eine der größten in Nordeuropa. Als Erik von Pommern die Hauptstadt verlegte, verlor der Ort seine Bedeutung, blieb aber Wirtschaftszentrum der Region. Heute tummeln sich hier im Sommer Besucher, die sich die Kathedrale und die Wikingerschiffe ansehen.

Das alte Roskilder Rathaus von 1884 im gotischen Stil

Überblick: Roskilde
Alle Sehenswürdigkeiten sind mühelos zu Fuß erreichbar. Flaniermeilen mit Läden und Cafés sind Skomagergade und Algade. Das Vikingeskibsmuseet liegt am Hafengelände.

🏛 Roskilde Domkirke ①
Siehe S. 184f.

🏛 Stændertorvet ②
Der kleine Platz an der Hauptpromenade ist das Herz von Roskilde. Im Mittelalter fanden hier Jahrmärkte statt. Die romanische Kirche Sankt Laurentii wurde Mitte des 16. Jahrhunderts geschleift, um Platz für den Markt zu schaffen. Heute kann man die Überreste der Kirche noch besichtigen, darunter den Kirchturm, der das 1884 erbaute Rathaus ziert, sowie die Kirchenfundamente. Sie liegen in den Kellergewölben des alten Rathauses und sind öffentlich zugänglich. Mitten auf dem Platz steht ein Denkmal, das u. a. Roar, den legendären Gründervater von Roskilde, zeigt. Er soll den Ort zu Ehren der Götter Thor und Odin errichtet haben.

🏛 Roskilde Palais und Museet for Samtidskunst ③
Stændertorvet 3D. 📞 46 31 65 70. Museum 🕐 Di–Fr 12–17 (Mi bis 20 Uhr), Sa, So 11–16 Uhr. 🌐 samtidskunst.dk

Das gelbe Barockpalais wurde 1733 von Laurids de Thurah erbaut und ist der ehemalige Bischofssitz von Roskilde. Der Bau ist über den sogenannten Absalon-Bogen mit der Kathedrale verbunden. In einem Teil ist das Museet for Samtidskunst (Museum für zeitgenössische Kunst) untergebracht, in dem Sonderausstellungen dänischer und internationaler Künstler zu sehen sind.

🏛 Roskilde Museum ④
Sankt Ols Stræde 3. 📞 46 31 65 00. 🕐 Di–So 10–16 Uhr (Mi bis 21 Uhr). 🌐 roskildemuseum.dk

Das Stadtmuseum ist ein Muss für jeden, der sich für die Geschichte Roskildes interessiert. Die Exponate – darunter Dokumente, Fotos, archäologische Funde und Kunstwerke – veranschaulichen die Vergangenheit der Region von der Steinzeit bis zur Gegenwart. Eine Abteilung ist dem Roskilde Festival gewidmet, das seit 1971 alljährlich stattfindet. Das Museum besitzt noch ein Zweigstelle in der Ringstedgade 6–8: das Lützhøfts Købmandsgård, einen Laden, der wie vor 100 Jahren eingerichtet ist. Hier kann man getrockneten Dorsch und Kernseife kaufen.

Roskilde Festival

Das viertägige Festival auf der Insel Seeland findet seit 1971 jährlich statt und zählt mit über 100 000 Teilnehmern zu den größten Europas. Die Veranstaltung wird von bis zu 25 000 unbezahlten Freiwilligen aufgebaut, der Gewinn geht an humanitäre, kulturelle und andere gemeinnützige Organisationen. Das musikalische Hauptaugenmerk liegt auf weniger bekannten internationalen und skandinavischen Musikern aus verschiedenen Genres, ergänzt durch einige bekannte Größen, darunter Bob Dylan, Red Hot Chili Peppers, The Who, Coldplay, Iron Maiden, Bruce Springsteen, Metallica, Rihanna, The Rolling Stones, Paul McCartney und Wiz Khalifa.

ROSKILDE | 183

Die Roskilde Vasen erinnern an das 1000-jährige Stadtjubiläum 1998

Infobox

Information
Straßenkarte F4. 50 800.
Stændertorvet 1, 4000 Roskilde. 46 31 65 65. Roskilde Festival (Ende Juni–Anfang Juli). visitroskilde.com

Anfahrt
Roskilde.

Roskilde Kloster ⑤
Sankt Peder Stræde 8. 46 35 02 19. nur Führungen. auf Deutsch vorab tel. buchen.
roskildekloster.dk

Das 1565 errichtete Kloster, ursprünglich ein Herrensitz, steht auf weitem Grund. 1699 wurde es in Dänemarks erstes Heim für ledige Mütter aus gutem Hause umgewandelt. Das Kloster hat schöne Innenräume, darunter eine Kapelle und einen Bankettsaal.

Gråbrødre Kirkegård ⑥
Der ehemalige Friedhof, auf dem im Mittelalter prominente Bürger der Stadt beerdigt wurden, wird heute als Park genutzt. Ganz in der Nähe liegt der Bahnhof, der 1847 für die Strecke Kopenhagen–Roskilde gebaut wurde. Er zählt zu den ältesten in Dänemark.

Hestetorvet ⑦
Wahrzeichen des Marktplatzes sind drei fünf Meter hohe Gefäße von Peter Brandes. Sie wurden 1998 für die Millenniumsfeierlichkeiten aufgestellt. Auf einem steht ein Gedicht von Henrik Nordbrandt, das Roskilde und Margrethe I. gewidmet ist. Mit den Riesenvasen wollte der Künstler Leben und Tod symbolisieren.

Vikingeskibsmuseet ⑧
Vindeboder 12. 46 30 02 00. Juli, Aug: tägl. 10–17 Uhr; Sep–Juni: tägl. 10–16 Uhr.
vikingeskibsmuseet.dk

Vor etwa 1000 Jahren wurden die heute im Wikingerschiffsmuseum ausgestellten Boote mit Steinen gefüllt und im Fjord versenkt, um die Durchfahrt feindlicher Schiffe zu verhindern. 1962 gelang es, fünf dieser Schiffe zu heben. Das größte ist ein 30 Meter langes Kriegsschiff, das eine Mannschaft von 70 bis 80 Wikingern aufnehmen konnte. Am besten erhalten ist ein 14 Meter langes Handelsschiff von 1040. Auch zu sehen: ein großes Frachtschiff, ein Langschiff und ein Fischerboot. Das Museum zeigt zudem eine Ausstellung zum Thema »Wikinger«.

Zentrum von Roskilde

① Roskilde Domkirke
② Stændertorvet
③ Roskilde Palais und Museet for Samtidskunst
④ Roskilde Museum
⑤ Roskilde Kloster
⑥ Gråbrødre Kirkegård
⑦ Hestetorvet
⑧ Vikingeskibsmuseet

0 Meter 400

Zeichenerklärung
siehe hintere Umschlagklappe

Straßenkarte *siehe hintere Umschlaginnenseiten siehe auch* **Karte** *Seite 167*

Roskilde Domkirke ①

Die Zwillingstürme der im 12. Jahrhundert von Bischof Absalon erbauten Kathedrale sind das Wahrzeichen von Roskilde. Die Kirche zeigt eine organische Stilmischung. Jahrhundertelang diente sie als letzte Ruhestätte für dänische Monarchen, von denen 39 hier begraben sind. Die sterblichen Überreste des Wikingerkönigs Harald I. Blauzahn sollen sich in den Säulen neben dem Hauptaltar befinden. Die Kathedrale ist seit 1995 UNESCO-Welterbe.

★ Kapelle Christians IV.
Die letzte Ruhestätte Christians IV. enthält ein Gemälde, das den König im Kampf zeigt, sowie eine Bronzestatue von Bertel Thorvaldsen.

Sankt-Brigitte-Kapelle
1511 wurde die Kapelle mit Fresken ausgestattet, darunter mit diesem kleinen Dämon in einer Ecke und in einer anderen mit Maria Magdalena, wie sie Jesus die Füße wäscht.

Außerdem

① **Die Königliche Säule** zeigt die Größe einiger dänischer Könige an. Christian I. soll 2,19 Meter groß gewesen sein. Sein Skelett misst jedoch »nur« 1,88 Meter.

② **Der Südturm** besitzt eine einzigartige Uhr mit winzigen beweglichen Figuren, z. B. der des heiligen Jørgen, der einen Drachen jagt.

③ **Die Sturmglocke** ist Dänemarks älteste Glocke.

④ **Margrethes Turm** ersetzt einen Turm, der 1968 abbrannte.

⑤ **Im Kapitelsaal** hängt ein Kruzifix aus dem Metall der beiden beim Brand 1968 geschmolzenen Glocken.

Haupteingang

Kanzel
Christian IV. gab die Kanzel 1610 in Auftrag. Die Verzierungen in Marmor, Alabaster und Sandstein fertigte Hans Brokman aus Kopenhagen.

ROSKILDE DOMKIRKE | 185

Chorgestühl
Gleich neben dem Altar finden sich diese herrlichen Beispiele gotischer Schnitzkunst.

Infobox

Information
Domkirkestræde 10.
46 35 16 24. Mai–Sep: Mo–Sa 10–17, So 13–16 Uhr (Juni–Aug: Mo–Sa bis 18 Uhr); Okt–Apr: Mo–Sa 10–16, So, 13–16 Uhr.
w roskildedomkirke.dk

★ **Altar**
Der Altar mit Szenen aus dem Leben Christi wurde im 16. Jahrhundert in Antwerpen gefertigt.

Kircheninneres
Die Kathedrale wurde mehrmals umgebaut, wobei jeweils Elemente des Zeitgeschmacks hinzugefügt wurden. Die letzten größeren Umbauten erfolgten nach dem Brand im Jahr 1968.

★ **Sarkophag Margrethes I.**
Der Sarkophag mit der Alabasterfigur Margrethes I. als junges Mädchen gilt als Prunkstück der Kathedrale.

ZU GAST IN KOPENHAGEN

Hotels	188–189
Restaurants	190–191
Shopping	192–193
Unterhaltung	194–195
Sport und Aktivurlaub	196–197
Kopenhagen mit Kindern	198–199

Hotels

Die Auswahl an Unterkünften aller Art ist in Kopenhagen riesengroß, aber nicht unbedingt günstig. Wer Wert auf eine Unterbringung im Zentrum und eine elegante Einrichtung legt, ist mindestens mit 150 Euro die Nacht dabei. Ähnlich verhält es sich mit Designhotels oder Häusern in herausragender Lage. Hotels in den umliegenden Vierteln wie Vesterbro, Nørrebro und Østerbro kommen um einiges günstiger, oft ist es hier auch ruhiger. Wer ein knapp bemessenes Budget hat, sollte in einem Hostel oder in einer Privatunterkunft übernachten. Je nach Saison schwanken die Hotelpreise sehr stark, zudem gibt es auch in der Hochsaison immer wieder Sonderangebote.

Hotels

Kopenhagen-Besucher haben eine große Auswahlmöglichkeit an Hotels. Informationen und Details gibt es reichlich in Broschüren und auf Websites. Die meisten Hotels haben Drei-Sterne-Status und richten sich an Urlauber und Geschäftsreisende. Die Mehrzahl bietet Zimmer mit eigenem Bad, Fernseher, Telefon und WLAN.

Die billigeren Hotels sind zwar eher einfach ausgestattet, aber in der Regel sauber und gut geführt. Im Zimmerpreis enthalten ist meist ein Frühstücksbüfett mit Brot und Gebäck, Müsli, Kaffee und Tee sowie Obst. Nur größere Hotels berechnen das Frühstück teilweise extra.

Wenn Sie mit dem Auto unterwegs sind, bedenken Sie, dass auch das Parken in Kopenhagen recht teuer ist. Klären Sie vorab, ob das Hotel über eigene Parkmöglichkeiten verfügt.

Das Nimb Hotel im maurischen Stil liegt im Vergnügungspark Tivoli

Buchung

Während der Hauptsaison sind viele Hotels in Kopenhagen ausgebucht. Die Preise variieren stark je nach Nachfrage und Saison. Sie sollten Zimmer also im Voraus reservieren. Buchen können Sie u. a. im Internet. Fast alle Hotels haben eine eigene Website. Reisebüros können Ihnen oft spezielle Sonderangebote oder Reisearrangements nennen.

Hotelpreise

Die Kopenhagener Hotelpreise sind eher hoch. Einfachere Hotels verlangen um die 600 bis 700 Dkr pro Nacht. Für die teuersten Hotels können bis zu 10 000 Dkr für eine Luxussuite fällig werden. Die meisten Zimmer kosten zwischen 900 und 1400 Dkr.

Im Sommer und an den Wochenenden, wenn weniger Geschäftsreisende unterwegs sind, haben manche Hotels reduzierte Preise.

Bed & Breakfast

Die Bed & Breakfast-Zimmer in Kopenhagen bieten preiswerten, guten Standard für etwa

Wakeup Copenhagen bietet günstige Zimmer

Das Nobis Hotel befindet sich in einem historischen Gebäude

◀ Pavillon mit kleiner Bar auf dem Kongens Nytorv *(siehe S. 104)*

600 Dkr pro Doppelzimmer und Nacht. Bei **Dansk Bed & Breakfast** und weiteren Portalen findet man eine Liste der Anbieter. Manche Vermieter nennen ihre Preise ohne Frühstück. Manche bieten auch gar kein Frühstück an.

Behinderte Reisende
Viele Hotels sind behindertengerecht eingerichtet, vor allem die neueren und größeren Häuser. Dennoch sollte man sich vor der Buchung erkundigen. Fast alle mehrstöckigen Häuser haben Aufzüge. Die Website von VisitDenmark bietet Informationen zu barrierefreien Hotels und Hostels. Auch die Website der Dachorganisation der Behindertenverbände (www.handicap.dk/ibs) hilft diesbezüglich weiter.

Hostels
Alle Jugendherbergen *(vandrehjem)* Dänemarks gehören der Vereinigung **Danhostel** an, die für ihre Herbergen einen bis fünf Sterne verteilt. In und um Kopenhagen gibt es vier Hostels. Neben Schlafsälen bieten sie auch »Familienräume«, in denen vier bis sechs Personen schlafen können. Allerdings muss man diese lang im Voraus buchen. Decken und Kissen werden zur Verfügung gestellt, Bettwäsche und Handtücher bringt man selbst mit (sie sind auch gegen Gebühr erhältlich). In allen Herbergen gibt es Frühstück.

Die Preise für »Familienräume« können variieren, doch der Höchstpreis für ein Bett im Schlafsaal wird jährlich für das ganze Land festgelegt. Die Übernachtungspreise sind auch saisonabhängig.

Wer in einer Jugendherberge übernachten will, muss nicht Mitglied des Internationalen Jugendherbergswerks sein, allerdings erhalten Mitglieder Vergünstigungen.

In Kopenhagen bietet **Generator Hostels** etwas luxuriösere Unterkünfte in einem sogenannten Designhostel.

Mit Kindern reisen
Wer mit Kindern Kopenhagen besuchen möchte, sieht sich vor wenig Probleme gestellt. Viele Hotels und Jugendherbergen bieten »Familienräume« für drei bis vier Personen an. Auch Ferienwohnungen sind ideal für Familien. Die Hotels der Scandic-Gruppe sind speziell auf junge Gäste eingestellt und mit netten Spielzimmern für Kinder ausgestattet.

In den meisten Hotelrestaurants gibt es nicht nur Kinderhochstühle, sondern auch besondere Gerichte für die Kleinen, die fast jedem Kind schmecken.

Ferienwohnungen
Für einen längeren Aufenthalt in Kopenhagen bietet sich eine Ferienwohnung an – die Vermietung erfolgt meist auf Wochenbasis (von Samstag bis Samstag), außerhalb der Hochsaison gibt es solche Unterkünfte bereits für ein verlängertes Wochenende. Wie bei den Hotels ist auch hier das Angebot sehr breit: von einfach bis luxuriös. Manche Häuser gehören Privatleuten, werden aber von Agenturen vermietet. Viele Firmen und Organisationen bieten Objekte an. Wie auch immer: Man sollte frühzeitig buchen.

Auf einen Blick

Buchung
- visitdenmark.com
- booking.com
- expedia.de
- hotel.de
- kayak.com
- tripadvisor.de
- trivago.de

Bed & Breakfast
Dansk Bed & Breakfast
- bedandbreakfast.dk

BedandBreakfast.com
- de.bedandbreakfast.com

Bedandbreakfast.eu
- bedandbreakfast.eu

Hostels
Danhostel
- danhostel.dk

Generator Hostels
- generatorhostels.com

HostelBookers
- de.hostelbookers.com

Ferienwohnungen
- airbnb.de
- fewo-direkt.de
- wimdu.de
- holidu.de
- 9flats.com
- casamundo.de

Das elegante Hotel Sanders liegt nahe dem Nyhavn

Zimmer im Palace Hotel gegenüber dem Rathaus

Restaurants

In Kopenhagen werden alle vorstellbaren Geschmacksrichtungen bedient. Man kann alle möglichen internationalen Küchen genießen, aber auch neu nordisch oder traditionell dänisch essen. Auch Ambiente und Lage der Restaurants sind höchst unterschiedlich – vom urigen Kellerlokal über Restaurants in hippem skandinavischem Design, mitten im Grünen, hoch oben auf einem Turm oder auf einem Schiff. Cafés – die teils bis spät in die Nacht offen haben – sind für einen kleinen Snack zwischendurch oder eines der köstlichen süßen Teilchen beliebt. Außerdem lockt ein großes Angebot an Streetfood.

Essenszeiten

Das dänische Frühstück ist eine eher bescheidene Angelegenheit. Die Dänen nehmen es meist zu Hause ein, obwohl viele Cafés Brunch servieren. Alternativ bieten zahlreiche Bäckereien in Kopenhagen Brot, Kleingebäck, guten Kaffee und einen Sitzplatz an.

Das *frokost* (Mittagessen) ist meist eine kalte Brotzeit mit diversen belegten Broten (*smørrebrød*), die zwischen 11.30 und 14 Uhr stattfindet. Die Palette reicht von der leichten Mahlzeit bis hin zum großen Büfett. Viele Lokale servieren mittags zwar warme Hauptgerichte, aber die Portionen sind kleiner, dafür preiswerter als abends.

Das *aftensmad* (Abendessen) wird ab 18 Uhr eingenommen und kann in Kopenhagen durchaus kostspielig werden. Oft verlangen Restaurants mittags und abends unterschiedliche Preise. An Wochenenden gibt es vielerorts Brunch. Spätnachts bleibt meist nur noch die Fast-Food-Option.

Das Restaurant Trio in den Axel Towers mit hervorragender Aussicht

Öffnungszeiten

Fast-Food-Restaurants machen gegen 8 oder 9 Uhr auf. Restaurants mit Mittagstisch öffnen normalerweise gegen 10 oder 11 Uhr. Kneipen hingegen bleiben bis zum frühen Nachmittag geschlossen, ausgenommen *kros* (Gasthäuser). Die meisten Restaurants servieren bis 22 Uhr. Besitzen sie keine Nachtlizenz, schließen sie um 1 Uhr. Cafés haben ganztägigen Betrieb, oft bis spätnachts.

Speisekarten

Viele Restaurants haben Speisekarten auf Deutsch. Neben der normalen Karte gibt es bei einigen ein spezielles Tagesgericht, *dagens ret*, das häufig auf einer Tafel steht. Einige Restaurants bieten auch preiswerte Zwei-, Drei- oder Vier-Gänge-Menüs an.

Mit Kindern essen

Die meisten Restaurants in Kopenhagen sind mit Hochstühlen, kinderfreundlichen Angeboten auf der Speisekarte und Aktivitäten auf junge Gäste eingestellt. Die beste Zeit für einen Restaurantbesuch mit Kindern ist der Spätnachmittag, wenn wenig los ist und daher die Wartezeiten deutlich kürzer sind.

Preise und Trinkgeld

Die Preise in Restaurants variieren gewaltig. Viele Lokale bieten ein Mittagsbüfett an. Auch bei etlichen asiatischen Restaurants ist das üblich. Für ein Drei-Gänge-Menü im Restaurant müssen Sie mit 300 bis 500 Dkr rechnen, ohne alkoholische Getränke. In gehobe-

Innenraum des Garden Café (*siehe S. 94*) beim Rosenborg Slot

nen Restaurants werden sogar bis zu 900 Dkr fällig.

Softdrinks, Bier und Aquavit (Schnaps) kosten überall ungefähr dasselbe. Die Preise für Wein und Drinks können dagegen stark variieren.

Service und Steuer sind im Preis inbegriffen. In Dänemark ist es zwar unüblich, Trinkgeld zu geben, aber wenn man mit dem Gebotenen zufrieden ist, sollte man sich nicht davon abhalten lassen, den Rechnungsbetrag aufzurunden.

Fast alle Restaurants akzeptieren Kreditkarten – die Logos der jeweiligen Karten sind meist am Eingang abgebildet.

Restaurant Tårnet *(siehe S. 148)* im Turm von Christiansborg Slot

Reservierung
Im Voraus zu reservieren ist in den meisten populären Restaurants unbedingt nötig. Auch in weniger gefragten Restaurants sollte man an Wochenenden reservieren, insbesondere zum Brunch, denn dann herrscht Hochbetrieb.

Falls Sie zu spät dran sind, sollten Sie Ihr Glück in Gegenden versuchen, in denen ein Lokal neben dem anderen liegt. Für kleinere Gruppen sollte sich ein Lokal finden, das nach kurzer Wartezeit einen Tisch hat.

Etikette
Die Dänen sind ein entspanntes Volk und legen nicht allzu viel Wert auf Etikette und formelle Kleidung. Dennoch machen sie sich gern chic, wenn sie essen gehen. Das Maß der Eleganz hängt mit der Preisklasse des Restaurants zusammen: Manche edlen Lokale erwarten Abendgarderobe oder wenigstens Hemd und Krawatte.

Vegetarische Gerichte
Die traditionelle Ernährung in Dänemark basiert in erster Linie auf Fleisch und Fisch. Aber selbst in den typisch dänischen Restaurants gibt es mehrere vegetarische Gerichte sowie Salate. Je »moderner« die Küche ist, desto mehr vegetarische und vegane Optionen sind im Angebot. Das bezieht sich auch auf Frühstückscafés und das große Angebot an Streetfood in Kopenhagen.

Darüber hinaus gibt es in Kopenhagen etliche rein vegetarische Restaurants.

Behinderte Reisende
Wie überall in europäischen Großstädten sind auch in Kopenhagen nicht alle Lokale behindertengerecht. Das gilt vor allem für Restaurants im Souterrain oder für Kellerkneipen, von denen es in Kopenhagen etliche gibt. Man findet allerdings eine große Zahl barrierefreier Restaurants – klären Sie dies vor einem Besuch am besten telefonisch.

Es gibt eine dänischsprachige, von Rollstuhlfahrern erstellte Datenbank, die barrierefreie Lokale (sowie auch Sehenswürdigkeiten und kulturelle Institutionen) auflistet (www.handicap.dk). Die Tourismusinformationen in Kopenhagen helfen ebenfalls weiter.

Eine weitere hilfreiche Quelle ist die Website www.godadgang.dk, die Einrichtungen auflistet, die für behinderte Reisende geeignet sind.

Innenhof des Amadeus *(siehe S. 94)*

Barr – in den früheren Räumen des Noma

Paludan Bogcafé *(siehe S. 125)*

Shopping

Seit vielen Jahren ist Kopenhagen das Handelszentrum einer ganzen Region, die Seeland und das schwedische Skåne umfasst. Das Einkaufen in der Metropole ist ein reines Vergnügen: Die zahllosen interessanten Läden konzentrieren sich auf ein kleines Gebiet und residieren oft in prächtigen Häusern. Auf der Strøget und in den nahen Fußgängerzonen findet man Läden mit Marken- und Freizeitkleidung genauso wie Porzellan- und Antiquitätengeschäfte. Kopenhagen ist für sein Möbeldesign bekannt und dank junger Modemacher zum Zentrum der Fashion-Szene aufgestiegen. In früher vernachlässigten Stadtteilen haben sich viele Talente angesiedelt und schaffen eine vitale Atmosphäre.

Einrichtung bei Nyt i bo *(siehe S. 95)*

Shopping-Meilen

Filialen großer internationaler Marken residieren in den zwei größten Fußgängerzonen der Stadt, der Strøget *(siehe S. 53, 108)* und der Købmagergade. Dort findet man die ganze Bandbreite von preiswerten Läden bis zu Designerboutiquen und Edelkaufhäusern (Richtung Kongens Nytorv). In den Seitenstraßen lassen sich viele weitere Läden entdecken.

In den Parallelstraßen Læder- und Kompagnistræde (Strædet, *siehe S. 98*) bieten kleine Läden vielfältigste Waren an, in der Kompagnistræde wird man etwa auf der Suche nach Antiquitäten fündig. Preiswerte Mode, Secondhand- und Musikläden drängen sich westlich der Strøget in der Larsbjørns- und in der Studiestræde.

Westlich des Hauptbahnhofs hat sich der ehemalige Rotlichtbezirk Vesterbro in eines der aufregendsten Stadtviertel verwandelt. Hier locken viele trendige Cafés am Halmtorvet sowie Kunst- und Spezialitätenläden in der Istedgade.

Schräge Schnäppchen findet man nördlich des Zentrums im multikulturellen Nørrebro. Elmegade und Fælledvej säumen Läden mit Secondhand- und recycelten Artikeln sowie Design. Schmuck aus zweiter Hand, Antiquitäten und Vintage findet man in der Ravnsborggade.

Öffnungszeiten

Vor 10 Uhr morgens kann man in Dänemark eigentlich nur Lebensmittel einkaufen. Anfang der Woche schließen die meisten Läden um 17.30 Uhr, freitags bleiben viele bis 18 oder 19 Uhr geöffnet. Samstags schließen manche Läden um 14, die meisten jedoch erst um 16 oder 17 Uhr. Kaufhäuser haben die längsten Öffnungszeiten. Die meisten kleineren Läden sind sonntags geschlossen. Größere Läden und Shopping-Center haben oft auch sonntags geöffnet.

Bezahlung

Landeswährung ist die dänische Krone (Dkr). Einige Läden nehmen auch Euro und schwedische Kronen an, jedoch meist zu einem schlechten Wechselkurs. Die allermeisten Läden akzeptieren Kreditkarten.

Die Preise sind stets inklusive der Mehrwertsteuer in Höhe von 25 Prozent. Reisende aus Nicht-EU-Ländern können sich die Mehrwertsteuer rückerstatten lassen.

Kaufhäuser und Einkaufszentren

Das **Magasin du Nord** war Skandinaviens erstes Kaufhaus und ist noch heute äußerst be-

Dies und das bei Søstrene Grene *(siehe S. 126)*

Mehrwertsteuer in Dänemark: 25 Prozent

Arket ist das Luxuslabel von H & M

SHOPPING | 193

Bei Fil de Fer *(siehe S. 95)* findet man französische Antiquitäten und Vintage

Auf einen Blick

Kaufhäuser und Einkaufszentren

Magasin du Nord
Kongens Nytorv 13. 33 11 44 33. magasin.dk

Illum
Østergade 52. 33 14 40 02. illum.dk

Fisketorvet
Kalvebod Brygge 59. fisketorvet.dk

Field's
Arne Jacobsens Allé 12. fields.dk

Design

Bang & Olufsen
Østergade 18. 33 11 14 15. bang-olufsen.com

Mode

Munthe
Store Regnegade 2. 33 32 03 12. munthe.com

Day Birger et Mikkelsen
Pilestræde 16. 33 45 88 80. day.dk

Heartmade
Pilestræde 45. 33 38 08 80. heartmade.dk

Baum und Pferdgarten
Vognmagergade 2. 35 30 10 90. baumundpferdgarten.com

Schmuck

Georg Jensen
Amagertorv 4. 33 11 40 80. georgjensen.com

Marlene Juhl Jørgensen
Store Regnegade 2. 33 93 09 92. marlenejuhljorgensen.com

Peter Hertz
Købmagergade 34. 33 12 22 16. phertz.dk

House of Amber
Østergade 13. 39 55 08 00. houseofamber.com

---

liebt. Hier findet man neben Kleidung, Kosmetik und Luxushaushaltswaren auch Bücher, Schmuck und Lebensmittel. Das ebenfalls populäre **Illum** bietet auf mehreren Etagen unter einer Glaskuppel ein hochwertiges Warenangebot.

Kopenhagens Einkaufszentren warten mit Läden, Cafés, Restaurants und Kinos unter einem Dach auf. Zu den besten zählt **Fisketorvet** in Vesterbro. Zudem lohnt der Weg zu **Field's**, einem der größten Einkaufszentren Skandinaviens, das mit 150 Läden lockt.

Design

Das berühmte dänische Design verbindet Formschönheit mit Funktionalität und hochwertigem Material. Im Showroom von **Bang & Olufsen** können Kunden die Qualität hochwertiger Audioanlagen erleben. Eine breite Auswahl für die heimische Inneneinrichtung bietet **Illums Bolighus** *(siehe S. 9)*. Innovatives Design kann man im Showroom von **Nor-**mann Copenhagen *(siehe S. 165)* bewundern. **Louis Poulsen** *(siehe S. 126)* bietet Designerleuchten. Junge Möbeldesigner präsentieren ihre modernen Klassiker bei **HAY House** *(siehe S. 126)*.

Mode

Kopenhagen bietet in Sachen Mode einfach alles – von Haute Couture bis Secondhand. Internationale Designer findet man in der Strøget beim Kongens Nytorv, preiswertere Marken entlang der Straße Richtung Rathaus.

In der Store Regnegade verkauft **Munthe** elegante, lässige Damenmode. In der Pilestræde findet man den Concept Store von **Day Birger et Mikkelsen** und **Heartmade**. In der Vognmagergade liegt der Signature Store von **Baum und Pferdgarten**.

Schmuck

Dänischer Schmuck ist für sein edles Design bekannt. Kopenhagens berühmtester Juwelier ist der Silberschmied **Georg Jensen**. Ähnlich trendy sind die Kreationen von **Marlene Juhl Jørgensen**. Schmuck, den auch die dänische Königin trägt, findet man bei **Peter Hertz**. Bernstein wird im **House of Amber** verarbeitet.

Bunter Schnickschnack bei Flying Tiger

Unterhaltung

Kopenhagens lebendiges und spannendes Kulturangebot reicht von fantastischen Opern- und Ballettaufführungen auf Weltklasseniveau in der großartigen Operaen und im Königlichen Theater über klassische Konzerte im DR Koncerthuset und im Vergnügungspark Tivoli bis hin zu Jazzclubs und Straßentheater. In kleinen Café-Lokalen und in großen Clubs spielen Bands, international bekannte DJs legen auf. Vor allem in den Sommermonaten, wenn Kopenhagen vor Lebensfreude nur so vibriert, finden zahlreiche sehenswerte Musik-, Ballett- und Theaterfestivals statt.

Konzert im voll besetzten Saal des DR Koncerthuset

Information

Aktuelle Infos zu Kulturereignissen findet man auf diversen Websites *(siehe Kasten rechts)*.

Tickets

Karten für Theater, Oper, Konzerte, Festivals und Sportveranstaltungen können Sie vor Ort, telefonisch oder online kaufen. Am Schalter des **Kongelige Teater** *(siehe S. 105)* erhält man ab 16 Uhr Abendkarten zum halben Preis. Man sollte sich früh anstellen, die Schlangen können lang sein.

Oper und klassische Musik

Opernfans sollten keinesfalls die Aufführungen in der **Operaen** *(siehe S. 145)* verpassen, in der auch Klassikkonzerte stattfinden. Von Anfang Juni bis Ende August gibt es kostenlose Aufführungen von **Det Kongelige Teater**, darunter auch Opern auf der Open-Air-Bühne am Ofelia-Strand vor dem Skuespilhuset. Anfang August organisiert das **CHP Opera Festival** *(siehe S. 66)* zwei Wochen lang Shows an verschiedenen Orten der Stadt. Das Danmarks Radio veranstaltet in den Sälen des **DR Koncerthuset** *(siehe S. 162)* Konzerte aller Art.

Für Klassik-Fans ist ein Besuch im **Tivoli Koncertsal** lohnenswert. Im Sommer gibt es hier das Tivoli Festival mit dänischen und internationalen Dirigenten, Solisten und dem 80-köpfigen Tivoli Symphony Orchestra.

Weniger formal sind die kostenlosen Konzerte der Studenten der Königlichen Musikakademie. Sie finden im Frühjahr und Sommer immer mittwochnachmittags statt (www.onsdagskoncerter.dk).

Ballett und moderner Tanz

Heimat des Königlich Dänischen Balletts ist **Det Kongelige Teater**, die Saison dauert von August bis Juni.

Das **Dansk Danseteater** ist eine experimentelle Kompanie, die 1981 vom britischen Choreografen Tim Rushton gegründet wurde. Im August präsentiert das Ensemble das beliebte Festival Copenhagen

Det Kongelige Teater – seit 1748 am Kongens Nytorv

Operaen (2004) – eine der modernsten Bühnen der Welt

Halloween im Vergnügungspark Tivoli mit Garde

Summer Dance mit Aufführungen auf dem Ofelia Plads.

Live-Musik

Internationale Künstler treten regelmäßig im legendären **Jazzhus Montmartre** *(siehe S. 127)* auf. Viele Bars veranstalten eigene Jazzsessions, darunter das **La Fontaine** *(siehe S. 127)*, der älteste Jazzclub Kopenhagens. Hier gibt es jedes Wochenende Jazz live. Im Juli findet auf den Plätzen und Straßen der Hauptstadt das **Copenhagen Jazz Festival** *(siehe S. 66)* mit einigen der besten Musiker statt. Viele Veranstaltungen sind kostenlos.

Für Bluesfans gibt es in der **Mojo Blues Bar** *(siehe S. 127)* Blues live. Das **Copenhagen Blues Festival** *(siehe S. 67)* im Oktober ist ein Muss.

Newcomer und international bekannte Bands treten im **VEGA** in Vesterbro auf. Der beliebte Club residiert in einem Gewerkschaftsbau aus den 1950ern. Junge Indie-Bands erlebt man im **Loppen** in der Freistadt Christiania.

An Sommerabenden treten im **Tivoli** *(siehe S. 118f)* Rockbands im Freien auf. Die Konzerte beginnen um 22 Uhr, der Eintritt ist im Tivoli-Ticket inbegriffen.

Clubs

Kopenhagens Clubs kommen meist erst nach Mitternacht in Fahrt. Im **Rust** in Nørrebro gibt es Club-Nächte auf drei Ebenen. Indie-Rock und Hip-Hop dominieren die Live-Musik, unten mischen DJs Indie, Punk und Electro. Die **Culture Box** ist ein puristischer Techno-Club.

Die Lagerhäuser des einstigen Schlachterviertels in Kødbyen erwachen am Wochenende zum Leben. Im **KB3** legen sowohl einheimische als auch internationale DJs auf.

Theater

Die meisten Theateraufführungen sind auf Dänisch. Die Aufführungen des Königlichen Theaters finden im **Skuespilhuset** *(siehe S. 105)* statt. **Københavns Musikteater** bietet experimentelles Musiktheater und Avantgarde-Opern.

Kino

Die Palette der Kinos reicht von Programmkinos bis zu riesigen Multiplex-Häusern. Die meisten Filme sind im Original mit dänischen Untertiteln zu sehen. Die neuesten Blockbuster laufen in den zehn Kinos des **Cinemaxx** im Fisketorvet-Einkaufszentrum.

Kino jenseits des Mainstream bieten die traditionellen Programmkinos **Grand Teatret** und **Cinemateket**.

Auf einen Blick

Information

- visitcopenhagen.com
- scandinaviastandard.com
- copenhagen.com
- cph-tourist.dk

Tickets

- ticketmaster.dk

Ballett und moderner Tanz

Dansk Danseteater
- danskdanseteater.dk

Live-Musik

VEGA
Enghavevej 40. vega.dk

Loppen
Sydområdet 4B. loppen.dk

Clubs

Rust
Guldbergsgade 8. rust.dk

Culture Club
Kronprinsessegade 54.
culture-club.com

KB3
Kødboderne 3. kb3.dk

Theater

Københavns Musikteater
Emblasgade 175.
kobenhavnsmusikteater.dk

Kino

Cinemaxx
Kalvebod Brygge 57.
cinemaxx.dk

Grand Teatret
Mikkel Bryggers Gade 8.
grandteatret.dk

Cinemateket
Gothersgade 55.
dfi.dk/cinemateket

Das Roskilde Festival *(siehe S. 66 und 182)* zählt zu den größten Europas

Sport und Aktivurlaub

Kopenhagen hält mit seinen vielfältigen Angeboten für jeden etwas bereit, der sich selbst aktiv betätigen oder anderen dabei zusehen will. Mit den vielen grünen Oasen im Stadtgebiet ist Kopenhagen ideal für eine Joggingrunde oder eine Yoga-Session. Im Juli und August zieht es die Kopenhagener an die Strände, in die Schwimmbäder und zum Sonnenbaden an den Hafen sowie in den Amager Strandpark. Auf Fahrradtouren kann man Kopenhagen und seine Umgebung erkunden. Im Winter locken die vielen Eislaufmöglichkeiten. Darüber hinaus kann man bei etlichen Sportarten zuschauen, sei es beim Marathon und Ironman oder beim allseits beliebten Fußball.

Yoga direkt am Wasser – was könnte inspirierender sein!

Sportliches Sightseeing
Sportliche Betätigung und Sightseeing lassen sich am besten bei einer Radtour *(siehe S. 216f)* oder bei einer Kajakfahrt *(siehe S. 199)* auf den Kanälen der dänischen Hauptstadt verbinden. Oder man schippert im Sommer in einem Boot auf den Kanälen des Frederiksberg Have.

Joggen
Mit seinen vielen Parks ist Kopenhagen ideal für Jogger. Wer seinen Lauf nicht allein absolvieren will, kann sich auch einer Gruppe von **AK 73**, **Running Copenhagen** oder **Sparta** anschließen.

Fitness
In Kopenhagen gibt es viele Fitnessstudios. Von der Lage her sicher das schönste ist **Fitnessdk** im BLOX. Fitnessdk und **Fitness World** betreiben mehrere Center in der Stadt.
Hinter dem Hauptbahnhof bietet das Hotel **DGI-byen** einen großen Sportbereich mit Schwimmbad, Bowlingbahn und Fitnesscenter.

Schwimmen und Strände
Im Hafenbereich von Kopenhagen gibt es drei große Bäder mit Stränden und vielen Sportmöglichkeiten. Sie haben von Juni bis Anfang September geöffnet, ein Besuch ist kostenfrei.
Direkt im Hafen an der Langebro liegt das **Havnebadet Islands Brygge** mit fünf Becken, Springtürmen und großer Liegewiese. Das **Havnebadet Fisketorvet** (auch als Copencabana bekannt) beim gleichnamigen Einkaufszentrum besitzt drei getrennte Becken: ein Kinderbecken, ein Sprungbecken und ein Schwimmbecken. Das **Havnebadet Sluseholmen** (auch Korallenbad genannt) erinnert an die Formen von Korallen und Korallenriffen.
Amager Strandpark *(siehe S. 153)* ist Kopenhagens größter Strand und bietet neben einem 4,6 Kilometer langen Badestrand alle möglichen Wassersportaktivitäten.
Im Süden schließt das **Kastrup Søbad** im Øresund mit dem fantastischen Holzbadehaus *(siehe S. 34)*, Sandstrand und Kinderspielbereich an.
Im Stadtteil Østerbro liegt der **Svanemølle Strand**, ein 4000 Quadratmeter großer Sandstrand mit einem Pier, der ins Wasser führt.
Überaus beliebt ist auch der etwas weiter entfernte, 700 Meter lange **Bellevue Strand** bei Klampenborg.

Die Marathonstrecke in Kopenhagen führt auch an der Børsen vorbei

SPORT UND AKTIVURLAUB | 197

Kopenhagen ist Europas Radfahrer-Hauptstadt Nummer eins

Kopenhagener kennenlernen

Wer einmal bei Kopenhagenern zu Hause zu Mittag oder zu Abend essen will, kann sich auf der Website von **Meet the Danes** (www.meetthedanes.dk) umsehen.

Eislaufen

Im Winter verwandeln sich viele Seen in Kopenhagen in Eislaufflächen, an denen auch Schlittschuhe ausgeliehen werden können. Ein blaues Schild zeigt an, dass die Eisfläche dick genug ist und betreten werden kann.

Zuschauersport

Fußballfans können sich die Heimspiele des Fußballclubs FC København (FCK) im Stadion **Telia Parken** am Fælledparken ansehen. Die Sportstätte bietet 42 000 Plätze.

Darüber hinaus kann man auch beim **Copenhagen Marathon**, einem der ältesten Stadtmarathons weltweit, der mitten durch die Innenstadt führt, die vielen Läufer anfeuern.

Weitere Aktivitäten

Das **Urban Ranger Camp**, einer der höchsten Indoor-Hochseilgärten weltweit, befindet sich in zwei ehemaligen Werfthallen auf Refshaleøen. Geboten sind vier Parcours mit unterschiedlichen Schwierigkeitsgraden. Skaten ist in Kopenhagen ungemein beliebt. Neben dem Fælledparken Skaterpark im Freien gibt es auch den großen Indoor-Park **Copenhagen Skatepark** in Vesterbro.

Auch **Yoga** hat viele Anhänger. Einmal im Jahr findet das Copenhagen Yoga Festival (www.copenhagenyogafestival.dk) statt.

Auf einen Blick

Joggen

AK 73
w ak73.dk

Running Copenhagen
w runningcopenhagen.com

Sparta
w sparta.dk

Bäder

Havnebadet Islands Brygge
Islands Brygge 14.

Havnebadet Fisketorvet
Kalvebod Brygge 55.

Havnebadet Sluseholmen
Ben Websters Vej 69.

Kastrup Søbad
Amager Strandvej 301, Kastrup.

Svanemølle Strand
Strandpromenaden 30.

Bellevue Strand
Strandvejen 340, Klampenborg.

Zuschauersport

FC København
w fck.dk

Telia Parken
w teliaparken.dk

Copenhagen Marathon
w copenhagenmarathon.dk

Weitere Aktivitäten

Urban Ranger Camp
w urbanrangercamp.dk

Copenhagen Skatepark
w copenhagenskatepark.dk

Im Sommer sind die Bäder am alten Hafenbecken, hier das Havnebadet Islands Brygge, sehr beliebt

Kopenhagen mit Kindern

Kopenhagen ist wie ganz Dänemark sehr kinderfreundlich und bietet selbst für die kleinsten Besucher reichlich Unterhaltung. An erster Stelle steht für Kinder wohl ein Besuch des Vergnügungsparks Tivoli oder das Stöbern im Flagship-Store von LEGO®. Auch die Wachablösung vor Amalienborg Slot ist ein sehenswertes Spektakel. Aufgrund der vielen Grünflächen und Parks mit Spielplätzen können sich Kinder bei einer Tour durch Kopenhagen immer mal wieder austoben. Auch bei Museumsbesuchen kommen sie nicht zu kurz. Viele Museen bieten spezielle Führungen oder ein anderweitiges Programm für Kinder an. Im Sommer laden die vielen Bäder zum Planschen ein.

Das Louisiana Museum of Modern Art bietet auch Kindern Spaß

Vergnügungsparks

Wer Kopenhagen mit Kindern besucht, darf keinesfalls den Vergnügungspark **Tivoli** *(siehe S. 118f)* verpassen. Dessen Attraktionen stellen selbst den anspruchsvollsten Nachwuchs (und übrigens auch Erwachsene) zufrieden.

Der in einem Wald nördlich der Stadt bei Klampenborg gelegene **Bakken** *(siehe S. 170)* gilt als ältester Vergnügungspark der Welt und bietet über 100 Attraktionen.

Zoo und Aquarium

Im **Zoologisk Have** *(siehe S. 156)* locken nicht nur die 3000 Tiere an sich, sondern auch ein Minizoo, ein Streichelgehege und der riesige »Kaninchenbau«, ein Spielplatz für die Kleinen. Besonders beeindruckend ist der Arktische Ring, wo man in einem Tunnel Eisbären und Robben unter Wasser beobachten kann.

Das Aquarium **Den Blå Planet** *(siehe S. 163)* ist das größte Nordeuropas. Hier können Kinder exotische Fische, Rochen und Hammerhaie beobachten. Beliebt sind die Seeotter. Ein weiteres Highlight ist der Unterwassertunnel, in dem man Haien ganz nah kommt.

Museen

Viele Museen an oder nahe der Strøget sind auch für Kinder interessant, etwa **Ripley's Believe It Or Not!** *(siehe S. 113)*, ein Museum voller Kuriosa, **H. C. Andersen Eventyrhuset** *(siehe S. 113)*, in dem Szenen aus Andersens Märchen nachgestellt sind, und das **Guinness World Records Museum**, in dem die Superlative aus den Büchern gezeigt werden. Da alle drei Museen zu einer Gruppe gehören, gibt es ein Kombi-Ticket.

Das **Experimentarium** *(siehe S. 158)* ist ein naturwissenschaftliches Mitmach-Museum mit vielen Attraktionen für jede Altersstufe. Ziel ist es, das Interesse vor allem der jüngeren Besucher an Wissenschaft und Technologie zu wecken.

3-D-Filme über die Welt der Sterne, die Raumforschung, die Natur und die Tiefen des Meeres gibt es auf der kuppelförmigen Leinwand des **Tycho Brahe Planetariums** *(siehe S. 116f)* zu sehen.

Das **Nationalmuseet** *(siehe S. 138)* hat einen eigenen Flügel für Kinder, das Børnemuseet. Hier erfahren Kinder, wie Menschen zu anderen Zeiten und in anderen Ländern gelebt haben, und können historische Gegenstände anfassen.

Im **Statens Museum for Kunst** *(siehe S. 92f)* gibt es Familienführungen und kindgerechte Abteilungen. Im Jugend-Kunst-Laboratorium (U.L.K.) können ältere Kinder und Jugendliche in Workshops Kunst erleben und selbst tätig werden.

Das **Louisiana Museum of Modern Art** *(siehe S. 176f)* hat ein eigenes Kinderhaus, in dem Kinder und Jugendliche ihrer Fantasie freien Lauf lassen können, dazu gibt es Aktivitäten – etwa offene Werkstätten –, die mit aktuellen Ausstellungen und Werken des Museums verknüpft sind.

Der Tunnel im Arktischen Ring im Zoologisk Have

Dank guter Radwege kann man auch mit Kindern eine Radtour machen

Auf einen Blick

Museen

Guinness World Records Museum
Østergade 16. ☏ 33 32 31 31.
🕐 tägl. 10–22 Uhr.
🌐 ripleys.com

Theater

ZeBU
Øresundsvej 4. ☏ 71 99 88 77.
🌐 zebu.nu

Marionet Teatret
Kronprinsessegade 21.
☏ 33 12 12 29.
🌐 marionetteatret.dk

Spielplätze

Spielplätze in Kopenhagen
🌐 international.kk.dk/playgrounds

Skydebanehaven
Absalonsgade 12, Vesterbro.
🌐 minicph.com

Tower Playground
Frederik V's Vej 4, Fælledparken.

Bredegrund Byggelegeplads
Bredegrund 8, Amager.

Bootsfahrten

Friendship
Trangravsvej 1. ☏ 53 83 78 78.
🌐 friendships.dk

GoBoat
Islands Brygge 10.
☏ 40 26 10 25. 🌐 goboat.dk

Kayakrepublic
Børskaj 12. ☏ 22 88 49 89.
🌐 kayakrepublic.dk

Kajakhotellet
Amager Strandpark,
Havkajakvej 2.
☏ 36 15 16 10.
🌐 kajakhotellet.dk

Theater

Kindertheater ist in Dänemark beliebt. Theater für Kinder bieten kindgerechte Sitze oder zentrale Bühnen. Im **ZeBU** auf Amager gibt es Vorstellungen für Kinder ab einem Jahr, viele davon pantomimisch.

Kostenloses Puppentheater kann man von Juni bis Mitte August im **Marionet Teatret** im Kongens Have genießen.

Spielplätze

In fast jedem der Kopenhagener Parks in der Innenstadt und im Botanischen Garten gibt es neben den Grünflächen auch Spielplätze, auf denen sich Kinder austoben können. Im **Botanisk Have** *(siehe S. 89)* sollte man mit Kindern auch dem Schmetterlingshaus mit seinen exotischen Faltern einen Besuch abstatten.

Eine kleine Oase inmitten von Vesterbro ist der **Skydebanehaven**. Wahrzeichen ist ein riesiger Papagei mit Rutsche und Kletterleiter. Des Weiteren gibt es dort einen riesigen Sandkasten, ein Planschbecken, Schaukeln, Seilbahnen und einen Kletterturm.

Der **Tower Playground** im Fælledparken wartet mit Miniaturversionen von Kopenhagens berühmtesten Türmen auf, darunter der Radhausturm, der Rundetårn und der Turm der Vor Frelsers Kirke. Im Fælledparken gibt es zudem noch einen großen Skaterpark.

Auf dem **Bredegrund Byggelegeplads** können Kinder jeden Alters unterschiedliche Dinge entdecken, sie können u. a. auch an Bord eines Piratenschiffs klettern.

Bäder und Bootsfahrten

Die meisten **Bäder** in Kopenhagen *(siehe S. 196)* sind mit Becken für Kinder, Rutschen und Kinderzonen ausgestattet. In den Sommerferien finden zudem Veranstaltungen speziell für Kinder statt.

Ein großer Spaß für Kinder ist es auch, Kopenhagen mit dem **Boot** zu erkunden. Dafür gibt es zahlreiche Möglichkeiten. Entweder man nimmt an einer geführten Tour teil oder man mietet selbst ein kleines Boot, das bis zu acht Personen Platz bietet. Rettungswesten sind im Preis inbegriffen.

Für ältere Kinder ist ein Ausflug mit einem **Kajak** ein tolles Sommervergnügen.

Im Botanischen Garten können Kinder herumtollen

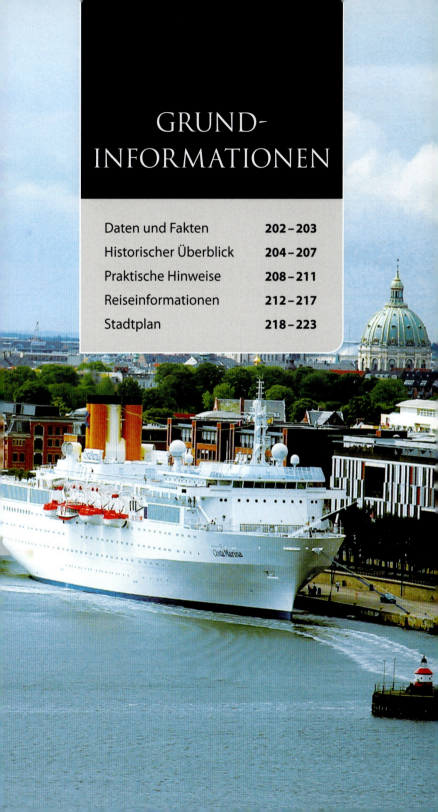

GRUND-INFORMATIONEN

Daten und Fakten	202–203
Historischer Überblick	204–207
Praktische Hinweise	208–211
Reiseinformationen	212–217
Stadtplan	218–223

Daten und Fakten

🌐 Geografische Daten

Fläche: 86,2 km²
Höhe: 24 m über NN

Lage: Kopenhagen liegt auf mehreren Inseln an der Ostküste Seelands (Sjælland) am Øresund. Der Nordteil der Insel Amager gehört zum Stadtgebiet. Zwischen Amager und der Insel Saltholm erstreckt sich die Øresund-Brücke. Diese Brücke verbindet Kopenhagen mit Malmö in Schweden.

Name: Der Name København stammt von Køpmannæhafn (Kaufmannshafen). Im Isländischen heißt die Stadt bis heute Kaupmannahöfn.

Kopenhagen aus dem Weltall

Entfernung von Kopenhagen zu anderen Städten

Berlin	440 km
Hamburg	330 km
Frankfurt am Main	820 km
München	980 km
Zürich	1200 km
Wien	1140 km

🌐 Lage

55°41' nördlicher Breite,
12°35' östlicher Länge

🕐 Zeitzone

MEZ bzw. MESZ (wie Berlin)

📋 Verwaltung

Flagge von Dänemark

Kopenhagen ist die Hauptstadt des Staates Dänemark. Hier ist der Sitz des Parlaments (Folketing), der Regierung sowie die Residenz der dänischen Königin Margrethe II.

Kopenhagen gehört zur Verwaltungsregion Hovedstaden und zur dänisch-schwedischen Metropolregion Öresundregion (Provinzen Schonen, Hovedstaden und Seeland).

Logo der Region Hovedstaden

Wappen der Stadt Kopenhagen

Die Kommune Kopenhagen umfasst zehn Stadtteile: Indre By, Vesterbro/Kongens Enghave, Nørrebro, Østerbro, Amager Øst, Amager Vest, Valby, Bispebjerg, Vanløse und Brønshøj-Husum.

👨‍👩‍👧‍👦 Bevölkerung

Einwohner
613 000 Einwohner (wie Stuttgart). Im Großraum Kopenhagen leben 1 295 700 Einwohner, in der Metropolregion Öresundregion 3,88 Millionen.

Bevölkerungsdichte
Durch die kleine Fläche von 86,2 km² ergibt sich eine Dichte von 7115 Einwohnern pro Quadratkilometer (zum Vergleich: München 4730 Einw./km², Singapur 7799 Einw./km²).

Bevölkerungsstruktur
Nach dem großen demografischen Boom in den 1990er Jahren bis 2010 stieg der Anteil der Einwanderer in Kopenhagen an: 76 % der Bewohner sind Dänen, 18 % Einwanderer, 6 % Kinder von Einwanderern.

Lebensqualität
Kopenhagen gilt zwar als eine der teuersten Städte der Welt (*Forbes*-Liste), aber die Lebensqualität ist hier besonders hoch. Kopenhagener gelten als die glücklichsten Menschen der Welt. Sie fühlen sich rundum »hyggelig« *(siehe S. 40f)*.

◀ Kreuzfahrtschiffe im Hafenterminal Nordre von Kopenhagen

Wirtschaft

Beschäftigungsstruktur: Die Mehrheit der 350 000 Beschäftigten Kopenhagens arbeitet im Dienstleistungs-, Finanz- und Forschungsbereich. Knapp 10 000 sind in der industriellen Produktion tätig.

Zentrale Stellung: Kopenhagen ist das unumstrittene Wirtschafts-, Finanz-, Wissenschafts- und Verkehrszentrum Dänemarks.

Business Cluster: Kopenhagen und die Öresundregion bilden »Business Cluster« in den Bereichen Informationstechnologie, Biotechnologie, Pharmazie, Umwelttechnik und »Smart City Solutions«.

Firmen: Neben berühmten Brauereien wie Carlsberg und Tuborg und der Porzellanfirma Royal Copenhagen sind vor allem zu nennen: die weltgrößte Reederei A.P. Møller-Mærsk, die Pharmafirmen Novo Nordisk und Lundbeck, die Biotech-Firma Novozymes und das Medicon Valley für Life Science.

Verkehr

Flughafen: Der Flughafen Kopenhagen-Kastrup, 8 Kilometer südlich der Stadt, besteht schon seit 1925. Jährlich passieren ihn knapp 30 Millionen Reisende, es gibt 265 000 Starts und Landungen.

S-tog (S-Bahn): Kopenhagens S-Bahn verbindet Stadt und Umland mit sechs Linien. Insgesamt hat das Netz 85 Stationen, inklusive einer Ringlinie um das Stadtzentrum.

Metro (U-Bahn): Kopenhagen hat erst seit 2002 eine U-Bahn. Zurzeit verkehren Züge auf zwei Linien. Das Netz soll auf vier Linien ausgebaut werden und dann über einen Stadtring (Cityringen) verfügen. Alle Züge sind fahrerlos und vollautomatisch.

Havnebussen (Hafenbus): Eine lokale Besonderheit sind die Hafenbusse, die mit drei Linien und neun Anlegestellen von Refshaleøen im Norden bis nach Teglholmen verkehren. Diese Fahrt lohnt sich!

Klima

Temperaturen

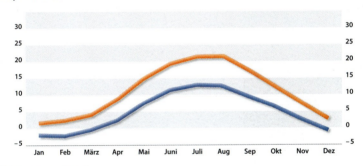

— Maximale Temperatur in °C
— Minimale Temperatur in °C

Sonnenstunden und Regentage

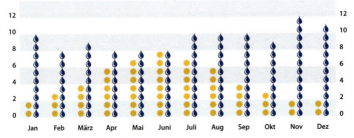

- Durchschnittliche tägliche Sonnenstunden
- Durchschnittliche Regentage pro Monat

Historischer Überblick

Kopenhagen hat eine wechselvolle Geschichte hinter sich, wurde oftmals zerstört, aber immer wieder aufgebaut, was auch unter einem architektonischen Gesichtspunkt eine überaus ansprechende und interessante Mischung zur Folge hatte.

1043 Erste schriftliche Erwähnung des Fischerorts »Havn«

1167 Gründung Kopenhagens durch Bischof Absalon, der im Auftrag von Valdemar I. eine Festung in Havn baut

1254 Kopenhagen erhält Stadtrecht

Statue des Bischofs Absalon am Rathaus

1416 Erik VII. erklärt Kopenhagen zur Residenzstadt

1443 Kopenhagen löst Roskilde als Hauptstadt ab. Der erste in Kopenhagen gekrönte König ist Christian I., der 1479 die Universität gründet

1596–1648 Regierungszeit von Christian IV. Er gilt als Kopenhagens »Baumeister« (u. a. Rosenborg Slot, Frederiksborg Slot, Rundetårn)

1728, 1795 Große Brände vernichten weite Teile der Stadt. Frederik V. legt den Grundstein für das Frederiksstaden genannte Viertel rund um Amalienborg Slot

Christian IV.

1801, 1807 Die englische Marine unter Nelson und Wellington bombardiert Kopenhagen, die Stadt liegt in Trümmern

1800–1860 »Goldenes Zeitalter«, Wiederaufbau der Stadt (u. a. Thorvaldsens Museum, Vor Frue Kirke)

1843 Eröffnung des Tivoli

1848 Abschaffung der absolutistischen Monarchie und Verabschiedung eines demokratischen Grundgesetzes (1849)

1853 Erweiterung der Stadt, es entstehen die Stadtviertel Nørrebro und Vesterbro

H. C. Andersen (1805–1875)

HISTORISCHER ÜBERBLICK | 205

1910

1913 Die Statue der Kleinen Meerjungfrau (Den Lille Havfrue) wird aufgestellt

1918 Christiansborg Slot wird Sitz des dänischen Parlaments (Folketing)

1920

Den Lille Havfrue

1930

Christiansborg Slot

1940 — **1940–1945** Deutsche Besatzung

1949 Einsetzung des »Fingerplans« zur regionalen Entwicklung des Großraums Kopenhagen

1950

1960

1962 Mit der Strøget entsteht eine der weltweit ersten Fußgängerzonen

1970 — **1971** Gründung der Freistadt Christiania

Buntes in Christiania

1972 Margrethe II. wird Königin

1980

1990

Königin Margrethe II.

1996 Ernennung Kopenhagens zur Kulturhauptstadt Europas

2000 Eröffnung der Øresund-Brücke, Dänemark lehnt Euro-Einführung ab
2002 Fertigstellung der ersten Metro-Linie
2005 Eröffnung der Oper
2008 Eröffnung des Schauspielhauses

2012 Eröffnung des ersten Schnellradwegs (cykelsuperstier)
2014 Kopenhagen ist Europas Umwelthauptstadt
2015 Eröffnung der Cirkelbroen von Ólafur Elíasson für Fußgänger und Radfahrer

2020 — **2017** Eröffnung des Experimentariums in Hellerup

Cirkelbroen von Ólafur Elíasson

Wikinger

Die Bezeichnung »Wikinger« meint generell Angehörige skandinavischer Völker, die zwischen 800 und 1100 mit Schiffen über die Meere segelten. Sie trieben im ganzen Norden und entlang der Flüsse Ost- und Westeuropas Handel, unternahmen aber auch Raubzüge. Die ersten »Raubritter« hatten es vor allem auf reiche Klöster abgesehen. Mit ihrer Brutalität verbreiteten sie Angst und Schrecken im christlichen Europa. Die Wikinger galten als gottlose Plünderer und Vergewaltiger. Tatsächlich waren sie auch hervorragende Seeleute, die sogar bis nach Nordamerika segelten.

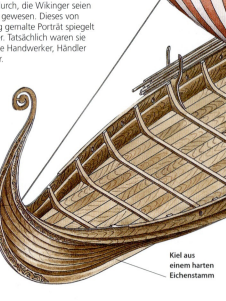

Ornament
Dieses Silberornament fand man 1952 in Lindholm Høje (Jütland). Es ist ein charakteristisches Schmuckstück der Wikinger.

Starke Seile halten den Mast

Silbermünze
Die Wikinger etablierten Handelsrouten nach Ost und West. Vom 9. Jahrhundert an waren Silbermünzen wie diese vom Stützpunkt in Hedeby (Haithabu) als Zahlungsmittel in Umlauf.

Die Segel bestanden aus Schafwolle oder Flachs und waren oft kostbarer als der Rest des Boots.

Wikinger-»Häuptling«
Im 19. Jahrhundert setzte sich die Ansicht durch, die Wikinger seien Barbaren gewesen. Dieses von Carl Haag gemalte Porträt spiegelt dies wider. Tatsächlich waren sie geschickte Handwerker, Händler und Jäger.

Bug und Heck eines Wikingerschiffs hatten dieselbe Form, was schnelle Richtungswechsel ermöglichte.

Köpfe am Steven
Die Steven der Schiffe wurden mit figürlichen Köpfen in Schlangen- oder Drachenform verziert. Der Verlust eines solchen Kopfs galt als böses Omen.

Kiel aus einem harten Eichenstamm

Wikingerschiffe

Die Kriegsschiffe der Wikinger waren meist etwa 30 Meter lang. Das längste, das man je fand, maß 70 Meter. Neben der rund 60-köpfigen Rudermannschaft fanden bis zu 400 Menschen Platz.

WIKINGER | 207

Frauenfigurine
Die selbstständigen Frauen der Wikinger führten Haus und Hof, wenn ihre Männer monatelang abwesend waren.

Die Planken wurden aus überlappenden Eichenbohlen zusammengenagelt. Ritzen zwischen den Planken dichtete man mit geteerter Wolle oder Pelz ab.

Die Segelschiffe hatten flache Kiele und befuhren seichte Gewässer bis zu einem Meter Tiefe.

Wikingerzüge
Zunächst fanden die Raubzüge im Frühjahr und Sommer statt. Ab etwa 845 überwinterten die Wikinger an den Mündungen ausländischer Flüsse und konnten so ganzjährig angreifen.

Wikingerarchitektur

Die meisten Bauten der Wikinger bestanden aus Lehm, Holz und Stein und stehen heute nicht mehr. Am besten erhalten sind Festungen, die während der Regentschaft von Harald Blåtand (Harald I. Blauzahn) im späten 10. Jahrhundert an strategischen Stellen nahe Fyrkat (Ost-Jütland), Aggersborg (Nord-Jütland), Trelleborg (Seeland) und Nonnebakken (Fünen) entstanden. Die befestigten Siedlungen waren von kreisförmigen, zwölf Meter breiten und vier Meter hohen Dämmen mit 120 Meter Durchmesser umgeben. Die Festung Fyrkat bestand aus 16 Wohnkomplexen, auf engem Raum lebten hier bis zu 1000 Menschen zusammen. An der Stelle steht heute ein rekonstruiertes Wikingergehöft.

Das Langhaus bei Fyrkat wurde aufgrund von archäologischem Wissen mit authentischen Gerätschaften und Materialien nachgebaut.

Haustüren der Wikinger wie diese in Frederikssund waren massiv und dienten dem Schutz vor Eindringlingen und auch vor Naturgewalten.

Praktische Hinweise

Alljährlich zieht es viele Besucher aufgrund der Vielfalt der Attraktionen nach Kopenhagen. Allerdings ist die Hauptsaison relativ kurz, die langen Wintermonate bringen Kälte und Dunkelheit. Auskunft zu erhalten ist einfach – vor allem über das Internet. Die Reiseplanung dürfte keinerlei Problem darstellen. Die meisten Hotels und Sehenswürdigkeiten haben eigene Websites, teilweise auf Deutsch und/oder Englisch. Hotels und Gästehäuser sind gepflegt und einladend. Die größeren Museen und Sammlungen verfügen über weltberühmte Kollektionen und sind meist auch deutsch und/oder englisch beschriftet. Kopenhagen ist eine sichere Destination, dennoch sollte man Wertsachen nicht offen herumtragen. Die dänische Polizei ist effektiv, die Kopenhagener sind sehr hilfsbereit.

Reisezeit

Die beste Zeit für eine Reise nach Kopenhagen ist in den milden Monaten zwischen Mitte April und Mitte Oktober sowie im Dezember, wenn die Stadt im vorweihnachtlichen Glanz erstrahlt.

Einreise und Zoll

Dänemark ist Teilnehmerstaat des Schengener Abkommens, d. h., Bürger der EU und der Schweiz müssen bei der Einreise keinen Ausweis vorlegen. Ein Pass bzw. Personalausweis ist gleichwohl mitzuführen – zumal Dänemark wieder Grenzkontrollen eingeführt hat. Jedes Kind benötigt ein eigenes Ausweisdokument.

Besucher aus EU-Mitgliedsstaaten dürfen seit 2004 Waren für den persönlichen Gebrauch zollfrei einführen. Zur Abgrenzung zwischen privater und gewerblicher Verwendung gelten die folgenden Richtmengen: 800 Zigaretten, zehn Liter Spirituosen, 90 Liter Wein, 110 Liter Bier.

Information

Kopenhagen bietet neben dem Visitor Centre in der Vesterbrogade noch acht autorisierte Tourismusinformationspunkte (Postmuseum, Rådhus, Tivoli, Statens Museum for Kunst, Illum, Nationalmuseet, Frederiksberg Centret und Biblioteket). Mehrsprachige Mitarbeiter geben Besuchern Auskunft zu Sehenswürdigkeiten und Events. Zudem versorgen sie Sie gern mit Karten und Broschüren. Viele wissenswerte Informationen und Tipps findet man auch auf den Websites von **Visit-Denmark**, der dänischen Tourismuszentrale, und **Visit-Copenhagen**.

Eintrittspreise und Öffnungszeiten

Einige Museen und Sehenswürdigkeiten senken die Preise einmal die Woche (meist mittwochs). Ermäßigungen bieten die **Copenhagen Card** *(siehe S. 215)* und das Ticket **Parkmuseerne** (www.parkmuseerne.dk), mit dem man für 195 Dkr ein Jahr lang sechs Museen (Davids Samling, Cinemateket, Den Hirschsprungske Samling, Rosenborg Slot, Statens Museum for Kunst, Statens Naturhistoriske Museum) besuchen kann.

Viele Museen sind montags geschlossen. Große Museen haben an bestimmten Wochentagen längere Abendöffnungszeiten.

Läden sind meist von 10 bis 18 Uhr offen, freitags schließen sie um 19 oder 20 Uhr, samstags zwischen 12 und 16 Uhr. Die meisten Läden haben mittlerweile auch sonntags geöffnet, auch wenn die Öffnungszeiten von Laden zu Laden variieren.

Kirchen sind meist nur an bestimmten Tagen geöffnet. Während der Gottesdienste kann man Kirchen grundsätzlich nicht besichtigen.

Sehenswürdigkeiten haben oft saisonal unterschiedliche Öffnungszeiten.

Behinderte Reisende

Behinderte Reisende werden in Kopenhagen nicht auf allzu große Probleme stoßen. Hotels, Museen und etliche Attraktionen haben Rampen oder Lifte sowie Einrichtungen für Seh- und Hörbehinderte. Bei Hotels, Museen und Restaurants in älteren oder historischen Gebäuden ist die Situation eher ungünstig. Am besten erkundigen Sie sich vorab.

Mit Kindern reisen

Kinder werden in Restaurants akzeptiert, am besten geht man vor 20 Uhr hin. Restaurants bieten Kinderkarten, Hochstühle und Wickelbereiche. Die meisten Busse sind mit Liften ausgestattet, sodass man mit Kinderwagen kein Problem hat.

Botschaften

Im Notfall können Urlauber ihre Botschaft kontaktieren. Auf der Website der Dänischen Botschaft in Berlin finden Sie viele Informationen.

Sicherheit

Dänemark ist ein sicheres Land mit einer niedrigen Kriminalitätsrate. Sogar in Kopenhagen ist die Wahrscheinlichkeit gering, dass Reisende Schwierigkeiten bekommen. Dennoch sollten Sie um Ihrer persönlichen Sicherheit willen Kreditkarten, Bargeld und Handy nicht sichtbar herumtragen. Sollte ein Unfall oder ein Verbrechen geschehen, arbeiten die dänischen Polizeibeamten und Rettungskräfte effektiv und schnell. In jedem Fall sollten Sie Passanten als Zeugen heranziehen und um Hilfe bitten. Normalerweise wird kein Däne Ihnen seine Hilfe verweigern.

Polizei
Während der Sommersaison tragen die Polizeibeamten schwarze Hosen und hellblaue Hemden. Im Winter kommt eine schwarze Jacke dazu. Verkehrspolizisten haben meist Lederoveralls an und fahren weiße Motorräder. Normale Streifenwagen sind weiß und tragen in blauen Buchstaben die Aufschrift POLITI. Die meisten Polizisten und Polizistinnen verfügen zumindest über Grundkenntnisse in Englisch und/oder Deutsch.

Notfälle
Falls sich ein Unfall, eine ernsthaft bedrohliche Situation, ein Brand, ein Überfall oder eine ähnliche Gefahrensituation ereignet, die Hilfe durch Rettungskräfte erforderlich macht, wählen Sie die **112**. Der Euro-Notruf ist eine länderübergreifende gebührenfreie Nummer, die mit qualifizierten Kräften besetzt ist. Sie sprechen auch Englisch und Deutsch und leiten Ihren Notruf unverzüglich an die richtige Stelle weiter.

Diebstahl und Verlust
Falls Sie Reisedokumente oder Gegenstände verloren haben, sollten Sie zuerst im nächsten Fundbüro *(hittegods)* nachfragen. Diese gibt es auf allen Polizeirevieren. Vergessene Gegenstände in Zügen, S-tog oder Metro melden Sie dem diensthabenden Personal am Bahnhof. Verluste in Bussen teilen Sie den Servicebüros der jeweiligen Busgesellschaft mit.

Den Verlust oder Diebstahl einer Kreditkarte oder girocard sollten Sie schnellstmöglich Ihrem Kreditkarteninstitut bzw. Ihrer Bank melden *(siehe S. 210)*.

Ärzte, Kliniken und Apotheken
Die meisten dänischen Ärzte sprechen Englisch, manche auch Deutsch. Alle Krankenhäuser haben Notfallabteilungen. Das alte Wort dafür war *skadestue*, es wird mittlerweile durch *akutklinik* ersetzt.

Apotheken *(apotek)* sind an Wochentagen in der Regel von 9.30 bis 17.30 Uhr geöffnet, samstags bis 13 Uhr. In Kopenhagen haben einige durchgehend geöffnet, ihre Adressen sind im Schaufenster oder am Eingang jeder Apotheke aufgelistet. Meist muss man außerhalb der normalen Öffnungszeiten (nach 20 Uhr an Werktagen, nach 16 Uhr am Samstag, den ganzen Sonntag) klingeln.

Krankenversicherung
Dänemark-Besuchern steht bei einem medizinischen Notfall eine kostenlose Behandlung zu, vorausgesetzt, der Patient ist nicht zum Zweck der Behandlung nach Dänemark eingereist. Gesetzlich versicherte EU-Bürger erhalten aufgrund der Europäischen Krankenversicherungskarte (EHIC) die notwendige ambulante oder stationäre medizinische Versorgung. Private Krankenversicherungen ersetzen ebenfalls Arztkosten im Ausland.

Stadtführungen
In Kopenhagen kann man an vielen Stadt- und Themenführungen zu Wasser und zu Land teilnehmen – zu Fuß, mit dem Fahrrad, dem Bus oder mit einem Boot.

Auf einen Blick

Information

VisitDenmark
Islands Brygge 43,
2300 Kopenhagen S.
☎ +45 32 88 99 00.
🌐 visitdenmark.com

VisitDenmark (D)
(auch für A und CH)
Glockengießerwall 2,
20095 Hamburg.
☎ 01805 32 64 63.

Copenhagen Visitor Centre
Vesterbrogade 4A.
☎ +45 33 25 74 00.
🌐 visitcopenhagen.com

Botschaften

Deutsche Botschaft
Göteborg Plads 1,
2150 Kopenhagen Nordhavn.
☎ +45 35 45 99 00.
🌐 kopenhagen.diplo.de

Österreichische Botschaft
Sølundsvej 1,
2100 Kopenhagen.
☎ +45 39 29 41 41.
🌐 aussenministerium.at/kopenhagen

Schweizer Botschaft
Richelieus Allé 14,
2900 Hellerup.
☎ +45 33 14 17 96.
🌐 eda.admin.ch/copenhagen

Königlich Dänische Botschaft
Rauchstraße 1,
10787 Berlin.
☎ +49 30 50 50 20 00.
🌐 tyskland.um.dk/de

Notruf

Euro-Notruf
☎ 112 (gebührenfrei).

Polizei
☎ 114 (gebührenfrei).

Diebstahl und Verlust

Fundbüro
Polizeirevier Kopenhagen, Slotsherrensvej 113,
2720 Vanløse.
☎ 38 74 88 22.

Kliniken

Amager Hospital
Italiensvej 1.
☎ 32 34 32 34.

Apotheken (24 Stunden)

Steno Apotek
Vesterbrogade 6C.
☎ 33 14 82 66.

Sønderbro Apotek
Amagerbrogade 158.
☎ 32 58 01 40.

Stadtführungen

🌐 copenhagenfree walkingtours.dk
🌐 denmark.city-tourist.de/Kopenhagen
🌐 goldendays.dk
🌐 guides.dk
🌐 historytours.dk
🌐 showme copenhagen.dk
🌐 stromma.dk

Banken und Währung

Die Akzeptanz von Kreditkarten ist in Kopenhagen hoch. Dennoch sollten Sie für kleinere Ausgaben auch immer ein wenig dänisches Bargeld bei sich haben. Falls Sie nicht zu Hause wechseln wollen, können Sie gleich an der Grenze, am Flughafen oder am Fährhafen an einem Bankautomaten mit Ihrer Kreditkarte oder der girocard dänische Kronen abheben. Bei den meisten dänischen Banken finden Sie auch Geldautomaten.

Banken und Geldwechsel

Banken haben in der Regel montags bis freitags von 10 bis 16 Uhr geöffnet, donnerstags sogar bis 18 Uhr. An Wochenenden und an gesetzlichen Feiertagen bleiben Banken geschlossen.

Devisen kann man am Flughafen wechseln. Die besten Bedingungen zum Wechsel von Bargeld bietet **Forex**. Eine dänische Krone entspricht derzeit 0,13 Euro.

Geldautomaten

Am einfachsten ziehen Sie Kronen mit Kredit- oder Debitkarten an Geldautomaten. In Kopenhagen sind Geldautomaten weitverbreitet.

Kredit- und Debitkarten

Kreditkarten wie **Visa** oder **MasterCard** sind in Dänemark als bargeldloses Zahlungsmittel weitverbreitet. **American Express** und **Diners Club** sind weniger gebräuchlich.

Auch mit der *girocard* können Sie problemlos Geld am Automaten abheben oder bargeldlos bezahlen.

In Läden, Restaurants und Tankstellen lesen die Angestellten die Karte ein und legen Ihnen einen Abbuchungsbeleg zur Unterzeichnung vor oder lassen Sie Ihre PIN eingeben. Manchmal gelten Mindestbeträge.

Währung

Die dänische Krone unterteilt sich in 100 øre. Die Mehrzahl von dänisch *krone* ist *kroner* (DKK, Dkr oder Kr). Münzen gibt es als 50 Øre sowie als 1-, 2-, 5-, 10- und 20-*Kroner*-Münzen. Banknoten sind in fünf Werten im Umlauf: 50, 100, 200, 500 und 1000 *kroner*.

Auf einen Blick

Banken

Danske Bank
Nørre Voldgade 68, 1358 København. **Stadtplan** 1 B5.
45 12 06 00.
danskebank.dk

Jyske Bank
Vesterbrogade 9, 1780 København V. **Stadtplan** 3 A2. 89 89 00 10. jyskebank.dk

Nordea
Grønjordsvej 10, 2300 København S. 70 33 33 33.
nordea.dk

Geldwechsel

Forex Copenhagen
Nørre Voldgade 90, 1358 København. **Stadtplan** 1 B5.
33 32 81 00.

Kartenverlust

Allgemeine Notrufnummer
+49 116 116.
116116.eu

American Express
70 20 44 99.

Diners Club
70 30 12 01.

MasterCard
80 01 60 98.

Visa
80 01 02 77.

girocard
+49 69 740 987.

---

20 Kroner · 10 Kroner · 5 Kroner

Münzen
Die 20- und 10-Kronen-Stücke sind goldfarben und tragen auf der Rückseite das Bild der Königin. Die 5-, 2- und 1-Kronen-Stücke sind silberfarben und haben ein Loch. Die 50-Øre-Münze ist kupferfarben.

2 Kroner · 1 Krone · 50 Øre

Banknoten
Dänische Banknoten haben unterschiedliche Größen und Farben. Der kleinste Wert ist die 50-Kronen-, der größte die 1000-Kronen-Note. Seit 2011 sind neue Banknoten mit neuem Design (Brücken) und Sicherheitsmerkmalen in Umlauf, alte Scheine sind nach wie vor gültig.

50 Kroner (Sallingsundbroen)

100 Kroner (Den Gamle Lillebæltsbro)

200 Kroner (Knippelsbro)

500 Kroner (Dronning Alexandrines Bro)

Kommunikation

Das Staatsunternehmen der dänischen Post (Post Danmark) bietet einen umfassenden Service. Briefe und Postkarten brauchen zwei bis vier Tage, um Ziele innerhalb Europas zu erreichen. Innerhalb von Dänemark sind sie nur ein bis zwei Tage unterwegs. Aufgrund der Verbreitung von Mobiltelefonen gibt es in Dänemark mittlerweile weniger öffentliche Telefonzellen (oft Kartentelefone) als früher. Teilnehmernummern in Dänemark sind achtstellig.

Am leuchtenden Rot zu erkennen: dänischer Briefkasten

Länder-Vorwahlen
- Dänemark: 0045.
- Deutschland: 0049.
- Österreich: 0043.
- Schweiz: 0041.

Telefonieren

Dänemark hat generell keine Ortsvorwahlen. Telefonnummern haben acht Ziffern. Die Nummern, die mit 20 bis 31 beginnen, sind Mobilfunknummern, die Festnetznummern in Kopenhagen beginnen mit 32 bis 39. Nummern mit 80 am Anfang sind gebührenfrei, 90er Nummern sind Premiumnummern.

Öffentliche Telefonzellen sind auch in Dänemark wegen der Verbreitung von Mobiltelefonen mittlerweile fast ausgestorben.

Skype oder Instant-Messaging-Dienste wie **WhatsApp** sind Alternativen zu Auslandstelefonaten.

Mobiltelefone

Die Netzdichte für Mobiltelefone ist in Kopenhagen sehr hoch. Seit Juni 2017 sind sämtliche Roaming-Gebühren in der EU entfallen. Als Mobilfunkkunde zahlt man auch im Urlaub nur so viel wie in seinem Heimatland. Gegen Missbrauch gilt eine neue Fair-Use-Grenze.

Internet

Dänemark hat rasch das Breitband-Internet eingeführt. Kostenlose WLAN-Verbindungen sind Standard – nicht nur in den meisten Hotelzimmern (sogar in den preisgünstigeren), sondern auch in Cafés und im öffentlichen Nahverkehr, im regionalen S-tog in Kopenhagen und in einigen Bussen. Auch im gesamten Flughafen von Kopenhagen gibt es WLAN-Verbindungen.

Die Zahl der Internet-Cafés ist dank der Verbreitung von WLAN rückläufig. Kostenlose WLAN-Hotspots gibt es fast überall. Man findet sie über **openwifi**.

Post und Kurierdienste

Dänische Postämter erkennt man der Aufschrift »POST« in weißen Buchstaben auf rotem Grund. Postämter haben montags bis freitags von 9 bis 17 Uhr geöffnet, donnerstags bis 18 Uhr, samstags von 9 bis 12 Uhr. Dort können Sie telefonieren, Pakete oder Einschreiben aufgeben sowie Briefmarken und Umschläge kaufen. Postlagernde Sendungen *(poste restante)* kann man sich an alle Postämter schicken lassen.

Briefmarken erhalten Sie in Postämtern und in vielen Souvenirläden. Zudem gibt es Briefmarkenautomaten. Eine Postkarte oder ein Standardbrief ins europäische Ausland kostet 27 Dkr.

Die dänischen Briefkästen sind rot und mit einem Posthorn sowie der Krone versehen. Auf ihnen steht auch, wann die nächste Leerung ist. Aus Kopenhagen abgeschickte Briefe verlassen Dänemark innerhalb von 24 Stunden.

Logo der dänischen Post

Neben der Post gibt es Kurierdienste wie **DHL** und **UPS**, die man telefonisch buchen kann.

Zeitungen und Zeitschriften

Die großen internationalen Tageszeitungen wie *Süddeutsche Zeitung*, *Frankfurter Allgemeine* oder *Neue Zürcher Zeitung* sowie englischsprachige Zeitungen wie *The Times* und *Wall Street Journal* können Sie in Kopenhagen am Bahnhofskiosk oder bei großen Zeitschriftenhändlern kaufen. Dort erhalten Sie auch Magazine wie *Spiegel*, *Stern* oder *Time*. Dänemark selbst gibt etwa 50 Tageszeitungen heraus. Am auflagenstärksten sind *Politiken* und *Jyllands-Posten*. Die Wochenzeitung *Copenhagen Post* bringt Nachrichten und Veranstaltungshinweise auf Englisch.

Auf einen Blick

Internet

openwifi
🌐 openwifi.dk

Post und Kurierdienste

Post Danmark
📞 70 70 70 30.
🌐 postdanmark.dk

DHL
📞 70 34 53 45.
🌐 dhl.dk

UPS
📞 35 25 80 80 (Seeland).
🌐 ups.com

Reiseinformationen

Die Flugverbindungen in die dänische Hauptstadt sind sehr gut. Maschinen aus weltweit mehr als 100 Städten landen auf Kopenhagens Flughafen. Er ist mit knapp 30 Millionen Passagieren pro Jahr der größte Flughafen Skandinaviens und dient als Drehkreuz mehrerer Fluggesellschaften. Mit Bahn und Fähre reisen weit weniger Menschen nach Kopenhagen, gleichwohl sind sie die bevorzugten Verkehrsmittel der Besucher aus skandinavischen Nachbarländern. Aus Deutschland kommen auch viele per Auto. Die Brücken über den Storebælt und den Øresund nach Schweden haben den Verkehr entscheidend erleichtert. Der gut ausgebaute öffentliche Personennahverkehr in und um Kopenhagen macht einen Besuch sehr angenehm und unkompliziert.

Anreise mit dem Flugzeug

Besucher der dänischen Hauptstadt kommen am Flughafen Kopenhagen (Københavns Lufthavn, früher Kastrup) an.

SAS Scandinavian Airlines, **Lufthansa**, **Austrian** und **Swiss** bieten von vielen größeren Städten in Deutschland, Österreich und der Schweiz Direktflüge nach Kopenhagen an. SAS offeriert Kopenhagen-Flüge von Hamburg, Berlin, Düsseldorf, Frankfurt am Main, Stuttgart, München, Wien, Zürich und Genf aus.

Flugzeug von SAS Scandinavian Airlines

Københavns Lufthavn

Københavns Lufthavn (CPH) ist der größte Skandinaviens und dient als Drehkreuz für SAS Scandinavian Airlines sowie als Basis für Norwegian Air Shuttle und weitere Gesellschaften. Der Flughafen hat vier Terminals: drei für internationale Flüge und einen für Inlandsflüge. Er liegt auf der Insel Amager, nur acht Kilometer vom Stadtzentrum entfernt.

Terminal 4 namens Cph Go wird von den Billigfluglinien easyJet, Ryanair und Transavia genutzt.

Wie alle dänischen Flughäfen verfügt CPH über äußerst hilfsbereites Personal und eine ausgezeichnete Informationsstruktur. Im Flughafen gibt es eine große Duty-Free-Zone, Läden und Restaurants sowie Bankautomaten und Wechselstuben. An den Terminals 1 und 3 sind die Autovermietungen vertreten.

Die CPH-Einrichtungen sind für alle Passagiere zugänglich. Im gesamten Flughafenbereich gibt es kostenloses WLAN.

Falck bietet einen Service für behinderte Reisende. Dieser muss im Voraus gebucht werden, entweder über die Website des Flughafens oder direkt bei Falck.

Vom Flughafen in die Stadt

Vom Flughafen (Terminal 3) verkehrt ein Shuttlezug im Zehn-Minuten-Takt zum Hauptbahnhof (Fahrzeit 12 Min.). Die Züge fahren den ganzen Tag über, auch nachts, dann allerdings weniger häufig. Viele Züge fahren – nach dem Stopp am Hauptbahnhof – entlang der Küste Richtung Helsingør. Achtung: Es fahren auch Züge Richtung Schweden. Prüfen Sie, ob Sie am richtigen Bahnsteig sind.

Die Metro-Linie M2 verbindet den Flughafen mit der Innenstadt (Fahrzeit 15 Min.). Busse verkehren regelmäßig im 15-Minuten-Takt zwischen Flughafen und Stadtzentrum (Rådhuspladsen). Die Fahrkarte (36 Dkr) kostet fast genauso viel wie ein Ticket für den Shuttlezug, doch die Fahrt dauert etwa dreimal so lang.

Direkt vor Terminal 3 finden Sie einen Taxistand. Fahrten ins Zentrum kosten etwa 250 Dkr und können mit Kreditkarte bezahlt werden.

Anreise mit dem Zug

Kopenhagen kann man von allen europäischen Großstädten per Bahn erreichen. Berühmt ist die sogenannte Vogelfluglinie von Hamburg nach

Der Duty-Free-Bereich im Kopenhagener Flughafen

ANREISE | 213

Fähre von DFDS Seaways

Kopenhagen (Fahrzeit circa 4,5 Std.). Dabei wird der Zug zwischen Puttgarden und Rødby auf die Fähre verladen. Dänemark plant einen Tunnel als feste Fehmarnbelt-Querung. Andere Routen führen über Flensburg nach Jütland und Fünen. Die Deutsche Bahn bietet Verbindungen aus allen deutschen Städten via Hamburg nach Kopenhagen. Ein Autozug führt von Lörrach nach Hamburg, die restliche Strecke nach Kopenhagen kann man per Auto und/oder Autofähre zurücklegen.

Anreise mit dem Bus
Man kann auch mit dem Bus nach Kopenhagen reisen. Die günstigen Fernbusse von **Flixbus** fahren von vielen europäischen Städten in die dänische Hauptstadt.

Anreise mit der Fähre
Die größten Fährunternehmen sind **DFDS Seaways**, **Stena Line**, **Color Line**, **Fjord Line** und **Scandlines**.

Die Eröffnung der Brücken über den Storebælt (1998) und den Øresund (2000) hat den Fährverkehr zwischen Seeland und Fünen sowie zwischen Dänemark und Schweden stark reduziert.

Fährrouten
Von Deutschland sind die häufigsten Fährverbindungen nach Dänemark: Puttgarden–Rødbyhavn (1 Std.), Rostock–Gedser (2 Std.), Sassnitz/Mukran–Rønne (Bornholm), List (Sylt)–Havneby (Rømø).

Die meisten Fähren von Deutschland aus betreibt **Scandlines** (u. a. Puttgarden–Rødby und Rostock–Gedser).

Von den Fährhäfen gibt es meistens eine Busverbindung zum Hauptbahnhof.

Anreise mit dem Auto
Dänische Autobahnen sind gebührenfrei. Die Straßen sind gut ausgeschildert und in gutem Zustand. Die (mautpflichtige) Fahrt über die Storebælt- oder die Øresund-Brücke nach Schweden ist an Tagen mit klarer Sicht atemberaubend.

Die einzige dänische Festlandgrenze ist die zu Deutschland. Die Hauptverkehrsader von Deutschland nach Dänemark ist die A7, die in Dänemark zur E45 wird. Hinter Kolding muss man auf die E20 Richtung Kopenhagen.

Autofahrer benötigen Führerschein und Fahrzeugschein. Die Grüne Versicherungskarte wird empfohlen. Die Verkehrsregeln sind fast die gleichen wie in Deutschland. Achtung: Auf allen Straßen muss tagsüber mit Abblendlicht gefahren werden. Weiße Dreiecke auf der Fahrbahn heißen: »Vorfahrt gewähren«. Bei Autobahnzufahrten muss man einfädeln lassen. Der ADAC-Partnerclub heißt **FDM**. Pannenhilfe durch den FDM ist kostenpflichtig.

Fernbus von Flixbus

Auf einen Blick

Fluglinien

Austrian
w austrian.com

Lufthansa
w lufthansa.com

SAS Scandinavian Airlines
w flysas.com

Swiss
w swiss.com

Flughafen

Københavns Lufthavn
Lufthavnsboulevarden 6,
2770 Kastrup.
32 31 32 31.
cph.dk

Falck
70 33 33 11.
falck.com

Züge

DSB
w dsb.dk

Rejseplanen
w rejseplanen.dk

Deutsche Bahn
w bahn.de

Bus

Flixbus
w flixbus.de

Fähren

Color Line
w colorline.de

DFDS Seaways
w dfdsseaways.de

Fjord Line
w fjordline.com/de

Scandlines
w scandlines.de

Stena Line
w stenaline.de

Maut

Øresund-Brücke
w oresundsbron.com

Storebælt-Brücke
w storebaelt.dk

Autoclub

FDM
w fdm.dk

Öffentliche Verkehrsmittel

Kopenhagen besitzt ein exzellentes modernes öffentliches Verkehrsnetz. Für alle Verkehrsmittel wie Metro (U-Bahn), S-tog und Bus (auch Wasserbus) gilt ein Ticket. Die dänische Hauptstadt ist jedoch auch ideal, um sie zu Fuß oder mit dem Fahrrad zu erkunden. Kopenhagen ist eine der sichersten Städte Europas. Es ist kein Problem, allein auf den Straßen oder mit öffentlichen Verkehrsmitteln unterwegs zu sein – selbst mitten in der Nacht.

Busse

Das von **Movia** betriebene Busnetz hat ein gemeinsames Tarifsystem mit Metro und S-tog. Bushaltestellen sind mit gelben Schildern gekennzeichnet, auf denen »BUS« steht. Den Fahrplan finden Sie ebenfalls dort.

Fahrkarten können Sie im Bus kaufen, sofern Sie passendes Kleingeld haben. Streifenkarten müssen Sie am Automaten neben dem Busfahrer vor Fahrtantritt abstempeln. Die Haltestellen werden auf einem Display angezeigt. Der Ausstieg erfolgt über die mittlere oder die hintere Tür.

Die Busse nehmen den Betrieb gegen 5 Uhr (sonntags 6 Uhr) morgens auf. Zudem gibt es Nachtbusse (gekennzeichnet mit »N«), die nachts spezielle Routen befahren.

Metro

Kopenhagens **Metro** (U-Bahn) ergänzt das S-tog-Netz. Bislang gibt es zwei Linien (M1 und M2), eine verbindet den Flughafen mit der Stadt. Eine 15,5 Kilometer lange Ringstrecke mit 17 neuen Stationen soll bis 2019 fertiggestellt sein. Bis dahin sind u. a. Rådhuspladsen, Kongens Nytorv, Marmorkirken und Gammel Strand Großbaustellen. Bis 2023 sollen zwei weitere Metro-Linien in der Peripherie folgen (aktuelle Infos unter www.m.dk). Haltestellen sind an der Oberfläche mit einem roten »M« gekennzeichnet und schon von Weitem zu erkennen.

Die Metro-Züge sind vollautomatisch und bestehen aus modernen Waggons ohne Fahrer. Die Türen öffnen sich automatisch. Sie schließen mit der Bahnsteigkante ab, sodass niemand auf die Gleise fallen kann. Im Notfall oder als Rollstuhlfahrer kann man sich an allen Türen bemerkbar machen. Vor Fahrtantritt müssen Fahrkarten an den gelben Automaten auf dem Bahnsteig abgestempelt werden.

S-tog

Kopenhagens S-Bahn heißt **S-tog** und wird von der DSB (Dänische Staatsbahn) betrieben. Das Netz besteht aus zehn Linien, die alle den Hauptbahnhof passieren und von dort die Vororte der Stadt ansteuern. Auf der DSB-Website gibt es einen Routenplaner. Die Züge sind groß und hell und bieten genügend Platz für Rollstühle und Fahrräder. Fahrräder darf man nur außerhalb des Berufsverkehrs mit in den Zug nehmen. Bildschirme in den Wagen zeigen Verkehrsinformationen und Nachrichten. Darüber hinaus gibt es eine WLAN-Verbindung.

Fahrkarten können Sie an den Bahnhöfen kaufen. Vor Fahrtantritt müssen Sie sie (Magnetstreifen nach unten) an den gelben Automaten auf dem Bahnsteig abstempeln.

Das Logo des S-tog ist ein rotes Sechseck mit dem Buchstaben »S«. Die Linien sind mit Buchstaben von A bis H gekennzeichnet. Züge mit einem zusätzlichen »X« sind Expresszüge, die nicht an allen Stationen halten. Der Großteil der Stationen ist behindertengerecht.

Die Züge verkehren die ganze Woche von 5 Uhr morgens bis etwa 1 Uhr. Freitag- und samstagnachts gibt es auch Züge während der Nacht.

Regionalzüge

Der Großraum Kopenhagen (HT) erstreckt sich nördlich bis Helsingør und Hornbæk und östlich bis Roskilde und Lejre. Viele Attraktionen (siehe S. 166–185) kann man auf einem Tagesausflug mit Regionalzügen besichtigen.

Mit der S-tog kann man die Vororte Kopenhagens erkunden

Sehr beliebt: die vorderen Plätze in der Metro

ÖFFENTLICHE VERKEHRSMITTEL | 215

Züge sind ideal, um von Kopenhagen aus Ausflüge zu machen

Auf einen Blick

Busse

Movia
🌐 moviatrafik.dk

Metro und S-tog

Metro
🌐 m.dk

S-tog / Regionalzüge
🌐 dsb.dk

Tickets

Citypass
🌐 citypass.dk

Copenhagen Card
🌐 copenhagencard.com

FlexCard
🌐 dsb.dk

Hafenbusse

Movia
🌐 moviatrafik.dk

Tickets

Kopenhagens öffentliches Transportnetz hat ein gemeinsames Tarifsystem, d. h., dasselbe Ticket gilt für Fahrten in S-tog, Metro und Bus. Man kann damit von einem Verkehrsmittel ins andere umsteigen. Fahrscheine bekommen Sie an Schaltern, an Automaten oder beim Busfahrer.

Kopenhagen ist in acht Zonen sowie einen Außenraum aufgeteilt. Zonenübersichtskarten gibt es bei den Infoschaltern. Der günstigste Einzelfahrschein *(billet)* gilt innerhalb von zwei Zonen und kostet 24 Dkr. Ein Einzelticket für drei Zonen kostet 36 Dkr. Bevor Sie S-tog, Metro oder Bus besteigen, müssen Sie das Ticket an einem Automaten entwerten. Der Stempel zeigt, wann und wo Sie eingestiegen sind. Der Fahrschein gilt dann innerhalb von zwei bis drei Zonen eine Stunde lang, innerhalb von vier, fünf und sechs Zonen 90 Minuten lang, innerhalb von sieben zwei Stunden lang.

Der **City Pass** für 24 (80 Dkr), 48 (150 Dkr), 72 (200 Dkr) oder 120 Stunden (300 Dkr) erlaubt unbegrenztes Fahren in öffentlichen Verkehrsmitteln.

Die **Copenhagen Card** gewährt uneingeschränkte Nutzung der Verkehrsmittel, kostenlosen Eintritt zu 86 Sehenswürdigkeiten sowie Rabatte für Attraktionen, Aktivitäten und Restaurants. Es gibt sie für 24 (54 €), 48 (77 €), 72 (93 €) und 120 (121 €) Stunden. Man kann die Card vorab bestellen und sich zuschicken lassen.

Mit der **FlexCard** kann man eine Woche lang umsonst die öffentlichen Verkehrsmittel nutzen. Der Preis liegt je nach Zonenauswahl zwischen 260 und 620 Dkr.

Autofahren

Ein Großteil des Stadtzentrums ist autofrei. Parkplätze sind rar und teuer. Lassen Sie das Auto also besser stehen.

Taxis

Taxis findet man jederzeit überall in der Stadt. Ein Taxi mit *Fri*-Zeichen können Sie einfach an der Straße heranwinken. Taxistände gibt es am Hauptbahnhof sowie an den Haltestellen Nørreport, Østerport und Kongens Nytorv.

Hafenbusse

Bootsfahrten sind eine gute Sightseeing-Möglichkeit, denn die Kanäle führen an allen Hauptsehenswürdigkeiten Kopenhagens vorbei. Eine günstige Alternative zu Fahrten mit einem Führer stellen die gelben Hafenbusse 991, 992 und 993 dar, die von Movia betrieben werden. Sie kosten so viel wie Metro und Busse. Die Hafenbusse verbinden Refshaleøen und Nordre Toldbod im Norden über Stationen wie Operaen und Nyhavn mit Teglholmen, dem südlichen Hafenbereich. Die Schiffe fahren an Werktagen alle 30 Minuten, am Wochenende alle 45 Minuten.

Hafenbus, der den großen Kanal Kopenhagens entlangfährt

Radfahren

Kopenhagen gehört zu den radfahrerfreundlichsten Städten der Welt. Es gibt sehr viele Radwege, die oft von Straßen und Gehwegen abgesetzt sind, sowie eigene Rad- und Fußgängerbrücken über die Kanäle. Das städtische Fahrradleihsystem bietet 24 Stunden täglich an 365 Tagen im Jahr Elektrofahrräder mit Touchscreen-Tablets. Fahrräder kann man auch – außer zu Stoßzeiten – in den Wagen der S-tog mitnehmen.

E-Bike von Bycyklen mit Touchscreen

Bycyklen

In Kopenhagen und Frederiksberg gibt es ein städtisches Fahrradleihsystem. Die Elektroräder stehen an über 100 Aufladestationen, die über die ganze Stadt verteilt sind, durchgehend zur Verfügung. Bei jedem E-Bike befindet sich in der Mitte des Lenkers ein Touchscreen-Tablet, auf dem der Stadtplan oder Sehenswürdigkeiten abgerufen werden können. Bei der Erstnutzung muss man einen User Account erstellen – entweder online oder direkt auf dem Touchscreen. Nach der Eingabe von Name, E-Mail-Adresse, Telefonnummer und Kreditkarteninformationen kann man das Rad entriegeln, und los geht's. Die E-Bikes erreichen eine Geschwindigkeit von 24 km/h, eine volle Batterie reicht je nach Fahrstil für 25 Kilometer. Die Gebühr beträgt 30 Kronen pro angefangener Stunde. Auf dem Touchscreen kann man auch immer den Batteriestand ablesen. Wenn das Rad aufgeladen werden muss, erscheint eine entsprechende Meldung – mit Angabe der nächsten Stationen. Die Räder können an jeder Aufladestelle zurückgegeben werden.

Die Fahrradbrücke Cykelslangen

Legende

- 🟢 Grüne Fahrradroute
- 🔵 Havneringen (Hafenroute)
- 🟠 Nationale Fahrradroute

Fahrradrouten

Rund um Kopenhagen gibt es viele Fahrradrouten zu erkunden. Durch die neuen Hafenbrücken ist ein 13 Kilometer langer Rundradweg um den

RADFAHREN | 217

Auflade- und Ausleihstation des städtischen Fahrradsystems Bycyklen

Touchscreen-Tablet von Bycyklen

Auf einen Blick

Fahrradverleih

Bycyklen
W bycyklen.dk

Fahrradrouten

W bikemap.net

W visitcopenhagen.com/harbourcircle

W supercykelstier.dk

Tipps für Radfahrer

Dansk Cyklist Forbund
W cyklistforbundet.dk/deutsch

Cycling Embassy of Denmark
W cycling-embassy.dk

Hafen Kopenhagens entstanden. Die Route des **Havneringen** erstreckt sich auf beiden Seiten des Hafens vom Nyhavn im Norden nach Sluseløbet im Süden und führt über fünf Brücken: Inderhavnsbroen, Cirkelbroen, Bryggebroen, Belvederebroen und Slusen.

2000 veröffentlichte die Stadt einen Vorschlag für ein Netz von 22 **grünen Fahrradrouten** mit einer Länge von 110 Kilometern. Die Strecken sollen Radfahrern eine sichere und »grüne« Strecke ermöglichen und gleichzeitig Oasen in der Stadtlandschaft schaffen.

Um die Quote der Fahrradfahrer zu erhöhen, hat Dänemark Pendler als neue Zielgruppe ins Auge gefasst. Auf **Cykelsuperstier** sollen sie schnell ins Zentrum gelangen. Kopenhagen will hierfür die Radschnellwege auf drei Meter verbreitern und eine »Grüne Welle« entlang der Strecke einführen.

In ganz Dänemark gibt es ein Fahrradroutennetz von insgesamt 3500 Kilometer Länge, das sich in elf **nationale Routen** aufteilt. Diese Wege verbinden alle Landesteile von Süden nach Norden und von Osten nach Westen.

Tipps für Radfahrer

Der dänische Radfahrerverband **Dansk Cyklist Forbund** hat Tipps für Radfahrer im Stadtverkehr ausgegeben:
– Immer gelassen bleiben.
– Vor dem Überholen anderer Radfahrer immer nach hinten schauen.
– Auf dem Radweg möglichst weit rechts fahren, damit andere überholen können.

Transportfahrräder sind sehr beliebt

– Haben Sie immer ein Auge auf den Verkehr. Lassen Sie das Handy in der Tasche.
– Zeigen Sie immer an, was sie vorhaben. Geben Sie Handzeichen, wenn Sie abbiegen oder anhalten möchten.
– Stellen Sie sich nicht vor andere Radfahrer, die bereits an einer Ampel bei Rot warten.
– Beharren Sie nicht auf Ihrem Recht – dies kann lebensgefährlich sein.
– Nach dem Anhalten bitte auf dem Bürgersteig warten.
– Fahren Sie am besten nicht mit einer großen Kapuze oder/und Musik über Kopfhörer.
– Fahren Sie mit angepasster Geschwindigkeit.
– Auch wenn keine Helmpflicht besteht, sollte man besser mit Fahrradhelm fahren.

Stadtplan

Die Kartenverweise bei Kopenhagens Sehenswürdigkeiten, Hotels, Restaurants, Bars, Läden und Veranstaltungsorten beziehen sich auf den *Stadtplan* der nächsten Seiten. Dort sind Sehenswürdigkeiten, bekannte historische Gebäude und Museen eingetragen, aber auch Nützliches wie der Hauptbahnhof, die Stationen von Metro-Linien, Regionalzügen und wichtigen Buslinien sowie andere öffentliche Einrichtungen. Die Namen von Straßen und Plätzen sind dänisch: Das Wort *gade* heißt Straße, *stræde* ist die Gasse, *vej* der Weg, *plads* bedeutet Platz, *torv* heißt Markt oder Marktplatz, *allé* ist eine Allee, bei *bro* handelt es sich um eine Brücke, *have* ist der Park oder Garten.

Legende

- Hauptsehenswürdigkeit
- Sehenswürdigkeit
- Anderes Gebäude
- Metro-Station (U-Bahn)
- S-tog-Station (S-Bahn)
- Bahnhof
- Information
- Krankenhaus mit Notaufnahme
- Polizei
- Kirche
- Synagoge
- Eisenbahn
- Fußgängerzone

Maßstab der Karten 1–4
1:11 500
0 Meter 200

Kartenregister

A
A. F. Kriegers Vej	2 D1
Abildgårdsgade	1 B3
Adelgade	1 C5, 2 D4, D5
Admiralgade	3 C1, 4 D1
Ahlefeldtsgade	1 A5, B5
Amager Boulevard	3 C3, C4, 4 D4, E4, F4
Amagerbrogade	4 E4, F4, F5
Amagerfælledvej	4 E3, E4, E5
Amagergade	4 E3
Amagertorv	3 C1
Amaliegade	2 E4, E5
Andreas Bjørns Gade	4 F2
Anker Heegårds Gade	3 B3
Arendalsgade	2 D2
Artillerivej	3 B5, C5, 4 D4, D5
Axel Heides Gade	3 A5, B5

Å
Åbnerå	1 B5, C5

B
Bådsmandsstræde	4 E2, F3
Badstuestræde	3 B1, C1
Bergensgade	2 D2, D3
Bergthorasgade	3 C4, C5
Bernstorffsgade	3 A2, A3, B3, B4
Blegdamsvej	1 A1, A2, A3, B1, B2
Blekingegade	4 F5
Borgerbo	4 E4, E5
Borgergade	2 D4, D5
Borgmester Jensens Allé	1 A1
Bornholmsgade	2 E4
Børsgade	4 D2
Bredgade	2 D5, E4, E5
Bremerholm	4 D1, D2
Brigadegården	4 F5
Brobergsgade	4 E2, F2
Brolæggerstræde	3 B1, C1
Bryggergade	3 B2
Bryghusgade	3 C3
Burmeistersgade	1 F2

C
Christian IX's Gade	1 C5
Christians Brygge	3 C3, 4 D2
Christianshavns Voldgade	4 E3, F3
Classensgade	1 C2, 2 D1, D2
Cort Adelers Gade	4 E1

D
D. Balfours Gade	4 D3
Dag Hammarskjölds Allé	1 C2, 2 D2, D3
Dagøgade	4 F5
Dampfærgevej	2 E1, E2
Delfingade	2 D3
Dronningens Tværgade	2 D5
Dronningensgade	4 D3, E3
Dybensgade	4 D1

E
Eckersbergsgade	1 B3
Egilsgade	3 C4, C5, 4 D5
Elsdyrsgade	2 D3, D4
Esplanaden	2 E4, F4

F
Faksegade	1 C1
Falcks Gade	3 B3
Finlandsgade	4 E5, F5
Fiolstræde	1 B5, 3 B1
Fiskedamsgade	1 C1
Folke Bernadottes Allé	2 D3, E2
Forbindelsesvej	2 E2
Fortunstræde	3 C1, 4 D1
Fredensgade	1 A2, A3
Fredericiagade	2 D4, E4, E5
Frederik V.s Vej	1 A1, A2, B2
Frederiksberggade	3 B1, B2
Frederiksborggade	1 A4, A5, B5
Frederiksholms Kanal	3 C2

G
Gammel Strand	3 C1
Gammelmønt	1 C5
Gammeltoftsgade	1 B3, B4
Gefiongade	2 D1, E2
Gernersgade	2 D4
Gothersgade	1 A4, B4, B5, C5, 2 D5
Grønningen	2 D3, E4
Gunløgsgade	3 C4, C5

H
H. C. Andersens Boulevard	3 A1, A2, B2, B3, C3
Halfdansgade	3 B4, C4, C5
Hallandsgade	4 F5
Hallinsgade	1 B3, C3
Hambrosgade	3 B3, C3
Hammerensgade	2 E4
Hammerichsgade	3 A1, A2
Hannovergade	4 F4, F5
Hardanggade	2 D2
Hausergade	1 B5, C5
Havnegade	4 D2, E1, E2
Hedemannsgade	1 B2
Henrik Harpestrengs Vej	1 A1, A2
Herluf Trolles Gade	4 D1, E1
Hestemøllestræde	3 B2
Holbergsgade	4 D1, E1
Hollænderdybet	4 E5, F4
Holmbladsvænge	4 F4
Holmens Kanal	4 D1, D2
Høyensgade	1 B3, C3
Hvitveldts Stræde	1 B5
Hvitfeldts Stræde	1 B5
Hyskenstræde	3 C1

I
Indiakaj	2 E2, F2
Ingerslevsgade	3 A3, A4
Irmingersgade	1 B2
Islands Brygge	3 A5, B4, B5, C3, C4

J
J.A. Schwartz Gade	1 B2, B3, C3
J. Holms Gade	4 F5
J. Kofods Gade	2 D4, E4
Jemtelandsgade	4 F4
Jens Juels Gade	1 B3
Jernbanegade	3 A2
Johan Semps Gade	4 D3
Juliane Maries Vej	1 A2

K
Kalkbrænderihavnsgade	2 E1, E2
Kalvebod Brygge	3 A4, A5, B3, B4, C3
Kastelsvej	1 C2, 2 D2
Kattesundet	3 B1, B2
Klerkegade	2 D4
Klosterstræde	3 B1, C1
Knabrostræde	3 B1, C1, C2
Knippelsbrogade	4 D2
Købmagergade	1 B5, 3 C1
Kompagnistræde	3 B2, C1
Kongedybet	4 F4, F5
Krokodillegade	2 D3
Kronprinsensgade	3 C1
Kronprinsessegade	1 C5, 2 D3, D4, D5
Krystalgade	3 B1
Kvæsthusbroen	2 E5

L
Laksegade	3 C1, 4 D1
Landemærket	1 B5, C5
Landgreven	2 D5
Langebrogade	3 C3, 4 D3
Langelinniekaj	2 F1, F2
Larsbjørnsstræde	3 B1
Larsens Plads	2 E5
Larslejsstræde	3 B1
Leifsgade	3 C4, C5
Lerfosgade	4 F5
Lille Kongensgade	4 D1
Linnesgade	1 A5, B5
Lipkesgade	2 D1, D2
Livjægergade	2 D1, D2
Løngangstræde	3 B2
Lønporten	1 C5
Løvstræde	3 C1
Lundingsgade	1 B2, B3

M
Magstræde	3 B2, C2
Markmandsgade	4 F4
Mikkel Vibes Gade	4 E3
Møntergade	1 C5

N
N. Hemmingsens Gade	3 C1
Nansensgade	1 A4, A5
Nicolai Eigtveds Gade	4 D2, D3
Niels Brocks Gade	3 B3
Niels Juels Gade	4 D1, D2
Nikolajgade	4 D1
Njalsgade	3 C4, 4 D4, D5, E5
Nordlandsgade	4 F4, F5
Nordre Frihavnsgade	1 C1
Norgesgade	4 E5, F4, F5
Nørre Farimagsgade	1 A4, A5, 3 A1
Nørre Søgade	1 A4, A5
Nørre Voldgade	1 A5, B5
Nørregade	1 B5, 3 B1
Ny Adelgade	2 D5
Ny Brogade	3 C1, C2
Ny Kongensgade	3 B2, B3, C2
Ny Østergade	1 C5, 2 D5
Ny Vestergade	3 B2, C2
Nygade	3 B1
Nyhavn	4 D1, E1

O
Ole Suhrs Gade	1 B3, B4
Olfert Fischers Gade	2 D4
Olof Palme Gade	1 C3, D2
Olufsvej	1 B1, C1
Orlogsværftsvej	2 F5
Oslo Plads	2 D3
Otto Mønsteds Gade	3 B3
Overgaden Neden Vandet	4 E2, E3
Overgaden Oven Vandet	4 D3, E2, E3, F2

Ø
Ørestad Boulevard	4 D4, D5
Østbanegade	2 D2, D3, E1, E2
Øster Allé	1 B1
Øster Farimagsgade	1 B3, B4, C2, C3
Øster Søgade	1 A4, B2, B3, C2
Øster Voldgade	1 B4, B5, C3, C4, 2 D3
Østerbrogade	1 C1, C2
Østergade	3 C1, 4 D1

P
Pahusvej	2 E1
Pakhuskaj	2 F1, F2
Palægade	2 D5
Peder Skrams Gade	4 D1, E1
Peter Vedels Gade	4 E4
Pilestræde	3 C1
Præstøgade	2 D1
Prinsessegade	4 E2, E3, F2
Puggårdsgade	3 B3, C3
Pustervig	1 B5, C5

R
Rådhusstræde	3 B1, B2
Refshalevej	4 F2
Rigensgade	1 C4, D4
Rømersgade	1 A5, B4, B5
Rørholmsgade	1 B3, B4
Rosenborggade	1 B5
Rosendalsgade	1 C1, C2
Rosengade	2 D4
Rosenvængets Allé	1 C1, 2 D1
Rosenvængets Hovedvej	2 D1
Rosenvængets Sideallé	1 C1
Ryesgade	1 A3, B2, C1
Rysensteensgade	3 B3, C3

S
Saabyesvej	2 D1, D2
Sankt Annæ Gade	4 E2, E3
Sankt Annæ Plads	2 D5, E5
Sankt Hans Gade	1 A3, A4
Sankt Pauls Gade	2 D4
Sankt Peders Stræde	3 A1, B1
Schleppegrellsgade	1 A3
Skovgårdsgade	1 B3, C3
Slotsholmsgade	4 D2
Slutterigade	3 B1, B2
Snaregade	3 C1, C2
Snorresgade	3 C4, C5
Sølvgade	1 B3, B4, C4, 2 D4
Søpassagen	1 A3, B3
Sortedam Dossering	1 A3, A4, B2, B3, C2
Staunings Plads	3 A1
Stockholmsgade	1 B3, C3, 2 D3
Stoltenbergsgade	3 B3
Store Kannikestræde	3 B1
Store Kirkestræde	3 C1, 4 D1
Store Kongensgade	2 D3, D4, D5, E4
Store Mølle Vej	4 F4
Strandboulevarden	2 D1, D2
Strandgade	4 D2, D3, E2
Studiestræde	3 A1, A2, B1
Sturlasgade	3 B5, C5
Suensonsgade	2 D3, D4
Sundholmsvej	4 E5, F5
Syvens Allé	4 F4, F5

T
Thorshavnsgade	3 C4
Tietgensgade	3 A3, B3
Tøjhusgade	3 C2
Toldbodgade	2 E4, E5, 4 E1
Tordenskjoldsgade	4 D1, D2
Tornebuskegade	1 B5
Torvegade	4 D2, E2, E3
Trepkasgade	1 A2, B2
Trondhjemsgade	2 D2

U
Uplandsgade	4 F4
Upsalagade	1 C3

V
Ved Amagerport	4 F4
Ved Glyptoteket	3 B3
Ved Linden	4 E4, F4
Ved Sønderport	4 F4
Ved Stranden	3 C1, 4 D2
Vendersgade	1 A4, A5, B5
Vermlandsgade	4 E3, F3, F4
Vester Voldgade	3 A1, A2, B2, C3
Vesterbrogade	3 A2
Vestergade	3 A2, B1, B2
Vimmelskaftet	3 B1, C1
Vindebrogade	3 C1, C2
Visbygade	1 C2, C3, 2 D3
Vognmagergade	1 C5

W
W. Marstrands Gade	1 B3
Wildersgade	4 D3, E2, E3
Willemoesgade	1 C1, C2, 2 D1

Z
Zinnsgade	1 C2

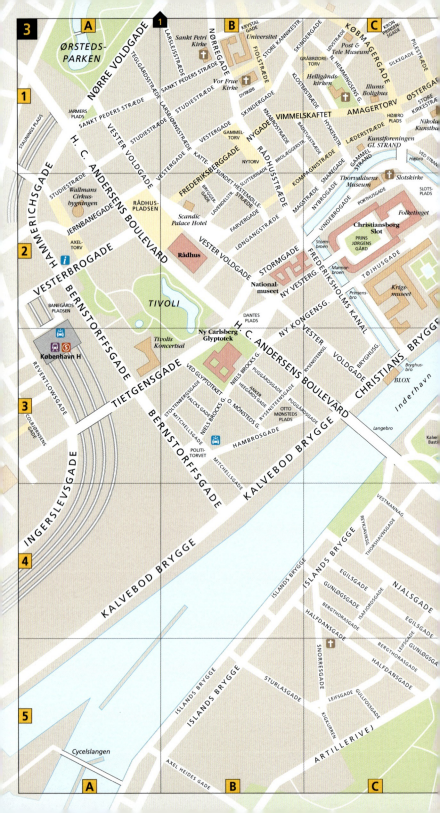

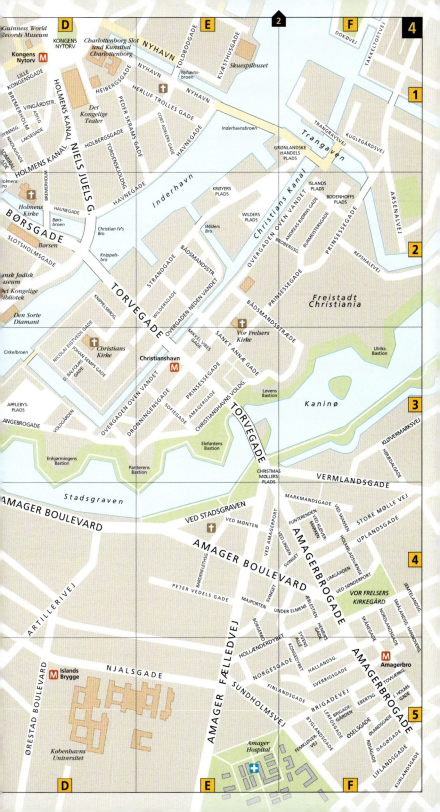

Textregister

Seitenangaben in **fetter** Schrift verweisen auf Haupteinträge. Die dänischen Buchstaben Å, Æ und Ø, die im Dänischen am Ende des Alphabets stehen, sind hier unter A bzw. O eingeordnet.

3XN 160, 162, 163
8Tallet 162

A
Absalon, Bischof (Gründer Kopenhagens) 15, 108, 114, 134, 184, 204
Abstecher **150–165**
   Karte 154f
   Persönliche Favoriten 152f
   Restaurants und Cafés 164
   Shopping 165
Adler-Olsen, Jussi 232
Alexander Nevsky Kirke 77, 82
Amager Bakke **160**
Amager Strandpark 153, 196
Amagertorv **108f**
Amaliehaven 83
Amalienborg Slot 14, 82, **86f**
American Express 210
Andersen, Hans Christian 22, 24, 28, 84, 158, 232
Anreise
   mit dem Auto 213
   mit dem Bus 213
   mit der Fähre 213
   mit dem Flugzeug 212
   Transfer in die Stadt 212
   mit dem Zug 212f
Apotheken 209
Arbejdermuseet **106**
Architektur **16f**
   19. Jahrhundert 17
   20. Jahrhundert 17
   Barock 17
   Gotik 16
   Moderne Architektur **18f**
   Renaissance 16
ARKEN Museum for Moderne Kunst 26, **168**
Ärzte 209
Assistens Kirkegård 33, **158**
Ausflüge **166–185**
   Karte 167
Austrian 212
Autofahren 213, 215
Axeltorv (Helsingør) 172
Axel Towers 19

B
Bäder
   siehe Strände und Bäder
Bakken **170**
Ballett 194f
Bang & Olufsen 38, 193
Banken **210**
Baum und Pferdgarten 193
Bed & Breakfast 188f
Behinderte Reisende 189, 208
   Restaurants 191
Bella Sky Hotel **162**
Bellevue Strand 196
Bezahlung 192
Bier, Susanne 232
Bjarke Ingels Group (BIG) 160, 162
Bjerget 162
Blixen, Karen 23, 171, 232
   Karen Blixen Museet **171**
BLOX 19, **141**
Bodum 38, 52
Bohr, Niels 22, 158
Boligslangen 162
Bootsfahrten 8, 59, 199
Børsen 16, 135, **139**
Botanisk Have 33, **89**
Botschaften 208, 209
Brahe, Tycho 22, 116
Bredegrund Byggelegeplads 199
Busse 214
B & W Loppemarked (Refshaleøen) 131, 146
Bycyklen 63, 216
Byebyelove 161

C
Caritasbrønden 113
Carlsberg-Brauerei 58, **157**
Casino Copenhagen **146**
Charlottenborg Slot 103, **104**
Charlottenlund Slot **170**
CHP Opera Festival 66
Christian IV. 90, 107, 139, 144, 156, 174, 184, 204
Christian V. 104
Christian VII. 86
Christiania, Freistadt 129, 130, **145**
Christiansborg Slot 15, 129, 134f, **136f**
Christianshavn 142f, **144**
Christianshavns Vold 131, **146**
Christians Kirke 144
Cinemateket 195
Circelbroen 27, 169
Cisternerne 26, **156**
City Pass 215
Clubs 195
CoBrA (Copenhagen, Brüssel, Amsterdam), Künstlergruppe 26
Copenhagen Blues Festival 67
Copenhagen Card 208
Copenhagen Contemporary 146
Copenhagen Cooking & Food Festival 67
Copenhagen Fashion Week 66
Copenhagen Jazz Festival 66, 195
Copenhagen Marathon 66
Copenhagen Pride 67
Copenhagen Skatepark 197
Copenhell 66, 146
CPH DOX 66
CPH PIX 67
Culture Box 195
Cykelslangen 62
Cykelsuperstier 63, 217

D
Dansk Arkitektur Center 141
Dansk Cyklist Forbund 217
Dansk Danseteater 194
Dansk Jødisk Museum **140**
DANSK made for rooms 161
Daten und Fakten **202f**
David, Christian Ludvig 88
Davids Samling **88**
Day Birger et Mikkelsen 193
Debitkarte 210
Den Blå Planet (Aquarium) **163**, 198
Den Kongelige Afstøbningssamling 83
Den Kongelige Livgarde 14
Den Lille Havfrue 77, **84**
Den Sorte Diamant 140f
Design **38f**, 193
   Shopping **52f**
Designmuseum Danmark 83, **85**
Det Kongelige Bibliotek 135, **140f**
Det Kongelige Teater 103, **105**, 194
Diebstahl 209
Diners Club 210
Distortion 66
Domhuset 113
DR Koncerthuset 18, 59, **162**

E
Eckersberg, Christoffer Wilhelm 24, 158
EHIC 209
Eigtved, Nicolai 85, 86, 88, 144
Einkaufszentren 192f
Einreise 208
Eintrittspreise 208
Einwohner 70, 202
Eislaufen 197
Elefantporten 157
Elíasson, Ólafur 23, 27, 168, **169**

Energieerzeugung 35
  Windpark Middelgrunden **160**
Eriksen, Edvard 84
Essenszeiten 190
Etikette 191
Experimentarium **158**, 198

F
Fælledparken 33
Fahrradfahren 9f, **62f**, **216f**
  Bycyklen 63, 216
Fahrradrouten 216f
  Grüne 217
  Havneringen 216f
  Nationale 217
Falck 212
FDM 213
Feiertage 66f
Ferienwohnungen 189
Feste **64–67**
Festivals **64–67**
Field's 162, 193
Film, Kopenhagen im **232**
Fisketorvet 193
Fitness 196
FlexCard 215
Flixbus 213
Flughafen siehe
  Københavns Lufthavn
Folketinget 135, **139**
Foster, Norman 156
Fredensborg Slot **170**
Frederik II. 174, 178
Frederik IV. 91, 156, 170
Frederik V. 88, 204
Frederiksberg Have 33, **156**
Frederiksberg Slot **156**
Frederiksberg Slot 15, **178f**, 180f
Frilandsmuseet **170**

G
Gammeltorv 113
Gärten
  siehe Parks und Gärten
Gefionspringvandet **85**
Geldautomaten 210
Geldwechsel 210
Genuss **42–49**
Geografische Daten 202
Geologisk Museum **89**
Georg Jensen 193
Getränke, Dänische **48f**
Giacometti, Alberto 176
girocard 210
Gjellerup, Karl Adolph 232
Golden Days 67
Goldenes Zeitalter **24f**
Gråbrødre Kirkegård (Roskilde) 183

Gråbrødretorv 109
Grand Teatret 195
Grundtvig, Nikolai Frederik Severin 158
Grundtvigs Kirke 12f, **158**
Grüne Fahrradrouten 217
Grünes Kopenhagen **34f**
  Bauen 34
  Elektroboote 34
  Energieerzeugung 35
  Fahrräder 35
  ÖPNV 35
  Schwimmbäder 34
  Windparks 35
Guinness World Records Museum 198

H
H. C. Andersen Eventyrhuset 113, 198
Hafenbusse 215
Hamlet 174
Hamletscenen 67
Hansen, Christian Frederik 113
Haveselskabet Have 32, 152
Havnebadet Fisketorvet 196
Havnebadet Islands Brygge 196
Havnebadet Sluseholmen 196
Havneringen 217
HAY House 53
Heartmade 193
Hein, Jeppe 168
Helligåndskirken **109**
Helsingør **172–175**
  Zentrumskarte 173
Helsingør Bymuseum 172
Henningsen, Poul 39
Hestetorvet (Roskilde) 183
Hirschsprung, Heinrich 89
Hirschsprungske Samling **89**
Hirst, Damien 168
Historischer Überblick **204–207**
Høeg, Peter 27, 232
Højbro Plads **108**
Holberg, Ludvig 105, 232
Holger Danske 174
Hoptimisten 41
Hostels 189
Hotel d'Angleterre 102, 104
Hotelbuchung 188
Hotelpreise 188
Hotels **188f**
House of Amber 193
Hygge **40f**
Hygge-Orte in Kopenhagen 41

I
Ida Davidsen 79
Illum 193

Illum Rooftop 98
Illums Bolighus 9
Information 208
Ingels, Bjarke 160, 162
Innenarchitektur 39
Internet 211

J
Jacobsen, Arne 23, 39
Jacobsen, Carl 84, 122
Jacobsen, Jacob Christian 157, 178
Jægersborggade 152
Jazzhus Montmartre 195
Jenseits von Afrika (Karen Blixen) 171
Jensen, Georg Arthur 22
Jensen, Johannes V. 232
Joggen 196
Jorn, Asger 168, 176

K
Kajak 199
Karen Blixen Museet **171**
Karmeliterklosteret Sankt Mariæ Kirke (Helsingør) 172
Karten
  Abstecher 154f
  Ausflüge 167
  Dänemark 70f
  Großraum Kopenhagen 72f
  Helsingør 173
  Innenstadt 74f
  Norden 80f
  Roskilde 183
  Routen der Wikinger 207
  Stadtplan 218–223
  Südosten 132f
  Zentrum 100f
Kastellet 32, 79, **84**
Kastrup Søbad 196
Kaufhäuser 192f
KB3 195
Kierkegaard, Søren 23, 24, 117, 158, 232
Kinder **198f**
  Mit Kindern essen 190
  Mit Kindern reisen 189, 208
Kino 195
Kirchen
  Alexander Nevsky Kirke 77, 82
  Christians Kirke 144
  Grundtvigs Kirke 12f, **158**
  Helligåndskirken **109**
  Karmeliterklosteret Sankt Mariæ Kirke (Helsingør) 172
  Marmorkirken 82, **88**
  Roskilde Domkirke **184f**
  Roskilde Kloster 183
  St Alban's Church **84f**

Kirchen *(Fortsetzung)*
 Sankt Ansgars Kirke 83, 85
 Sankt Nikolaj Kirke 108
 Sankt Olai Kirke (Helsingør) 173
 Sankt Petri Kirke **112**
 Vor Frelsers Kirke **144f**
 Vor Frue Kirke **112**
Kirkeby, Per 168
Klassische Musik 194
Klima 203
Kliniken 209
Klint, Kaare 38
Klint, P. V. Jensen 158
Københavns Hovedbanegård **117**
Københavns Lufthavn 212
Københavns Museum **117**
Københavns Musikteater 195
Købke, Christen 158
Kødbyen 153, **161**
Kommunikation **211**
Kongens Have 33, **88**
Kongens Nytorv 102f, **104**, 113, 186f
Königliche Schlösser **14f**
Koolhaas, Rem 141
Kopenhagener, Berühmte **22f**
Kopenhagener kennenlernen 197
Kragh-Jacobsen, Søren 232
Krankenversicherung 209
Kreditkarten 210
 Kartenverlust 210
Krigsmuseet 134, **140**
Kronborg Slot 15, **174f**
Küche, Dänische **44f**
Kultur **20 – 29**
Kulturhavn 67
Kulturnatten 67
Kunstforeningen GL STRAND **109**
Kunsthal Charlottenborg 103, **104**
Kurierdienste 211
Kusama, Yayoi 177
Kvindesmedien 130

L
La Fontaine 195
Lage Kopenhagens 202
Larsen, Henning 145
Latinerkvarteret 112
LEGO® 38, 54
Lehmann, Inge 23
Levring, Kristian 232
Libeskind, Daniel 140
Literatur, Kopenhagen in der **232**
Little Sun 169
Live-Musik 195
Livgardens Historiske Samling **88**

Loppen 195
Louisiana Butik 52
Louisiana Museum of Modern Art 27, **176f**, 198
Lufthansa 212
Lundgaard, Boje 105
Lund, Søren Robert 168

M
Mærsk Mc-Kinney Møller, Arnold 23
Magasin du Nord 102, 192
Märchen von H. C. Andersen **28f**
 Däumelinchen 28
 Des Kaisers neue Kleider 29
 Das kleine Mädchen mit den Schwefelhölzern 29
 Die kleine Meerjungfrau 29
 Die Prinzessin auf der Erbse 28
 Die Schneekönigin 28
 Der standhafte Zinnsoldat 29
Margrethe I. 185
Margrethe II. 22, 135, 136
Marionet Teatret 199
Marlene Juhl Jørgensen 193
Marmorkirken 82, **88**
MasterCard 210
Medicinsk Museion 82, **85**
Meet the Danes 197
Metro 35, 214
Michael, Ib 232
Mobilität **60 – 63**
Mobiltelefone 211
Mode 193
Moderne Architektur (21. Jh.) **18f**
Moderne Bauwerke
 8Tallet 162
 Amager Bakke **160**
 Axel Towers 19
 Bella Sky Hotel **162**
 Bjerget 162
 BLOX 19, **141**
 Boligslangen 162
 Circelbroen 27, 169
 Cykelslangen 62
 Dansk Jødisk Museum **140**
 Den Sorte Diamant 140f
 DR Koncerthuset 18, 59, **162**
 Louisiana Museum of Modern Art 27, **176f**, 198
 Operaen 18, 59, **145**, 194
 Ørestad Gymnasium 162
 Portland Towers 147
 Royal Arena **163**
 Skuespilhuset 18, 58, **105**
 Statens Museum for Kunst 26, **92f**, 198
 Tietgenkollegiet 162
 UN City 147, **160**
Moderne Kunst **26f**

Moderner Tanz 194f
Movia 214
M/S Museet for Søfart (Helsingør) 173
Munthe 193
Museen und Sammlungen
 Arbejdermuseet **106**
 ARKEN Museum for Moderne Kunst 26, **168**
 Cisternerne 26, **156**
 Dansk Arkitektur Center 141
 Dansk Jødisk Museum **140**
 Davids Samling **88**
 Den Kongelige Afstøbningssamling 83
 Designmuseum Danmark 83, **85**
 Experimentarium **158**, 198
 Frilandsmuseet **170**
 Geologisk Museum **89**
 Guinness World Records Museum 198
 H. C. Andersen Eventyrhuset 113, 198
 Helsingør Bymuseum 172
 Hirschsprungske Samling **89**
 Karen Blixen Museet **171**
 Københavns Museum **117**
 Krigsmuseet 134, **140**
 Kunstforeningen GL STRAND **109**
 Kunsthal Charlottenborg 103, **104**
 Livgardens Historiske Samling **88**
 Louisiana Museum of Modern Art 27, **176f**, 198
 Medicinsk Museion 82, 85
 M/S Museet for Søfart (Helsingør) 173
 Museet for Samtidskunst (Roskilde) 182
 Nationalmuseet 134, **138**, 198
 Nikolaj Kunsthal 102, **108**
 Nordatlantens Brygge 144
 Ny Carlsberg Glyptotek 26, 120f, **122f**
 Ripley's Believe It Or Not! 113, 198
 Roskilde Museum 182
 Statens Museum for Kunst 26, **92f**, 198
 Thorvaldsens Museum 134, **139**
 Tycho Brahe Planetarium **116f**, 198
 Vikingeskibsmuseet (Roskilde) 183
Museet for Samtidskunst (Roskilde) 182

N

Nachtleben 59
Nasothek (Ny Carlsberg Glyptotek) 99
Nationale Fahrradrouten 217
Nationalmuseet 134, **138**, 198
Natur **30 – 35**
Nexø, Martin Andersen 232
Nielsen, Asta 23
Nielsen, Carl 22
Nikolaj Kunsthal 102, **108**
Noma 146
Nordatlantens Brygge 144
Norden **76 – 95**
   Um Amalienborg Slot 82f
   Karte 80f
   Persönliche Favoriten 78f
   Restaurants und Cafés 94
   Shopping 95
Nordhavn 19, **147**
Normann Copenhagen 53
Nørrebro **159**
Notfälle 209
Nouvel, Jean 162
Ny Carlsberg Glyptotek 26, 120f, **122f**
   Nasothek 99
Nyhavn 68f, 103, **104**, 110f
Nyrop, Martin 114
Nytorv **113**

O

Oehlenschläger, Adam 24, 105, 232
Öffentliche Verkehrsmittel **214f**
Öffnungszeiten 208
   Restaurants 190
   Shopping 192
Ølfestival 66
Oper 194
Operaen 18, 59, **145**, 194
Orangeriet 78
Ørestad 19, **162**
Ørestad Gymnasium 162
Øresundsakvariet (Helsingør) 173
Øresundsbron (Øresund-Brücke) **163**
Ørsted, Hans Christian 106, 158
Ørstedsparken **106**

P

Parkmuseerne 208
Parks und Gärten **32f**
   Amaliehaven 83
   Assistens Kirkegård 33, **158**
   Botanisk Have 33, **89**
   Christianshavns Vold 131, **146**
   Fælledparken 33
   Frederiksberg Have 33, **156**
   Haveselskabet Have 32, 152
   Kastellet 32, 79, 84

Kongens Have 33, **88**
Ørstedsparken **106**
Søndermarken 32, 156
Superkilen 151, 159
Peblinge Sø 159
Persönliche Favoriten 8f, 78f, 98f, 130f, 152f
Peter Hertz 193
Pinsekarneval 66
Polizei 209
Pollack, Sydney 171
Pølser **46**
Pommern, Erik von 174
Pontoppidan, Henrik 232
Portland Towers 147
Post 211
Praktische Hinweise **208 – 211**
Preise und Trinkgeld in Restaurants 190f

R

Rådhus **114f**
Rådhuspladsen **115**
Reffen 146
Refshaleøen **146**
Regentage 203
Regionalzüge 214
Regisseure, Dänische 22, 232
Reiseinformationen **212 – 217**
Reisezeit 208
Reservierung in Restaurants 191
Restaurants und Cafés 94, 124f, 148, 164, **190f**
Reyle, Anselm 168
Ripley's Believe It Or Not! 113, 198
Rød Pølser 46
Rosenborg Slot 14, **90f**
Roskilde **182 – 185**
   Zentrumskarte 183
Roskilde Domkirke **184f**
Roskilde Festival 66, 182
Roskilde Kloster 183
Roskilde Museum 182
Roskilde Palais 182
Royal Arena **163**
Royal Copenhagen 39, 55
Rundetårn **107**
Rust 195

S

S-tog (S-Bahn) 214
Saad, Natasja 158
St Alban's Church **84f**
Sankt Ansgars Kirke 83, 85
Sankt Hans Aften 66
Sankt-Morten-Fest 67
Sankt Nikolaj Kirke 108
Sankt Olai Kirke (Helsingør) 173
Sankt Petri Kirke **112**

SAS Scandinavian Airlines 212
Scandic Palace Hotel **113**
Scandlines 213
Schlösser
   Amalienborg Slot 14, 82, **86f**
   Charlottenborg Slot 103, **104**
   Charlottenlund Slot **170**
   Christiansborg Slot 15, 129, 134f, **136f**
   Fredensborg Slot **170**
   Frederiksberg Slot **156**
   Frederiksborg Slot 15, **178f**, 180f
   Kronborg Slot 15, **174f**
   Rosenborg Slot 14, **90f**
Schmidt Hammer Lassen 141
Schmuck 193
Schwimmen 196
Shakespeare, William 174
Shopping **50 – 55**, 95, 126f, 149, 165, **192f**
   Desgin **52f**
   mit Spaß **54f**
Shopping-Meilen 192
Sicherheit 208
Skuespilhuset 18, 58, **105**
Skydebanehaven 199
Slotsholmen 134
smørrebrød 44
Søndermarken 32, 156
Sonnenstunden 203
Sørensen, Villy 232
Søstrene Grene 54, 126
Spaziergänge 79, 131
Speisekarten 190
Spielplätze 199
Sport und Aktivurlaub **196f**
Sportliches Sightseeing 196
Stadtführungen 209
Stadtplan **218 – 223**
   Kartenregister 219
Stændertorvet (Roskilde) 182
Stangerup, Henrik 232
Statens Museum for Kunst 26, **92f**, 198
   Museumsshop 78
Stein, Jesper 232
Stengade (Helsingør) 173
Stil **36 – 41**
Storkespringvandet 108
Strædet 98
Strände und Bäder 196
   Amager Strandpark 153, 196
   Bellevue Strand 196
   Havnebadet Fisketorvet 196
   Havnebadet Islands Brygge 196
   Havnebadet Sluseholmen 196
   Kastrup Søbad 196
   Svanemølle Strand 196

Strøget 53, 108
Strunge, Michael 158
Südosten **128–149**
  Um Christiansborg Slot 134f
  Karte 132f
  Persönliche Favoriten 130f
  Restaurants und Cafés 148
  Shopping 149
Superkilen 151, 159
Svanemølle Strand 196
Swiss 212

T
Taxis 215
Telefonieren 211
Telia Parken 197
Teller, Janne 232
Temperaturen 203
Theater 195
Thorvaldsen, Bertel 24, 112, 137, 139
Thorvaldsens Museum 134, **139**
Thurah, Lauridz de 144, 182
Tickets 194
  ÖPNV 215
Tietgenkollegiet 162
Tivoli 56f, 58, 97, **118f**, 195
Tivoli-Garde 119
Tivoli Halloween 67
Tivoli Koncertsal 199, 194
Tivoli-Weihnacht 67
Torvehallerne 99, **106**
Tower Playground 199
Tranberg, Lene 105
Trier, Lars von 23, 232
Turèll, Dan 232

Türme 8
Tycho Brahe Planetarium **116f**, 198

U
Umschreibung 169
UN City 147, **160**
UNESCO-Welterbe 174
Universitet **112**
Unterhaltung **56–59**, 127, **194f**
Urban Ranger Camp 197

V
VEGA 195
Vegetarische Gerichte 191
Vergnügungsparks 198
  Bakken **170**, 198
  Tivoli 56f, 58, 97, **118f**, 195, 198
Verkehr 203
Verkehrsregeln 213
Verlust 209
Verwaltung 202
Vesterbro **161**
Vesterbrogade 161
Vikingeskibsmuseet (Roskilde) 183
Vinterberg, Thomas 232
Visa (Kreditkarte) 210
Vor Frelsers Kirke **144f**
Vor Frue Kirke **112**
Vorwahlen 211

W
Währung **210**
Wallmans Cirkusbygningen 58, 116

Webster, Ben 158
Wenck, Heinrich 117
Wienerbrød **47**
Wikinger **206f**
  Vikingeskibsmuseet (Roskilde) 183
Wikingerarchitektur 207
Wikingerschiffe 206
Winding Refn, Nicolas 232
Windpark Middelgrunden **160**
Windparks 35
Wirtschaft 203
Wondercool 67

Y
Yoga 197

Z
ZeBU 199
Zeitschriften 211
Zeitungen 211
Zeitzone 202
Zentrum **96–127**
  Karte 100f
  Um Kongens Nytorv 102f
  Persönliche Favoriten 98f
  Restaurants und Cafés 124f
  Shopping 126f
  Unterhaltung 127
Zoll 208
Zoologisk Have **156**, 198
Zuschauersport 197

Danksagung und Bildnachweis

Dorling Kindersley Verlag bedankt sich bei allen Personen und Institutionen, die bei der Herstellung dieses Buchs mitgeholfen haben.

Programmleitung
Dr. Jörg Theilacker, DK Verlag

Projektleitung
Stefanie Franz, DK Verlag

Projektassistenz
Antonia Wiesmeier, DK Verlag

Fotografien
Dr. Gabriele Rupp, Visit Copenhagen

Illustrationen
Michal Burkiewicz, Pawel Marcza

Kartografie
Suresh Kumar, Zafar Khan, Subhashree Bharati, DK India, Delhi

Redaktion
Dr. Elfi Ledig

Gestaltung und Umschlag
Ute Berretz

Schlussredaktion
Susanne Traub-Schweiger, Garmisch-Partenkirchen

Weitere Hilfe
Unser Dank geht an folgende Personen, ohne die dieses Buch so nicht möglich gewesen wäre: Klaus Kamphausen, Barbara Kranz, Hubert Rupp, 44 travel sowie den kompetenten und hilfsbereiten Mitarbeitern der Tourismusinformationen in Deutschland wie vor Ort.

Genehmigung von Fotografien

Dorling Kindersley Verlag dankt allen Personen und Einrichtungen, die uns Fotos zur Verfügung stellten oder uns erlaubten, in ihren Räumen zu fotografieren:

Amalienborg, Kopenhagen (S. Haslund-Christensen, Lord Chamberlain und Colonel Jens Greve, Schlossbedienstete); Amber Museum, Kopenhagen; Aquarium, Charlottenlund; Arbejdermuseet, Kopenhagen (Peter Ludvigsen); Carlsberg-Brauerei; Christiansborg, Kopenhagen; Copenhagen Airports A/S (Bente Schmidt – Event- und Besucherabteilung); Corbis (Łukasz Wyrzykowski); Danish Tourist Board Photo Database (Christian Moritz); Dansk Møbelkunst (Dorte Slot) (Bredgade 32, Kopenhagen), www.dmk.dk; Davids Samling, Kopenhagen; Danish Chamber of Tourism & SAS Group PR; Experimentarium, Kopenhagen; H. C. Andersen Hus, Odense; Karen Blixen Museet; Königliche Bibliothek, Kopenhagen (Karsten Bundgaard); Kopenhagener Rathaus (Allan Johansen); Kronborg Slot; Louisiana Museum of Modern Art (Susanne Hartz, Lene Henrichsen, Jesper T. Møller); Nationalmuseet, Kopenhagen (Heidi Lykke Petersen); The Nobel Foundation (Annika Ekdahl); Ny Carlsberg Glyptotek, Kopenhagen (Jan Stubbe Østergaard); Palaces and Properties Agency, Denmark (Peder Lind Pedersen); Rosenborg Slot – The Royal Danish Collection (Peter Kristiansen; Kurator); Roskilde Domkirke; Royal Porcelain, Kopenhagen; Scandinavian Airlines SAS; Statens Historiska Museum, Stockholm; Statens Museum for Kunst (Eva Maria Gertung, Marianne Saederup); Metro Kopenhagen (Stine Møller Jensen); Bo Streiffert; Tivoli, Kopenhagen (Stine Lolk); Tobaksmuseet, Kopenhagen (W. Ø. Larsens); Tycho Brahe Planetarium, Kopenhagen.

Bildnachweis

o = oben, u = unten, m = Mitte, r = rechts, l = links, d = Detail, z = zentral.

Agency for Palaces and Cultural Properties: 175ol.
Alamy Images: 45o, 47ul, 67ur, 162or; Arcaid Images 38–39z; Bernie Epstein 118u; Niels Poulsen 180–181.
ARKEN Museum for Moderne Kunst: Anders Sune Berg 168or; Torben Petersen 168u.
AWL Images: 84ur; Hemis 76.

Bang & Olufsen Products: 38lo.
Bodum: 38ul.
The Bridgeman Art Library: Nordiska Museet, Stockholm *Bella und Hanna Nathanson* (1783–1853) Christoffer Wilhelm Eckersberg 24or; Thorvaldsens Museum, Kopenhagen *Junger Schäfer* (1817) Bertel Thorvaldsen 24ul.

Carl Hansen Møbelfabrik: 39ol.
Carlsberg: 157ol, 157ml.
Casino Copenhagen: 146mr.
Christiania Bikes: 149ur.
Corbis: 47um, 171m; Douglas Kirkland 171ul; Robbie Jack 174ur; Werner Forman 206ol, 206ul.

DANSK Møbelkunst: 38ml, 39mr.
Dreamstime.com: 8r, 102u, 104o; Grahammoore999 40–41; Laser 174or; Oliver Förstner 157u; Roza 96.

Elíasson, Ólafur: 169u (3 Fotos).

Fiskars Denmark: 39mr.
Flixbus: 213ul.

GoBike Copenhagen: 62or.
Google: 23ml.

Hansen, Fritz: 39ur.
Hanser Verlag: 27ul.

Kähler Ceramics: 38or.
København Museum: 117o.
Det Kongelige Bibliotek: Karsten Bundgaard 171ur.

Louisiana Museum of Modern Art: 176m, 176mr, 177o, 177mo; *Dead Drunk Danes* (1960) Asger Jorn © DACS, London 2011 26ol; *Big Thumb* (1968) Cesar Baldaccini © ADAGP, Paris and DACS, London 2011 176o; Poul Buchard/Brøndum & Co 176ul, Poul Buchard/Strüwing 177ul; *Breakfast on the Grass* (1961) Pablo Picasso © Succession Picasso/DACS, London 2011 176m; *Venus de Meudon* (1956) Jean Arp ©

DACS, London 2011 176ml; Henry Moore, *Two Piece Reclining Figure No.5* (1963–64) © mit freundlicher Genehmigung der Henry Moore Foundation 177mo.

Manz, Cecilie: 39or.
MEPL: 47ol, 206m.
Meyers Bageri: 152ur.

NASA: 202or.
Nationalmuseet: 138ol, 138r, 138ul.
Nimb Hotel und Restaurant: 119ul.
Nordal: 54or.

Palace Hotel: 189ur.
Pixabay: Tea Leaf 40ml.

Royal Danish Collection: Rosenborg Slot: Peter Nørby 90ul, 91ol, 91mr, 91ur.
Rupp, Gabriele: 1m, 4m, 9o, 32or, 32ml, 32ul, 32ur, 33ol, 33ul, 33ur, 78o, 78u, 79u, 81o, 81u, 94or, 94ul, 94ur, 95or, 95ul, 98ol, 98om, 98or, 98ul, 99ol, 99or, 99u, 101u, 106o, 107m, 107ul, 108u, 113ur, 120–121, 124or, 124ul, 125ol, 125ur, 126or, 126ul, 126ur, 127or, 127ur, 130ol, 130or, 130u, 131or, 131u, 132u, 133r, 140u, 141u, 144ul, 145u, 146ul, 148ol, 148ur, 149ol, 152ol, 152ul, 152um, 153ur, 156ul, 159or, 159ml, 159mr, 159ul, 159ur, 160or, 161ol, 161om, 161or, 161ul, 161ur, 165ol, 165ul, 165um, 165ur, 186–187, 190ul, 191or, 191ul, 191ur, 192ol, 192ul, 192 ul, 193ol, 193ul, 205mr, 205ur.

Søstrene Grene: 54ol.
Statens Museum for Kunst (Kopenhagen): 66ol, 66ml, 67o, 67mr; *Abendmahl* (1909) Emil Nolde 92ol; *Porträt der Madame Matisse* (1905) Henry Matisse © Erben von H. Matisse/DACS, London 2011 92ul; SMK Foto 24ml (Interieur), 24ur (Parade), 24–25z (Gemälde Constantin Hansen).

Theilacker, Jörg: 169ul.
Tivoli: Henrik Stenberg 118ol, 119o.

Visit Copenhagen: 77u, 164or, 217ol; Anders Bøgild 58ur, 119mr, 188or; Anders Sune Berg 26ur; Andreas Raun Arneberg 54–55z; ARKEN Museum for Moderne Kunst 26mr; Arp Hansen 188ul; Barr 191um; Bax Lindhardt 27ol, 40o; Bjarke Ørsted 198ol; Bjarne Bergius Hermansen 59mr, 155o, 194ol; Carsten Andersen 58–59z, 150; Cees van Roeden 8u; Chris Tonnesen 40ul, 42–43, 125ul, 164ol; Christian Lindgren 199ul; Daniel Rasmussen 19m, 26ul, 35ol, 128, 139o, 141ol, 147ol, 147u, 196ol, 198ur; Dragør Luftfoto 19or; Go-Bike 216or; GoBoat 34mr, 59ur; Harbour Bus 215ur; HAY House 53o; Henrik Sørensen 156ur; Jacob Schjørring 68–69; Jens Bangsbo 26or; Jens Markus Lindhe 18m; Jeppe Sørensen 53m, 53u; Jon Ram Bruun-Pedersen 9ul, 62–63z, 197ol; Kasper Thye 9ur, 35mr, 60–61, 63o, 199ol; Kim Hansen 27or; Klaus Bentzen 4o, 82ul; Lasse Salling 41mr; Louisiana Museum 52l; Martin Heiberg 16o, 19ol, 87ur, 88ol, 129u; Mikkeler Interiør 36–37; Miklos Szabo 52–53z; Mogens Bech 147or, 200–201; Morton Bjarnhof 212or; Morton Jerichau 64–65, 102ol, 109u; Munthe Fashion 55o; muusfoto.dk 190or; National Museum of Denmark 134ol; Nicolai Perjesi 108o, 197u; Ole Haupt 34u; Peter Nørby 67ol, 195ol; Peter Söllner 185ul; Pierre Mangez 196ur; piprd 212or; Rasmus Flindt Pedersen 46m; Royal Arena 19ur; Signe T. Lundgren 173ur; Simple RAW 45mr; Solk Photography 188ur; Stine Avnbøl 205ml; Thomas Høyrup Christensen 12–13, 17ol, 19ul, 19ur, 30–31, 41ol, 54ur, 56–57, 62ul, 62ur, 97u, 110–111, 195u; Thomas Rousing 2–3, 41or; Torvehallerne 106u; Troels Heien 63mr; Tuala Hjarnø 62ol, 170or, 217mr; Ty Stange 33mr, 34ml, 55r, 58ul; Ursula Bach 63ur; Wallmans Cirkusbygningen 58ol; Wichmann + Bendtsen 189ul.
Visit Danmark: 135mr, Photopop 50–51.

Wallmans Cirkusbygningen: 116u.
Wikimedia Commons (unter verschiedenen CC-Lizenzen; Details siehe https://de.wikipedia.org/wiki/Creative_Commons#Lizenzen): 22ol, 35u, 41u, 100l, 102or, 116o, 157mr, 158ul, 214ul, 216ul, 217ul; Anton Kurt 169m; Arne List 23ur, 117u; Axel Kuhlmann 75ur, 105o, 194ul; CGP Grey 35or, 160u; Christian Bickel 22ur; Colin 27ml, 169or; CucombreLibre 132l, 144o; Cyclonebill 46or, 46ol, 46ur; Dennis Jarvis 170ul; Edgar El 213ol; Elisabeth Jerichau-Baumann 28–29z; Eoghan Olionain 17ml; Erik Henningsen 157mm; EYE Niederlande, Alexander Binder 23mr; Falk2 35ml, 214ur; Fleming 131ul; Fred Romero 154u; FreeSkyDK 147m; Georg Lindstrom 22ml; Hajotthu 151u; Hans Tegner 28l, 29ur; Holger Ellgaard 22ul; Hugh Llewelyn 215ol; Iwan Jakolewitsch Bilibin 29ol; Jan Rasmussen 158or; Jebulon 8l, 16ul, 75ol, 87mr, 113ol, 135ur, 139ur, 204ol; Jerry & Roy Klotz 16ur; Johann Wessmann 162ul; Johannes Jansson Drottning 22o; Jonn Leffmann 183ol; Julian Herzog 17ur, 18o, 20–21, 59o, 145or, 194ur, 205ol; Karen Mardahl 163or; Lauren Friedman 142–143, 146o; Lb Rasmussen 17or, 112ol; Leon Brocard 40ur, 47mr; Louisiana Museum 166; Mariusz Pazdziora 14–15z, 182ol; Maximilian Bühn 23ol, 27mr; Michael Button 33ml; Michael Meinecke 47ur; Nick D 163u; Nils Elgaard Larsen 79m; Øyvind Holmstad 16m; Papercut HCA 28or; Peder Severin Krøyer 89ur; Per Morton Abrahamsen 23or; Pudelek 10–11, 135ul; RhinoMind 47or; Roman F. Velasquez 47ml; Rudolf Koivu 28ul; Rudolphous 17mr; Scott Anderson 23mmr; Seier+Seier 18u, 154l; Siebbi 23ul; Stig Nygaard 153o; Thomas Angermann 44ol; Thora Hallager 22mr; Tue 17ul; Vilhelm Pedersen 28ur, 29or, 29ul.
Witkowska, Monika: 122mu, 122 ul, 123o, 123ml.

Vordere Umschlaginnenseiten: AWL Images: Hemis ol; **Dreamstime.com:** Roza ul; **Visit Copenhagen:** Carsten Andersen ur; Daniel Rasmussen um; **Wikimedia Commons:** Louisiana Museum (*Almost Snow Plow* von Alexander Calder) or.

Extrakarte
Visit Copenhagen: Klaus Bentzen.

Umschlag
Vorderseite: **Visit Copenhagen:** Klaus Bentzen (Hauptbild).
Buchrücken: **Visit Copenhagen:** Klaus Bentzen o.

Alle anderen Bilder © Dorling Kindersley.
Weitere Informationen unter
www.dkimages.com

Sprachführer Dänisch

Notfälle

Hilfe!	Hjælp!	[jɛlˀb]
Stopp!	Stop!	[ˈstɔb]
Rufen Sie schnell die Polizei!	Tilkald hurtigt politiet!	[ˈtelˌkælˀ ˈhʊdid poliˀtiˀəð]
... einen Krankenwagen!	... en ambulance!	[eːˀn ambuˈlansə]
... die Feuerwehr!	... brandvæsenet!	[ˈbʁan, vɛːˈsɛnəð]
Wo ist das nächste Telefon?	Hvor er det nærmeste telefon?	[ˈvɔːˀ ɐɒ de nɐʁɒmasdə teləfoːˀn]

Grundwortschatz

Ja	Ja	[jæ]
Nein	Nej	[najˀ]
Bitte	Vær så venlig	[vɛːˀɒ sɒ ˈvɛnli]
Danke (auch bitte)	Tak	[tag]
Entschuldigung/Bitte	Undskyld	[ˈɒnˌsɡylˀ]
Guten Tag	Goddag	[goˈdɛːˀ]
Hallo	Hej	[haj]
Auf Wiedersehen	Farvel	[faˈvɛl]
gestern	i gar	[iˀ gɒːˀ]
heute	i dag	[iˀ dɛːˀ]
morgen	i morgen	[iˀ mɔːɒn]
hier	her	[hɛːˀɒ̯]
dort	der	[dɛːˀɒ̯]
Was?	Hvad?	[væ]
Wann?	Hvornår?	[vɒˈnɔːˀ]
Warum?	Hvorfor?	[ˈvɒfɒ]
Wo?	Hvor?	[vɒːˀ]

Nützliche Redewendungen

Wie geht es Ihnen/dir?	Hvordan har De/du det?	[vɒˈdæn ˈhɑːˀ diˀ/du de]
Danke, gut.	Fint tak.	[ˈfiːˀnd ˈtag]
Wo ist/sind ...?	Hvor er ...?	[vɒːˀ ɐɒ]
Sprechen Sie/du Deutsch?	Taler De/du tysk?	[ˈtɛːˀlɐ diˀ/du ˈtysɡ]
Ich verstehe nicht.	Jeg forstar Dem ikke.	[jaj fɒˈsdɒːˀ dɛm ˈeɡə]
Könnten Sie etwas langsamer sprechen, bitte?	Kunne De ikke tale lidt langsommere?	[ku di ˈeɡə ˈtɛːˀlə led ˈlaŋˌsɒˀmɒ]

Nützliche Wörter

groß	stor	[sdoːˀɒ̯]
klein	lille	[ˈlilə]
warm	varm	[vaːm]
kalt	kold	[kɔlˀ]
geöffnet	åbent	[ˈɔːbənd]
geschlossen	lukket	[ˈlɔɡəð]
links	venstre	[ˈvɛnsdʁɒ]
rechts	højre	[ˈhɔjɒ]
nah	tæt	[tɛd]
weit (weg)	langt (væk)	[ˈlaŋˀd ˈvɛɡ]
Eingang	indgang, -en, -e	[ˈenˌɡaŋˀ]
Ausgang	udgang, -en, -e	[ˈuðˌɡaŋˀ]
Toilette	toilet, -tet, -ter	[toæˈlɛd]

Shopping

Wie viel kostet das?	Hvad koster det?	[væ ˈkɔsdɒ de]
Ich hätte gern ...	Jeg vil gerne have ...	[jaj vel ˈgɛɒnə ˈhɛːˀ]
... ein Kilo	... et Kilo	[ed kilo]
... ein Stück von	... et stykke	[ed sdøɡə]
Danke, ich sehe mich nur um.	Tak, jeg kigger bare.	[ˈtag jaj ˈkigɒ ˈbaːa]
Akzeptieren Sie Kreditkarten?	Tager De kreditkort?	[taːˀ de kʁɛˈdidˌkɒːd]
Laden, Geschäft	butik, -ken, -ker	[butik]
Kaufhaus	varehus, -et	[ˈvaːaˌhuːˀs]
Apotheke	apotek, -et, -e	[apoˈteːˀg]

Lebensmittelgeschäft	levnedsmiddel-forretning, -en, -er	[ˈlɛʊnəðsmiðˀəl fɔˌʁædnɐŋ]
Markt	torv, -et, -e	[ˈtɒːˀv]

Im Hotel

Haben Sie Zimmer frei?	Har De ledige værelser?	[haːˀ di ˈleːðiə ˈvɛːɒlsɒ]
Doppelzimmer mit Bad	dobbeltværelse med bad	[ˈdɔbəldˌvɛːɒlsə] [mɛ ˈbæð]
Ich habe reserviert.	Jeg har reserveret.	[jaj haːˀ ʁɛsɒˈveːˀ ɒð]

Im Restaurant

Einen Tisch für drei Personen, bitte.	Et bord til tre personer, tak	[ed boːˀɒ tel tʁɛːˀ pɛɒˀ-soːˀnɒ tag]
vegetarische Gerichte	vegetariske retter	[vegaˀtaːˀisɡə ˈʁædɒ]
Zahlen, bitte.	Jeg vil gerne betale, tak.	[jaj vel ˈgɛɒnə beˈtɛːˀlə tag]
Hauptspeise	hovedret, -ten	[ˈhoːəðˌʁæd]
Vorspeise	forret, -ten	[ˈfɔːˌʁæd]
Nachspeise	dessert, -ten	[dɛˈsɛːɒd]

Auf der Speisekarte (siehe auch S. 44f)

æg	[ɛːˀg]	Ei
brød	[bʁøðˀ]	Brot
fisk	[fesg]	Fisch
flæsketeg	[ˈflæsgəˌsdajˀ]	Schweinebraten
fløde	[ˈfløːðə]	Sahne
grøntsager	[ˈgʁœndˌsɛːɒ]	Gemüse
kaffe	[ˈkafə]	Kaffee
kartofler	[kaˈtɔflɒ]	Kartoffeln
kød	[køð]	Fleisch
kylling	[ˈkyleŋ]	Hühnchen
lammekølle	[ˈlaməˌkølə]	Lammkeule
mælk	[mɛlˀg]	Milch
mineralvand	[minɐˈʁaːˀlˌvænˀ]	Mineralwasser
oksekød	[ˈɔgsəˌkøð]	Rindfleisch
øl	[øl]	Bier
ost	[ɒsd]	Käse
pølser	[ˈpølsɒ]	Würstchen
røget sild	[ˈʁɔjəð silˀ]	Räucherhering
salat	[sæˈlɛːˀd]	Salat
skinke	[ˈsɡeŋgə]	Schinken
smør	[smœɒ]	Butter
svinekotelet	[ˈsviːnəkoˌdəˌlɛd]	Schweinekotelett
vin	[viːˀn]	Wein

Zahlen/Zeit

0	nul	[nɒl]
1	en	[eːˀn]
2	to	[toːˀ]
3	tre	[tʁɛːˀ]
4	fire	[ˈfiːɒ]
5	fem	[fɛmˀ]
6	seks	[sɛgs]
7	syv	[syvˀ]
8	otte	[ˈɔːdə]
9	ni	[niːˀ]
10	ti	[tiːˀ]
100	et hundrede	[ed ˈhunʁɒðə]
200	to hundrede	[toːˀ ˈhunʁɒðə]
1000	et tusinde	[ed tuːˀsənə]
Minute	minut, -et, -ter	[miˀnud]
Stunde	time, -n, -r	[ˈtiːˀmə]
Montag	mandag	[ˈmænˀdæ]
Dienstag	tirsdag	[ˈtiɒˀsdæ]
Mittwoch	onsdag	[ˈɒnˀsdæ]
Donnerstag	torsdag	[ˈtɒːˀsdæ]
Freitag	fredag	[ˈfʁɛːˀdæ]
Samstag	lørdag	[ˈløɒdæ]
Sonntag	søndag	[ˈsœnˀdæ]

Kopenhagen in Literatur und Film

Literatur

Die ältesten Werke der dänischen Nationalliteratur sind die Volks- und Heldenlieder (*kæmpeviser*) der Wikingerzeit. Sie lassen sich bis ins 11. Jahrhundert zurückverfolgen, wurden aber erst 500 Jahre später verschriftlicht. Der dänisch-norwegische Dichter Ludvig Holberg (1684–1754) wird als eigentlicher Gründer der dänischen Literatur angesehen. In seinem Werk liegen die Wurzeln der dänischen Theatertradition. In den folgenden Jahrzehnten tauchten weitere namhafte Autoren auf, darunter der Kopenhagener Frühromantiker Adam Oehlenschläger (1779–1850). Auch im Ausland fand dänische Literatur immer größere Beachtung, woran Hans Christian Andersen (1805–1875) mit seinen Märchen und Søren Kierkegaard (1813–1855) mit seinen philosophischen Schriften großen Anteil hatten. Ihnen folgten zu Beginn des 20. Jahrhunderts weitere Autoren, darunter Henrik Pontoppidan (1857–1943) und Karl Adolph Gjellerup (1857–1919), die sich 1917 den Literaturnobelpreis teilten. Johannes V. Jensen (1837–1950) erhielt 1944 den Literaturnobelpreis. Sein Roman *Des Königs Fall* gilt nach wie vor als einer der besten dänischen Romane. Zu den wichtigen Autoren dieser Zeit zählen auch Karen Blixen (1885–1962) und der Kulturphilosoph Villy Sørensen (1929–2001). Internationale Beachtung in jüngerer Zeit fanden Henrik Stangerup (1937–1998), Ib Michael (* 1945), Bjarne Reuter (* 1950), Peter Høeg (* 1957) und Janne Teller (* 1964).

Autoren und Romane

Hans Christian Andersen: *Andersens Märchen.*
Søren Kierkegaard: *Entweder – Oder.*
Theodor Fontane: *Im Paris des Nordens.* Unkonventionelle Beschreibungen von Schlössern und Museen sowie der Vergnügungsstätte Tivoli.
Martin Andersen Nexø: *Pelle, der Eroberer (1906–1910).* Ein Bild der dänischen Gesellschaft im ausgehenden 19. Jahrhundert.
Karen Blixen: *Out of Africa (1937).*
Ib Michael: *Prinz (2001).* In einem Fischerdorf in Dänemark treibt 1912 ein Sarg mit einem Seemann an Land. Der zwölfjährige Malte behält die Kapitänsmütze.
Christoph Bartmann: *Kopenhagen. Stadt der Dichter (2005).* Auf den Spuren von Andersen und Kierkegaard in Kopenhagen.
Peter Høeg: *Der Susan-Effekt (2005).* Susan hat eine außergewöhnliche Gabe: Jeder, der mit ihr spricht, wird absolut aufrichtig.
Stig Dalager: *Reise in Blau (2005).* Eine biografisch-literarische Reise durch das rastlose Leben Hans Christian Andersens.
Lois Lowry: *Wer zählt die Sterne (2005).* Kinderroman über den dänischen Widerstand, der 7000 Juden das Leben rettete.
Jörg-Peter Findeisen, Poul Husum: *Kleine Geschichte Kopenhagens (2008).*
Elmar Jung: *Alles wegen Dänen! (2013).* Als der Journalist nach Kopenhagen zieht, erwartet er vor allem Gemütlichkeit. Stattdessen erlebt er Kopenhagen zunächst als recht raues Pflaster.

Krimis

Dan Turèll: *Mord im Dunkeln (1981).* Teil der dänischen Krimi-Klassiker-Serie: knallhart und mit feinem Humor.
Peter Høeg: *Fräulein Smillas Gespür für Schnee (1997).* Im Kopenhagener Hafenviertel wird ein sechsjähriger Junge tot aufgefunden. Smilla Jaspersen glaubt nicht an einen Unfall.
Sara Blædel: *Grüner Schnee (2006).* Zwei Morde versetzen Kopenhagen in Unruhe.
Jens Ostergaard: *Bis ans Ende ihrer Tage (2014).* Blutüberströmt bricht eine junge Frau mitten in Kopenhagen zusammen, doch sie ist unverletzt.
Jesper Stein: *Aisha (2015).* Kommissar Axel Steen kommt auch im vierten Band der Krimi-Reihe nicht zur Ruhe.
Jussi Adler-Olsen. In mittlerweile sieben Bänden ermittelt Carl Mørck vom Kopenhagener Sonderdezernat Q.
Katrine Engberg: *Krokodilwächter. Ein Kopenhagen-Thriller (2018).* Gerade erst war Julie nach Kopenhagen gezogen, um Literatur zu studieren. Warum musste sie so jung sterben?

Filme und TV-Serien

In Dänemark werden seit 1897 Filme produziert, seit den 1990er Jahren erlangen die oft vom Dänischen Filminstitut (Det Danske Filminstitut) mitfinanzierten Filme auch im Ausland Bekanntheit. Grund hierfür war vor allem »Dogma 95«, ein Manifest der Filmregisseure Lars von Trier, Thomas Vinterberg, Kristian Levring und Søren Kragh-Jacobsen. Wichtige Dogma-Regeln waren das Drehen mit Handkameras an Originalschauplätzen und der Verzicht auf Spezialeffekte. Im neuen Jahrtausend punkten vor allem dänische TV-Serien weltweit. Zu den bekanntesten Filmemachern zählen Benjamin Christensen, Carl Theodor Dreyer, Erik Balling, Gabriel Axel, Bille August, Lars von Trier, Anders Thomas Jensen, Susanne Bier und Nicolas Winding Refn.

Das Fest (Thomas Vinterberg, 1998) handelt von der Aufdeckung des sexuellen Missbrauchs eines Vaters an seinen Kindern.
Dancer in the Dark (Lars von Trier, 2000) spielt im Amerika der 1960er Jahre. Die Einwanderin Selma (Björk) droht zu erblinden. Ihr einziger Trost ist die Musicalwelt.
Italienisch für Anfänger (Lone Scherfig, 2002). Andreas versucht als Pfarrer in einem Vorort Kopenhagens einen Neuanfang.
Eine Familie (Pernille Fischer Christensen, 2011). In dem Familiendrama geht es um die großen und kleinen Lebensfragen.
Melancholia (Lars von Trier, 2011) erzählt von einer depressiven Frau, die das Ende der Welt durch die Kollision mit einem anderen Planeten vorhersieht.
Borgen – Gefährliche Seilschaften (2012) zeigt die Ränkespiele der dänischen Politik. Die TV-Serie wurde an Originalschauplätzen in Kopenhagen gedreht.
Erbarmen (2013). Nikolaj Lie Kaas geht dem Verschwinden einer totgeglaubten Politikerin nach.
Kommissarin Lund (2013) war in Dänemark und in Deutschland ein absoluter Straßenfeger.
Die Brücke (2011–2018) handelt von der polizeilichen Zusammenarbeit Dänemarks und Schwedens in der Øresund-Region.

VIS-À-VIS-REISEFÜHRER

Ägypten · Alaska · Amsterdam · Apulien · Argentinien
Australien · Bali & Lombok · Baltikum · Barcelona &
Katalonien · Beijing & Shanghai · Belgien & Luxemburg
Berlin · Bodensee · Bologna & Emilia-Romagna
Brasilien · Bretagne · Brüssel · Budapest · Chicago
Chile · China · Costa Rica · Dänemark · Danzig
Delhi, Agra & Jaipur · Deutschland · Dresden
Dublin · Florenz & Toskana · Florida
Frankreich · Gardasee · Gran Canaria
Griechenland · Großbritannien · Hamburg
Hawaii · Indien · Indiens Süden · Irland · Istanbul · Italien
Japan · Jerusalem · Kalifornien · Kambodscha & Laos
Kanada · Karibik · Kenia · Korsika · Krakau · Kreta · Kroatien
Kuba · Las Vegas · Lissabon · Loire-Tal · London · Madrid · Mailand
Malaysia & Singapur · Mallorca · Marokko · Mexiko · Moskau
München & Südbayern · Myanmar · Neapel · Neuengland · Neuseeland
New Orleans · New York · Niederlande · Nordspanien · Norwegen
Österreich · Paris · Peru · Polen · Portugal · Prag · Provence & Côte d'Azur
Rom · San Francisco · St. Petersburg · Sardinien · Schottland
Schweden · Schweiz · Sevilla & Andalusien · Sizilien · Slowenien
Spanien · Sri Lanka · Stockholm · Straßburg & Elsass · Südafrika
Südengland · Südtirol · Südwestfrankreich · Teneriffa
Thailand · Thailand – Strände & Inseln · Tokyo
Tschechien & Slowakei · Türkei · Umbrien
USA · USA Nordwesten & Vancouver · USA Südwesten &
Las Vegas · Venedig & Veneto · Vietnam & Angkor
Washington, DC · Wien · Zypern

www.dorlingkindersley.de

Vis-à-Vis